创业原理与实践

周明　编著

Entrepreneurship Theories and Practices

WUHAN UNIVERSITY PRESS
武汉大学出版社

图书在版编目(CIP)数据

创业原理与实践/周明编著.—武汉:武汉大学出版社,2021.11(2024.7重印)
ISBN 978-7-307-22526-8

Ⅰ.创…　Ⅱ.周…　Ⅲ. 大学生—创业—高等学校—教材　Ⅳ.G647.38

中国版本图书馆 CIP 数据核字(2021)第 169871 号

责任编辑:唐　伟　　责任校对:李孟潇　　版式设计:马　佳

出版发行:**武汉大学出版社**　(430072　武昌　珞珈山)
(电子邮箱:cbs22@ whu.edu.cn 网址:www.wdp.com.cn)
印刷:武汉邮科印务有限公司
开本:787×1092　1/16　印张:16.5　字数:378 千字　插页:1
版次:2021 年 11 月第 1 版　2024 年 7 月第 2 次印刷
ISBN 978-7-307-22526-8　定价:48.00 元

前　言

2014年9月，李克强同志在天津的夏季达沃斯论坛上公开发出“大众创业、万众创新”的号召，紧接着国务院又将其写进了2015年政府工作报告中，至此双创各项工作在神州大地如火如荼地展开，这既给双创教育带来了新的机遇也给高校双创工作带来了新的挑战。

高校的创业教育虽然在此之前依托商学院或者经济管理学院开展，但一直面临的问题不少，这主要表现为：一是重共性、轻个性。目前高校的创新创业课程向学生所传授的知识大多属于普遍性的创业知识和原理，但是在创业的过程中，每个项目及其团队面临的市场环境以及项目本身所具有的特点都存在很大的差异，每个项目在执行的过程中面临的问题也是千差万别，而现有的课程知识体系和培养方式并不能够为同学们提供与项目更加贴合的个性化指导，对于学生来说也就缺乏针对性，难以激起学生的学习兴趣，解决学生实际遇到的问题。二是重理论轻实践，目前高校的创新创业课程形式主要是专业性较强的课堂讲授，教师的讲授方法也多是偏向于双创基础知识和理论讲授，但学生缺乏实践的机会，不能将理论与实践很好地结合，用理论来指导实践。使得学生不仅不能很好的理解创业理论，对现实中的创新创业活动的指导有限。三是重课堂教学轻创业支持。当前高校的创新创业培养很多时候只是局限于对学生创新创业知识的传递，对于创业项目的后续孵化过程缺乏强有力的支持，学校对于学生创业项目的支持目前停留在一个较为初级的阶段，这些支持仅限于前期的项目咨询和学生综合创业能力的培养，对于项目孵化全过程的缺乏系统支持。因此传统的双创教育面临着“上课的学生不创业，创业的学生不上课”的窘境。

本书的出版是对上述问题作出的一种回应。首先本书强调理论与实践的并重。除了系统梳理从创意到创业的全过程知识体系，还注重了案例的撰写以及案例带来的启示。不仅仅是知识体系，还通过案例展示知识如何在实践中运作。其次，本书注重各专业知识的融合。诚然，在大学教育中，学生创业毕竟是少数，但现在越来越多的高校将创业作为了一种通识课程。主要是因为创业课程为学生提供了一个综合运用所学知识解决具体实际问题的平台。本书实际体现了战略管理、生产运营、市场营销、人力资源、财务管理、投融资管理在具体情境下的综合运用。

本书分为六个部分，即：了解创业者素质——谁是合格的创业者；挖掘市场机会——什么是合适的创业机会；开发商业模式——如何打造核心竞争力；组建创业团队——什么是优秀的创业队伍；整合创业资源——如何有效地进行融资与股权激励；制订商业计划——如何实现从创意到行动方案。涵盖了创业的全部过程，每一章后都配有案例，供使用者学习讨论。该书不仅适合各大专院校作为创业基础课的公选课使用，也适合立志于创业或者正在从事创业的实践者使用。

最后感谢本书出版过程中，我的研究生团队和武大出版社的编辑，感谢你们的辛苦努力与辛勤付出。

周　明

2021 年 10 月于知足居

目　录

第一编　了解创业者素质——谁是合格的创业者

第二编　挖掘市场价值——什么是合适的创业机会

第三编　开发商业模式——如何打造核心竞争力

第四编　组建创业团队——什么是优秀的创业队伍

第五编　整合创业资源——如何有效地进行融资与股权激励

第一编

了解创业者素质
——谁是合格的创业者

第一章　创业活动的本质

一、什么是创业

（一）创业的定义与内涵

创业的定义有狭义与广义之分。狭义的创业是指主体以创造价值和就业机会为目的，通过组建一定的企业组织形式，为社会提供产品服务的经济活动。英文中常使用“Start-up”一词，例如根据法律规定注册一家新的公司，则可以叫作狭义上的创业。广义的定义则把创业理解为开创新事业，英文则一般采用“Entrepreneurship”，而该单词词源来源于法语“entre”，意思是中间，“preneur”意思是承担。创业指的是创业者对自己拥有的资源或通过努力对能够拥有的资源进行优化整合，从而创造出更大经济和社会价值的过程。

（二）创业就是创意变成企业的艺术

创业需要创意，好创意是创业的前提和基础。一个好的创意可能意味着一个创业机会，这是创业的起点，在创业过程中也能起到事半功倍的效果，而持续的创意才能使所开拓的事业生存、发展并保持持久的生命力。但在创业过程中，仅仅有创意也是不够的，如何将创意变为一个企业，并使其能在激烈的市场竞争中生存、发展、壮大，还需考虑其他很多的因素，这一过程的管理充满了艺术性。从一个创意到一个企业帝国，会经历许多艰难险阻，需要很多创新性的突破与艺术性的管理，因此创业就是创意变成企业的艺术。

（三）创业活动本质是创新的价值实现

创新是创业的基础。创新意味着给市场引入了一种新组合，包括：引进一种新产品或服务，提供一种新的生产方式，开辟一个新市场，掌握一种新的原材料的供应源，或者创建一个新的组织或是一种新的商业模式。创业是实现创新的过程，创新存在于创业企业发展的全过程，而不局限于创业的初期阶段。

但创新并不等同于创业，创业是商业行为，创新是技术发展或者创意活动，单纯的创新而没有市场价值和经济价值是无益于创业的，创业要有持久的生命力，其创新就不能只看到个人的兴趣偏好，而是要满足社会需求，解决市场痛点。而创业就是实现创新的价值的过程，让创新能够满足社会和消费者的需求，让创新产生市场价值。

二、创业活动带来的收益

(一)创业者收益

创业成功首先能给创业者带来一定的收益，创业是自主就业的过程，能解决创业者本身的就业问题，不仅如此，创业还能给创业者带来财富以及实现创业者的理想和价值。

1. 解决自身就业问题

我国劳动力资源丰富，与此同时，劳动力的就业压力很大，供求总量矛盾和结构性矛盾并存。各单位吸纳劳动力资源能力不够。随着人工智能、机器学习、生产自动化的程度不断提高，电脑在很多领域不断取代人工，一定程度上降低了对劳动力的需求。此外，由于劳动力市场具有层次性，高层次劳动力市场的劳动力不愿意在低层次的劳动力市场进行就业，而低层次劳动力市场对应的劳动力由于学历、技能等方面的原因，无法在高层次劳动力市场就业，这就导致就业的结构性矛盾，就业难问题突出。在当前严峻的就业形势下，创业在某种意义上就是自助就业的过程。

2. 实现财富自由

创业成功意味着财富的倍增。作为员工，获得收益往往有限，但是创业如果成功，财务回报作为高风险和坚忍不拔毅力的对价，往往收入金额巨大，远胜工薪阶层的薪资收入。2020 年 11 月 5 日福布斯发布的 2020 年福布斯中国富豪榜榜单显示，有 400 名中国富豪登上此榜单，马云以 656 亿美元位于榜首，与第二名身家 552 亿美元的马化腾财富差距 104 亿美元，农夫山泉的钟睒睒以 539 亿美元位列第三，成为 2020 年最大“黑马”。此外，拼多多黄峥、字节跳动张一鸣以及网易丁磊均在榜单中。这些企业家身价的倍增无疑是创业成功的结果。

3. 实现自我理想和价值

许多的创业者不是为了收入，百度的创始人李彦宏在谈及创业时说过：“最成功的创业者创业的初衷不仅仅是为了赚钱，通过创业挣钱是最苦、最累的一条路。”小米的创始人雷军在大一的时候，因为《硅谷之火》一书点燃了自己的创业梦想，渴望创办一家伟大的公司。许多创业者不是为了创业而创业，而是心中有追求，或是追逐自己的理想，或是证明自己的能力，又或是为了这个世界的改变而贡献自己的一分力量，而通过创业能实现自己的梦想。

(二)社会收益

创业活动是以创新要素为基础的要素组合的经济活动，它对推动技术进步、提升社会效率、促进经济增长和缓解就业压力具有突出贡献。

1. 扩大税收来源，增加社会福利

税收是国家获得经济效益的直接体现，企业在市场进行商业活动需要依法缴纳税收。阿里巴巴连续6年公布了纳税额，从2013年的70余亿元到2018年的516亿元，5年增长了7.3倍，阿里巴巴集团和蚂蚁金服集团2019年每天纳税超过1.4亿元；根据各公司年度财报，百度2018年所得税支出为47亿元，而腾讯所得税支出为145亿元。由此可见，成功的创业企业在盈利的同时也通过上缴利税、增加了国家税收来源，达到了服务人民、增加社会福利的目的。

2. 鼓励创新，创造市场价值

创业离不开创新，而创新的结果就是效率的提升。在激烈的竞争中，创业公司要想获得成功，往往要为客户与社会创造市场价值，市场价值主要通过创新来体现。商业上的创新一般分为两种：要么是技术创新，为客户提供更优秀的产品和服务；要么是模式创新，为客户带来更优秀的解决方案与体验。无论是哪种创新，都使得社会不断进步，人们的生活水平也不断提高。例如，随着第三方支付平台的出现，支付宝、微信等支付方式的涌现彻底改变了人们的生活方式与消费方式。企业的发展是以消费者的需求为基础的，基于消费者需求的创新能便利消费者的生活，提高社会的运转效率。

3. 提供就业岗位，缓解就业压力

创业不仅能解决创业者自身的就业问题，还能提供更多的岗位。创业的成功，往往是从无到有、由小到大、由弱到强的过程。随着公司的发展，公司员工队伍也会不断壮大，会提供更多的就业岗位。在全球员工最多的互联网公司中，阿里巴巴的员工数量为66421人，京东的员工数量达到178000人，接近18万的员工数量在全球互联网公司中排名第2。除了发展成熟的大企业，小微企业在缓解就业压力上也有重要作用，从国际上看，美国、德国、日本的中小企业对经济发展的贡献大约是50%，对就业的贡献是60%到70%。而从我国的实践看，小微企业贡献了全国80%的就业、70%左右的专利发明权、60%以上的GDP和50%以上的税收。因此，在创业的过程中，无论是发展成熟的大企业还是发展中的微小企业，在缓解就业压力上都有突出贡献。

三、创业活动的特质

创业活动不同于其他活动，其成败很大程度上会依赖于创业者，并且会受到资源的约束，由此使得创业活动具有很大的不确定性。

(一)高度依赖创业者

高度依赖创业者，指同成熟企业依赖组织协作、公司治理与集体努力不同，创业时，尤其是创业初期，创业活动更多依赖创业者个人的决心、智慧与能力。一种普遍存在的认识是，创业公司生死成败往往取决于创业者的个人要素与禀赋，作为创业公司的核心与灵魂，创业者自身的领导风格往往也决定了创业公司的风格，并且进一步影响公司的文化以及发展战略的选择，创业者领导风格对于新企业的建立与成长具有决定性意义，因此，创业活动是一项高度依赖创业者的商业活动。

◎ 拓展知识 1：你是什么性格的创业者？

DISC 性格分类理论如图 1-1 所示。

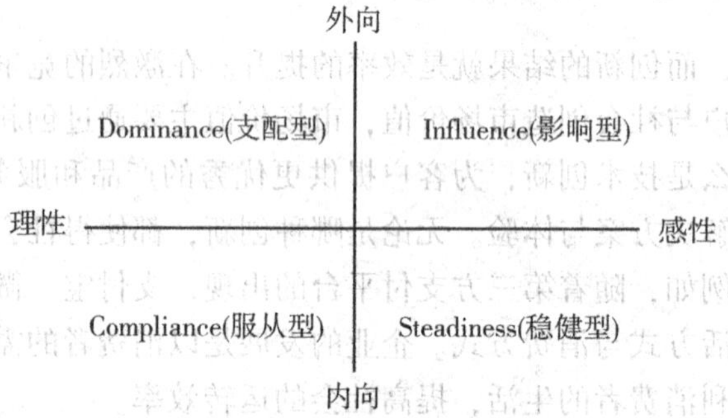

图 1-1

Dominance(支配型)，高 D 型特质的人可以称为"天生的领袖"。在工作方面，D 型人是一个务实和讲究效率的人，目标明确、眼光全面、组织力强、行动迅速，解决问题不过夜，敢于坚持到底，在反对声中成长。但是，因为过于强调结果，D 型人往往容易忽视细节，处理问题不够细致。爱管人、喜欢支使他人的特点使得 D 型人能够带动团队进步，但也容易激起同事的反感。

Influence(影响型)。高 I 型的人通常是较为活泼的团队活动组织者。工作方面，I 型人是一个热情的推动者，总有新主意，说干就干，能够鼓励和带领他人一起积极投入工作。可是，I 型人似乎总是情绪决定一切，想到哪儿说到哪儿，而且说得多干得少，遇到困难容易失去信心，杂乱无章，做事不彻底，爱走神儿，爱找借口。喜欢轻松友好的环境，非常害怕被拒绝。

Steadiness(稳健型)。高 S 型的人通常较为平和，知足常乐，不愿意主动前进。工作方面，S 型人能够按部就班地管理事务，胜任工作并能够持之以恒。奉行中庸之道，平和可亲，一方面习惯于避免冲突，另一方面也能处变不惊。但是，S 型人似乎总是慢吞吞的，很难被鼓动，循规蹈矩、不太愿意主动出击。由于害怕承担风险和责任，宁愿站在一边旁观。很多时候，S 型的人往往专注本职工作，不愿多事。

Compliance(服从型)。高 C 型的人通常是喜欢追求完美的专业型人才。工作方面，C

型人是完美主义者、高标准、计划性强、注重细节、讲究条理、整洁，能够发现问题并制定解决问题的办法，喜欢图表和清单，坚持已见，善始善终。但是，C 型人也很可能是一个优柔寡断的人，习惯于收集信息资料和做分析，却很难投入实际运作的工作中来。容易自我否定，因此需要别人的认同。同时，也习惯于挑剔别人，不能忍受别人的工作做不好。

◎ 拓展知识 2：你是什么风格的创业者？

根据领导风格的相关理论，1980 年以后，领导理论的研究主题进一步深入到探讨领导者应具有的愿景、授权、激励和前瞻性行为等，分析领导者如何激发下属工作动机与增强组织成员的参与动机，以提升工作绩效。该理论将领导风格称为新型领导或新魅力领导。新型领导风格中转换型领导风格和交易型领导风格是典型的两种风格。

转换型领导风格是指领导者能够提出使成员信服且愿意接受的愿景，使之成为组织共同努力的目标和具体行动的方向；同时通过良好的语言能力与沟通技巧将愿景传达给成员，和成员形成共同的价值取向，促使组织成员共同合作，以符合组织期望与推进组织发展。交易型领导是指领导者和下属之间以一连串的交换和对价行为为基础而形成的领导关系，当下属表现出领导者所期望的行为时，便可以收到特定价值的回报。

不同的领导风格会产生不同的影响。在转换型领导风格下，新企业创业者就会更加重视团队协作与团队成员的协调性，并引导团队成员关心组织任务，参与组织决策，在协作中加强组织学习，提升组织成员的科技技能，为企业实现内向型向外向型转变，保证新企业创业战略的有效实施，关心成员、鼓励成员、赞美成员为手段，达到成员之间的相互认可，增强团队成员对组织的信任，最终为实现组织的任务目标而努力。在交易型领导风格下，领导者可以通过加强组织成员的沟通促进组织成员的学习，进而提升组织成员的沟通技能，增强组织的效能。领导者着眼于和组织成员之间的交易型行为，即组织成员为了获得高回报，会不断地加强成员之间的紧密协作，不断地为提高技能和工作效率而努力，同时这种努力会促进成员对组织的信任，服从组织的各项命令，增强组织的影响力，加强彼此之间的信任，提高组织的竞争力，占据有利的市场地位，使企业的创业战略得以有效实施。

由此可见，不同的领导风格对于员工以及企业的发展有显著的不同影响。

（二）高度资源约束

商业成功的难度往往不是取决于是否能够看到商业机会，而是当看到了商业机会，有没有资源去进行投资和运作，因此对于创业而言，最难的是如何获得资源。绝大多数创业者往往是白手起家、从零开始，创业活动是一个从无到有，由弱变强的过程，在这一过程中如何获得新的资源以及对现有的资源进行整合是十分重要的，创业面临的首要问题就是资源不足的问题。资源不足主要体现在资金、人才和经验三个方面。

1. 缺资金

创业所需的资金就是创业过程中必要的花费。首先创业需要启动资金，主要用于注册公司、办公、组织运营，还有采购原材料、商品库存、物业租赁等费用。其次，创业需要流动资金。在创业的过程中，由于创业的收入可能具有滞后性和周期性，即从商品或服务卖出到获得收益需要一定的时间，但在这期间还需要维持公司的正常运营，就必须有一定的运营资金及现金流准备；现金流的作用还体现在对于一些突发事件的应对，例如退货、原材料不符合要求、危机的处理等方面。最后，需要市场营销的资金。公司的广告、促销、市场推广等活动也需要巨大的资金，特别是在创业初期，为了吸引消费者，可能会做出一些让利的营销活动，例如消费者熟悉的一些打车软件，无论是首次使用的免单还是大额的优惠券，都是公司为了吸引消费者做出的让利。实际上，让利不仅是对于消费者，对于中间商可能也会有类似的优惠，而这些让利所产生的成本和费用由公司来承担，因此，这一部分的资金也占据了创业资金比较大的比例。最后也是最为重要的支出则是团队成员的薪酬。在创业过程中，一部分人是起初因为共同目标而组建起来的初始团队，可能对于薪资的要求不高甚至会自己投入更多的资金；而另外还有一些人则是除了本身的创业团队外，高薪聘请的有经验的人员以及基层的员工，这一部分人的薪酬是公司不可避免的也是占比较大的一笔固定投入。因此，对于创业而言，要使一个公司正常运转，必须拥有足够的资金。

那创业时多少资金是足够的呢？这一问题可以通过咨询专家、进行项目的行业分析得出。如：对于项目成本费用的计算、与竞争对手进行比较以及通过个人的经验等进行确定。解决这一问题后，可能会有一个更为重要的问题，即创业资金从何而来。

创业所需要的资金一般可以通过以下途径获得(见表 1-1)：

表 1-1

资金获得途径	说　明
自有资金	主要是个人以及创业团队的存款，是创业的基本资金
天使投资	指个人或组织出资协助具有专业技术或独特概念而缺少自有资金的创业家进行创业，并承担创业中的高风险和享受创业成功后的高收益。或者说是自由投资者或非正式风险投资机构对原创项目构思或小型初创企业进行的一次性的前期投资。它是风险投资的一种形式。它为尚未孵化的种子期项目“雪中送炭”，承担的是“扶上马”的任务，而“送一程”的任务则由机构风险投资来完成
股权融资	指创业者或中小企业让出企业一部分股权获取投资者的资金，让投资者占股份，成为股东，而不是借贷，是带有一定风险投资性质的融资，是投融资双方利益共享、风险共担的融资方式，对于不具备银行融资和资本市场融资条件的中小企业而言，这种融资方式不仅便捷，而且可操作性强，是创业者与中小企业现实融资渠道

续表

资金获得途径	说明
银行贷款	指创业者或中小企业采用向银行等金融机构贷款或者向非金融机构(民间借贷)借款的形式进行融资，在一定期限满后当事人必须偿还本金并支付利息。向金融机构贷款需要具备抵押、信用、质押担保等某一条件，民间借贷更多的是依靠信用和第三方担保的形式。这种方式的好处是不必让渡决策权
政策性贷款	指政府部门为了支持某一群体创业出台的小额贷款政策，例如扶持大学生创业而出台的无息贷款，同时也包括为支持中小企业的发展而建立的许多基金，比如中小企业发展基金、创新基金等。这些政策性贷款的特点是利息低，微利行业政策贴息，甚至免利息，偿还的期限长，甚至不用偿还。但是要获得这些基金必须符合一定的政策条件
金融租赁	指出租人根据承租人选定的租赁设备和供应厂商，以为承租人提供资金融通为目的而购买该设备，承租人通过与出租人签订融资租赁合同，以支付租金为代价而获得该设备的长期使用权。对承租人而言，采用融资融物相结合的方式通过融物的方式实现了融资的目的
其他	除此之外，还包括短期的典当、供应商的融资以及经销商的垫资等方式

2. 缺人才

创业初期，创业者往往面临着看得上的人才招不进来，招得进来的又看不上的窘境，不要说高水平的职业经理人，就连各个职能部门的专才都非常匮乏。如何招人、用人、育人、激励人、留住人，也是摆在创业者面前的一个极大挑战。创业初期招聘人才时，首先要明确公司需要的是什么样的人才，明白公司的人才需求才能招聘到最合适的人才。其次，用公司的愿景和规划去吸引人才。从求职的角度来说，应聘者不仅关注当前的薪资收入，更会关注公司未来的发展状况，许多优秀的人才其实更在乎的是如何与企业共发展，公司明确的愿景和规划能让应聘者对于公司未来的发展充满信心。此外，用待遇吸引人才。初创公司由于资金的限制，可能无法提供很高的待遇或者很好的福利，但除了直接发到员工手上的薪资，合伙人制是一种有益的尝试，而针对核心人才与成员的股权激励更是受到许多优秀企业家认同。对于创业者来说，用未来的可能收益来吸引优秀的人才为自己打工，创造效益，这是一种非常值得的投资，而对于员工来说，随着企业的发展壮大，除了基本的薪资，得到公司的股份还可以有一份长期的收益。

不仅如此，还要用情感温暖员工，用文化来凝聚员工。在众多企业中可能会出现这样的情况：两家同类型的企业，薪资待遇高的公司员工流失率和业绩反而不抵待遇较低的公司。这类情况的出现跟公司的管理和文化有关，由于员工不仅关心待遇，更关注工作的氛围以及人与人之间的情感，因此，应创建和谐的工作氛围，例如要坚决打击官僚主义、落实务实调研；坚决反对形式主义，倡导实事求是；坚决反对部门利益至上，倡导一切为客户服务，形成良好的公司文化，关心员工发展；提高员工福利，用情感温暖员工，用文化来凝聚人心，从而减少人才流失，降低人才成本，积聚优秀人才。

3. 缺经验

创业首先要找到好的创业机会，那么识别好的创业机会或者判断目前的想法是不是一个好的创业机会就是一种经验，也就是对于创业机会的识别经验。除此之外，对于许多创业者来说，更重要的是管理经验，从以往的一些案例中可以发现，许多创业者懂技术但不懂管理，技术大牛缺乏管理经验以及公司的运作经验，就无法兑现一个好的创业机会的价值。

在经验上，要知道没有人与生俱来是拥有经验，没有经验并不代表不能创业，创业也是逐渐积累经验的过程。那创业初期如何去解决缺乏经验这一问题呢？可以通过以下几个方面：首先应该通过各种方式学会识别创业机会，这一部分内容会在后文进行具体阐述。其次，对于缺乏管理经验的问题，作为创业者本身应当去学习管理学、市场运作、人力资源管理的相关知识，并在创业过程中进行合理的运用，遵循基本的市场和管理规律。再次，应当学会用人，招聘具有相应能力的管理人员，让专业的人去做专业的工作，而作为管理者，则要学会管理人才。但正如前文所说，由于资金等方面的限制，在创业初期招聘到合适的人才是不容易的，往往需要创业者身兼数职，最终还是对创业者本身的考验。不仅如此，要积极与有经验的同行或者创业者交流和探讨，在交流的过程中获得一些经验。另外，除了面对面的探讨，也应当充分利用各种创业者的论坛和网站进行交流。最后，要在实际的创业过程中积累经验，进行反思，没有一个创业者是不踩“坑”的，要在踩“坑”的过程中，学会反思，总结经验和教训。

(三)高度不确定性

1. 环境的不确定性

在激烈的市场竞争环境中，只有变才是永恒的不变，环境的变化会影响企业的发展，初创企业则更容易受到环境的影响。首先是国际环境的变化。当今的社会是一个开放的社会，企业的发展会受到国内外环境的共同影响，国际形势的紧张或他国国家政策的变化，也可能会影响到行业的发展，继而影响行业内的大中小企业的经济状况。因此，创业者要密切关注国际环境的变化，及时判断环境的变化是否会影响到所处行业的发展。除了国际环境，国家政策的变化和调整也是创业者需要密切关注的，政策的变化可能会催生一个行业，也可能使一个行业走向没落。作为创业者，应当随着国家政策的大方向顺势而行，寻找最有利的发展条件，并且遵守法律法规要求。最后，创业者还要关注企业所在行业环境的变化。对于创业企业而言，所在行业中的环境变化才是最直接的影响因素。创业者应当时时留心行业中的新变化，对行业中可能出现的新技术、新模式、新机遇、新格局要有前瞻性预判，尽量避免因为行业中的变数影响到创业目标的实施。

2. 消费者的不确定性

创业成功往往需要为顾客创造价值。消费者需要什么有时并不明晰，不同的消费者有不同的需求，同一个消费者不同时期也会有不同的需求，有外露的需求也有潜藏着的内在需求。因此，创业者的预期能否匹配消费者的认知，获得消费者的信任，创业者的提出的商业解决方案能否获得消费者的认同，都是创业成功至关重要的因素。这就需要创业者在创业过程中，真正去了解各自的消费者，寻找出共性和个性，并及时跟踪消费者的变化，做出相应的应对措施。

3. 竞争对手的不确定性

创业活动是在激烈的市场竞争环境中进行的，而商业竞争往往非常残酷。创业者在创业过程中会不可避免地遇到很多竞争对手的挑战，竞争对手的崛起很可能就是自己公司的陨落。有时候，竞争对手是谁，一目了然，清晰可见；但有时候竞争对手却并不那么容易被识别。一个企业的消亡并非总是由于行业中的直接竞争对手，而是跨界竞争的产物，即所谓的"降维打击"。如康师傅方便面市场萎缩，并不是直接竞争对手统一方便面带来的，而是由于新的互联网商业模式的兴起，外卖送餐公司巨头"饿了么"和"美团"的崛起带来的。因此，创业公司所面临的竞争对手存在着不确定性。

当然，企业同竞争对手之间，也不一定完全是"你死我活"的竞争关系，也存在着竞争中合作，合作中竞争的复杂竞合模式。而这加剧了竞争对手的不确定性，在什么情境下竞争，在什么情境下合作，对于初创企业来说是一个挑战。

四、创业者面临的风险

雅虎创办人之一杨致远指出：创业者成功机会非常少，不管是在中国还是在美国，创业能做到一个小成功，大概只是十分之一，中成功是百分之一，大成功大概是千分之一、万分之一。雷军在采访中也提到过："创业是高风险行业，失败是大概率的，成功是偶然的。"美国有统计表明，要成为企业家，失败率是99%，只有1%的企业家能在市场上生存5年或者更长时间，由此可见，创业具有很大的风险性，面临的风险具体可分为下列四种：

(一)财务风险

不管能否获得风险投资的资助，大多数创业者都会将自己的部分积蓄或者家族的部分积蓄投入自己的事业当中。很多风投都要求创业者投入自己的私人资产，并以此来衡量创业者创业的严肃程度与投入力度。由于创业的高度不确定性，因此创业很可能失败，并导致创业者个人财产的损失甚至破产。对于使用高资金杠杆的创业者而言，创业失败很可能会带来严重的财务危机。

◎ 小案例

罗永浩：彪悍的人生无需解释

2020年11月8日晚，尚纬股份正式宣布，拟以不超过5.89亿元收购罗永浩星空野望公司40.27%的股权，这也意味着，如果交易达成，老罗可以一次性入账2.5亿元人民币。

罗永浩，锤子科技的创始人，高中就辍学的他，曾经在夜市里摆过地摊，挣不到多少钱的时候，也同时做了倒卖药材、开羊肉串店、售卖电脑配件，甚至写文章等工作，曾一度迷茫到不知道自己要干什么，也不知道自己能做好什么。最终他去了新东方教外语，并成为了新东方最另类和最受人尊敬的老师，但好景不长，2006年的夏天，罗永浩递交了辞呈，离开了新东方。

2008年，36岁的罗永浩再一次回归了教育行业，开办了老罗英语培训公司。但是现实并不如意，老罗英语每天都处于亏损中，实在是无法与行业老大新东方相提并论。2012年，他告诉全国人民，他要做手机。2012年的5月罗永浩就成立了锤子科技，2014年5月正式发布第一款锤子手机T1，但销量并不理想，直到2017年才有了好转，2018年上半年，他宣布锤子手机已经扭亏为盈，不融资也能走下去，并且很乐观地给全年定下了350万台的销售预期。但后续手机的发布却没有得到很好的反响，在2018年下半年，因拖欠供应商的货款，罗永浩被起诉，然后如多米诺骨牌一样起了连锁反应，最终被判需还债约6个亿。2019年10月31日，“坚果手机”变卖，四天后，罗永浩被限制消费。2019年11月，他发表的一篇名为《一个老赖CEO的自白》中提到，他是可以赖掉这6个亿的，但是作为一个理想主义商人，他不允许自己这么做。自此以后，他不断尝试新的创业形式，做电子烟，做电商带货等，在参加某综艺节目时，他说自己欠下的6个亿的债务，在经过一年多的时间之后，已经还了近4个亿，如果不出意外的话，在未来的一年里，将还清所有的债务。当时人们还以为他在吹牛。然而没过多久，就2019年11月8日晚，上市公司尚纬股份筹划收购星空野望部分股权，给罗永浩的星空野望估值已达15亿元，如果收购成功，罗永浩可一次性入账2.58亿元，吹过的牛皮自己也能补上来。

由此可见，创业存在巨大的风险，创业失败不仅意味着没办法赚钱，甚至面临着巨额的债务，而对于普通的创业者而言，并不是所有的人都能如罗永浩一般从头再来，反而是一蹶不振。

资料来源：https：//www. sohu. com/a/120771514 _ 507288；https：//new. qq. com/rain/a/20201112A067NT00.

(二)职业风险

创业者往往会放弃稳定的工作，而投入高风险、不确定性的商业活动中去。创业成功了固然功成名就，一旦失败，就很难回到职场做一名普通的员工。天涯高管梁树新从天涯辞职，随后开始自主创业，40 岁这一年他创业失败，赔了数百万元，后来又找了几份工作，但都没有长久。不仅如此，创业失败后，梁树新变卖了房子和车子还债，因为工作不稳定，信用卡和网贷还不起，走投无路，甚至在网络上发起了众筹。

有数据显示，在创业失败以后，只有 24%的人会选择继续打工。创业者创业失败后面临职业风险主要有以下几个原因。首先，创业使得创业者缺乏在其他企业就职的经历，错过就业的黄金时机，原有知识脱节，再就业会面临进退两难的尴尬境地。其次，从老板到员工的角色转变，让大多数创业者不习惯。在创业的过程中是决策者和领导者的角色，而在就职的情形中，是执行者和被领导者的角色，这样的角色转换并不是每个人都能适应。不仅如此，创业的思维和打工的思维是完全不一样的，创业者的工作具有创造性，且创业者拥有主动权和决定权，能给创业者带来极大的充实感和刺激感，并且创业者大多是带着梦想在创业，所以虽然辛苦，但也甘之如饴；而作为企业的员工，是被动的和安逸的，没有主动权和决定权，就算并没有创业者那么辛苦，却会感到疲惫。此外，不甘心也是创业者难以重回职场的一个原因。没有创业者是不渴望成功的，而当创业者失败后，他们想得更多的不是重回职场，而是觉得也许再坚持一下、努力一下就会成功，在失败中积累经验，认为再来一次，成功的概率就会极大增加。因此，大多数首次创业失败的创业者，想到的是再次创业，而不是重回职场。

(三) 家庭风险

创业需要投入大量的精力与时间，必然会对创业者的社会生活和家庭生活带来影响，在投入创业的事业中时，家庭-职业冲突的可能性会变大，对家庭活动的经常缺席往往会诱发家庭矛盾，引起家庭成员的不满，从而影响家庭关系。此外，如果是家庭成员一同创业，在企业的经营管理上产生的矛盾，会极大地影响家庭的和谐。因此，创业者在创业过程中，需要尽量获得家庭的支持，也不能因为创业而完全忽略了家庭，毕竟家庭的矛盾可能会给创业增加难度，给创业者带来更大的心理压力。

◎ 小案例

当当创始人之间的纠葛

2019 年，当当网创始人李国庆、俞渝夫妻关于当当网归属问题刷爆了微博以及朋友圈，震惊全网，当初共同奋斗的夫妻二人如今已然反目成仇，究其原因，还是源于其一同创立的当当网。

1996 年，北大毕业才子，曾经创办科文图书的李国庆到美国散心兼考察业务，遇到了在美国创建运营金融咨询公司的俞渝，两个人在交往 3 个月后迅速结婚，开始了 20 年的创业和冰火交织的生活。1999 年，俞渝有一次在西单大厦买书被折腾得够哈，向李国庆提出“在中国做类似亚马逊业务”的想法，自此当当网产生了。李国庆在图书领域有着丰富的经验，精通整个业务流程，俞渝则在金融领域如鱼得水，凭着国际化的经验背景，为当当网的融资立下汗马功劳，前后三次为当当网融资 4400 万美元。可以说是两人的共同努力与优势互补才使得当当网得以面世。

2010 年 12 月 8 日，当当网在纽交所正式挂牌上市。上市当天市值超过 23 亿美元，李国庆、俞渝夫妇身价超过 10 亿美元。当时，李国庆的股份为 38.9%，妻子俞渝的股份只有 4.9%。上市后的当当网主体业务就是网上图书销售，高峰期营业额达到 100 亿元以上，号称“中国亚马逊”。但上市后的当当发展并不顺利，而随着淘宝、京东等电商平台的发展，当当的市场份额进一步下降，业务的不顺也影响了公司的决策管理，李国庆、俞渝二人在经营管理上的分歧也越来越大，2016 年当当市值仅剩下 4 亿多美元，俞渝为了挽救当当网，强行启动了当当网的私有退市之路，以大概 6.4 亿美元的市值退市了。私有化后的当当对于股权结构进行了调整，俞渝、李国庆各占有 50% 的股份，各 50% 的股份，造成企业没有真正的控制人，企业的决策、运营都没法真正执行，甚至企业的高管也分成两派，内耗严重。

2018 年 7 月 15 日，当当网的股权再次变更，俞渝在北京当当科文电子商务有限公司的股份从 50% 变为 64.20%，而李国庆的股份从 50% 变为 27.51%，俞渝在法律上已经是北京当当科文电子商务有限公司的实际控制人，也就是当当网的实际控制人，而李国庆也因此丧失了当当的实际控制权，自此矛盾开始激化。

由此可见，创业面临巨大的家庭风险，创业失败可能导致家庭的困难，进而出现矛盾；而夫妻一同创业成功也可能会因利益问题而影响家庭的和谐。

资料来源：https://baijiahao.baidu.com/s? id = 1649043870008819476&wfr = spider&for = pc; https://baijiahao.baidu.com/s? id=1665410827424799585&wfr=spider&for=pc.

(四)心理风险

创业者要想获得成功，通常会经历重重困难，人生甚至会经历大起大落，压力与焦虑更是家常便饭。创业者需要面对来自投资人、员工、竞争对手、合作伙伴、家庭等各方面的压力。长期处在压力和焦虑的状态下，一方面会给创业者带来许多不良生理反应，据调查，很多创业者在创业过程中，往往会出现颈椎病、失眠、消化不良、头痛、胸闷等症状。另一方面，长期的压力与焦虑会导致创业者情绪失控，造成无可挽回的严重心理后果。同时，创业者在很长时间内还会感受到强烈的孤独感，因为创业者所面临的问题和困难不是大部分人所能理解的。不仅如此，责任感也时常压得创业者喘不过气来，作为一个公司的领导者，创业的成败不仅关系到自身的发展，还关系着公司全体员工的生存发展，因此，创业者的心理压力是巨大的。

从创业活动的本质中我们可以得出，创业是项高风险、高回报的商业活动。

◎ 小案例

我爱你不后悔，也尊重故事的结尾

2018年1月25日，曾经顶着“天才创业少年”“‘80后’创业明星”等诸多光环的茅侃侃，在家中开煤气自杀，年仅35岁。他在朋友圈里写道：“嗯，我爱你不后悔，也尊重故事的结尾。”随后告别了人生，告别了创业，告别了这个世界，引发了无数人的感慨和缅怀。

这条消息在整个创投圈引起了极大的轰动。时隔多年，大家再次记起了这位“80后”年轻人的创业偶像。当时仅20岁出头的茅侃侃就已经是“京城IT四少”之一，虽然年少成名，但茅侃侃的连续创业之路却走得十分坎坷。在《像恋爱一样去工作》一书中，茅侃侃提到，2007年时自己患上了严重的抑郁症，“这不是我自己猜的，而是医院开出的诊断证明上写的”。“其实能侃的人也会抑郁。晚上睡觉的时候要是没有声音很安静，我就会胡思乱想，就会把所有的事情都往最坏了想，像《蝴蝶效应》一样发生连锁反应。”茅侃侃在接受媒体采访时坦承受到抑郁症的折磨。尤其是2015年成立万家电竞以后，公司一直处于亏损状态。虽然茅侃侃已经投入了自己的全部身家和心血，但还是难以维持公司的正常运转。资金链断裂，濒临破产，又得不到支持，饱受创业奔波之苦和抑郁症折磨的茅侃侃，还是选择了告别这个世界。

在创业风光的背后，是无限的焦虑和无尽的孤独。它更像是一种刻骨砥砺，一场赤脚穿越熊熊烈火的似乎永远看不到终点的苦修，而在这条路上，只有创业者自己。这种孤独和焦虑，极易导致创业者产生心理问题。据世界卫生组织报告，至少在人生某个阶段，被抑郁症困扰的人占世界总人口的15%左右，但在创业者群体中，这个比例高达90%。就在茅侃侃离去后不久，8月7日，法兰互动创始人甘来从22楼纵身跃下，结束了自己的生命。

资料来源：https://www.sohu.com/a/292115085_210944.

五、创业者与职业经理人的区别

不少人强调随着企业成长，创业者需要向管理者(或称职业经理人、专业管理人员等)转变的观点，二者有很大的差别：

从概念上看，创业者是一个公司的创始人，是指某个人发现某种信息、资源、机会或掌握某种技术，利用或借用相应的平台或载体，将其发现的信息、资源、机会或掌握的技术，以一定的方式，转化、创造出更多的财富、价值，并实现某种追求或目标。而职业经理人，是指在一个所有权、法人财产权和经营权分离的企业中承担法人财产的保值增值责任，全面负责企业经营管理，对法人财产拥有绝对经营权和管理权，由企业在职业经理人市场(包括社会职业经理人市场和企业内部职业经理人市场)中聘任，而其自身以受薪、股票期权等为获得报酬主要方式的职业化企业经营管理专家。

表 1-2

特征变量	创业者	职业经理人
雇佣关系	雇佣者	被雇佣者
创业与否	创业者(与所控制资源无关)	企业内创业
出资与否	出资或继承出资	不出资
承担企业风险	承担企业风险	与本人雇佣契约有关的风险
所有权与控制权	同时拥有	无所有权，有一定控制权
担任企业主管与否	担任	不一定担任
创新功能	更强调	强调

从雇佣关系来看，创业者是雇佣者，职业经理人是被雇佣者；

从创业与否来看，创业者是与所控制资源无关的创业者，职业经理人在企业内创业；

从出资与否来看，创业者出资或继承出资，职业经理人不进行出资；

从承担企业风险角度看，创业者需要承担企业风险，而职业经理人只承担与本人雇佣契约有关的风险；

从所有权与控制权来看，创业者同时拥有所有权和控制权，而职业经理人只拥有一定的控制权，没有所有权；

从是否担任企业主管角度看，创业者担任企业主管，职业经理人则不一定担任；

从创新功能上来看，创业者和职业经理人都强调创新，但是创业者强调程度更高。

宏碁电脑公司的创始人施振荣认为："创业者和经理人两种角色的融合更有利于个人和企业的发展，职业经理人和所有权无关也不是最理想的模式，人为地划分创业者和经理人都有些狭隘。"

六、创业、创业者与创业学

(一)人人都是创业者

有创业者问李开复符合什么条件的人可以创业，李开复说：现在已经是一个全民创业的时代，把握机遇，人人都可以创业。本书认为现在有两种创业类型，第一种是"高科技顶尖创业"，如谷歌、Facebook、BAT 等，这种创业对社会有较大的经济价值，但是对创业者的要求也很高，需要与生俱来的独立、自信，执行力，战胜挫折，学习的经验，不断磨合、不断学习、不断成长。第二种创业是"个体创业"，即参与共享经济中的每一个个体经营者，如打车软件的司机、淘宝店主等，他们也是广义的创业者。属于前者的创业者必须是千里挑一的人才，而对于后者来说，在这个特殊的时代也可以通过自己的努力赚钱，扩大经营规模。所以在这个时代下，创业并不仅仅专属于高科技领域，通过把握机遇，把握潮流，人人都可以成为创业者。此外，很多创业者都是从小做起的，普通人只有敢于创业并具有坚强的毅力，才有可能站到创业江湖的华山之巅。

◎ 小案例

山姆·沃尔顿的创业故事

山姆·沃尔顿小时候家境清贫，曾经当过报童，一边挣些零用钱，一边勤奋地读书。在百货商店的打工经历，使山姆认识到，创业经商是使自己尽快富裕起来的唯一途径，日用百货是人们生活中必备的，需求量大，具有很大的市场潜力。于是在他二十几岁的时候，向岳父借了2万美元，作为创业基金。不久，他和妻子海伦在纽波特租到两间房子开了一家小店，专卖5~10美分的商品。

由于资金少、底子薄，他只能从点滴做起，一步步地开拓自己的事业。不久他在本顿维尔开了一家小店，随着生意一天天地好转，利润也渐渐地增多了。三年以后，有了一定周转资金的山姆决定开始经营连锁零售店。朋友建议他先在附近的几个城镇各开一家连锁店，这样就会扩大影响，造成一定的声势。山姆·沃尔顿没有采纳朋友的建议，被大家认为愚蠢。可山姆却有自己的想法，他觉得自己资金少，必须从小做起，要开一家成功一家，一步步地将自己的事业向大的空间拓展。不久，他开了第一家连锁店，取名沃尔玛(Wal-Mart)百货商店。随着营业收入的增多，山姆·沃尔顿的零售店面在全美逐步建立了起来，最后成为了世界著名企业之一。

资料来源：http://abc.wm23.com/lhc012/177332.html.

(二)创业维艰

正如前文所说，人人都可以是创业者，在全民创业的时代，成功创业也是非常艰难的，创业是九死一生的小概率事情，需要极强的意志力，如果稍有松懈，很可能就会摔下万丈深渊。任正非在华为创业维艰期决绝地说：“我无力控制，有半年时间都是噩梦，半夜常常哭醒。创业之路极度凶险，成功绝非易事。”创业艰难主要有以下几个原因。

1. 竞争压力

如今行业迭代越来越快，上一秒被称作独角兽的明星创业公司，可能下一秒就被巨头收购，或者直接倒闭。上个月还是创业神话，下个月就成了反面教材的事也很多。例如前两年共享单车被看好，资本疯狂涌入，还被媒体列入“新四大发明”之中。但是在2019年，摩拜以27亿元卖身美团，ofo在押金风波中难以脱身，悟空单车、小蓝单车相继倒闭；之前资本疯狂涌入的影视行业在2020年受到重创。风口来了又去，行业周期也实时变换，想成为风口上的那只“猪”，得先跑过千万头“猪”，然后准确地站在风口上，才有可能被吹起。创业者都在扑风口，公司的名字甚至也跟着热点改。

由此可见，行业瞬息万变，竞争尤其激烈，创业公司要在激烈的竞争中存活实属不易。创业虽然风光，但每个赛道上最后存活下来的公司可能只有一个，其他的命运都相对悲惨，特别是互联网企业。创业者们需要思考的是，到底该如何在瞬息万变的形势中顽强地活下去。

2. 舆论压力

在信息发达的互联网时代，创业者也面临着巨大的舆论压力，当负面事件发生时，不仅创业者的个人形象会受到影响，就连企业的品牌影响力也会受到牵连。再者，当今社会资讯发达，重大事件发酵的速度很快，负面事件对于企业的影响会更加重大。据《华尔街日报》报道，2021年5月，比尔·盖茨通过发言人承认曾与一名微软女员工长期保持婚外情，虽然盖茨否认婚外情调查与离开微软有关，但微软公司股价仍应声下跌。一个企业家对稳定或提高一家企业股票市值的重要性可见一斑，这使得创业者要十分注重自身的个人行为，避免陷入舆论漩涡中。在这种舆论环境下，创业者焦虑不安、恐慌不已是常有的事，过大的压力使得他们的心理难以疏导。与此同时，舆论在给创业者带来危机的同时，也能带来机遇。通过舆论的发酵也能让好的事情更好，创造好的舆论事件，通过树立创业者正面的形象促进企业的发展。

3. 资本压力

在创业过程中，除了要面对用户，创始人还需要维护好和资本的关系，面临着资本压力。首先，获得融资是创业马拉松的第一步，但这一步却迈得并不轻松，以至有很多创业者止步于此，“千里马常有而伯乐不常有”，许多好的想法和商业机会都会因为找不到资本投入而搁置，有太多的创业公司因为融资难而纷纷倒地。

其次，如果企业能够顺利获得融资，与投资者也就是资本方的关系也成为创业者需要考虑的问题。在创业者与投资者之间的关系上，对于创业者来说，他们希望投资人既能动嘴也能动脑和动手，即能帮忙又能给到相应的自由度，既善于解析问题又具有丰富的投资经验，既是出资方又是能够想你所想、急你所急的靠谱伙伴。然而现实可能并非如此，投资者和创业者的目标往往并不一致。投资者的目标往往是所投资产的保值增值、获得收益然后择机退出；而创业者往往追求的是事业的成功与实现心中理想。软银亚洲投资基金首席合伙人阎焱在“2019CCTV中国创业榜样”颁奖典礼上说过：“投资人和创业者应该是搭档关系。好的投资人跟好的创业者在一起，应该是如虎添翼。”因此作为创业者，既要学会如何获得融资，也要学会处理与投资人和资本方之间的关系。

4. 身心压力

创建艰难不仅难在外部原因，创业者自身的身体和心理压力也使得创业更加艰难。马云说："今天会很残酷，明天会更残酷，后天会很美好，但大部分人会死在明天晚上。"据报道，雷军坚持每天都工作 15~16 个小时，凌晨一两点才下班，几乎全年无休。京东的刘强东曾表示经常工作到凌晨 2 点，平均睡 4~5 小时。每天工作 16 个小时的柳传志在刚开始办企业的时候，处于极大压力之下，他说多次"差点儿吓出神经病来"。创业早期，创业者承受的很多，只要做错一个决定，就有可能万劫不复。罗振宇说，创业者是在真空中，没有人告诉什么是对的，什么是错的，该往哪里去。所有过去习得的道理，在创业生涯中可能都没用，必须依靠自己做决定，然后以自己的生命和全副身家去承担结果。最近这几年，年轻创业者去世变得越来越频繁，2019 年数位 40 岁左右的创业者先后离去。在创业这轰轰烈烈的旅途中，有的人名利双收、功成身退，有的饱受非议、备受煎熬，创业过程中的苦，只有身在其中的人才能体会。

(三)为什么要学创业学

如前文所说，如今是个全民创业的时代，但是想要创业成功却十分艰难，因此，学习创业学的知识十分必要。然而学习创业学并不是要学会如何赚钱，如何当大老板，而是对创业以及创业过程有正确、全面的了解，明确创业是什么、创业的收益与风险、创业活动的特点、创业具体过程以及每一个过程中需要了解的知识。通过这些知识的学习，具备创业的能力。总的来说，创业学提供知识整合的平台，提供理论实际相结合的情景，提供汲取经验教训的机会，锻造企业家精神。

1. 知识整合

创业的过程中需要了解各个方面的知识，这些知识能够通过学习各类科目来获得，例如，战略管理、市场营销学、会计学、经济学等，然而这些科目是分开、独立且不是针对具体的创业实践的。因此，对于想要学习创业知识的人来说，缺乏一个综合运用所有知识的平台，而创业学课程可以提供这一平台。创业学课程以创业为对象，将与创业有关的知识进行了整合，更加具有综合性以及针对性。

2. 汲取经验教训

很多人认为创业者学习创业学会耗费大量时间，但对创业者来说，学习中的启发，哪怕是一点点，也是非常有用的。创业学课程中包含了大量的创业案例，通过这些案例的学习，不仅仅能更好地理解创业学的相关知识，也能通过案例了解到很多创业实践经历和故事，从优秀创业者身上学习优秀的经验，从失败的案例中获得教训，能避免一些错误，少走一些弯路。

3. 企业家精神的锻造

创业实践的能力最主要的则是创新能力和竞争能力。创业学中明确了创新的重要性。

创业的本质是创新的价值体现，在真正的创业过程中，面临的是激烈的市场环境、残酷的市场竞争，必须要强调竞争的重要性以及培养创业者竞争意识。创新能力是创业的基础以及持续发展的前提，而竞争能力是企业能与竞争对手匹敌的关键，学习创业学能够正确认识到创新能力和竞争能力的重要性，锻造创业者的企业家精神。

◎ 本章案例

大疆——梦想驱动的力量

小时候，我们总是被教育“要有梦想”，长大了却发现梦想总是抵不过现实，所以绝大多数人在烦琐的生活中很快就忘了自己的梦想。然而，少数记得自己当初梦想并为梦想而奋斗的人却被世界所铭记，比如马斯克、乔布斯等。而以梦想为驱动的企业则特别有爆发力。国内企业众多，尤其是在“大众创业，万众创新”的时代，各种主打情怀、主打创新的创业公司都生龙活虎。大疆是另一类，相对低调，不以梦想为噱头，但却真的被梦想所驱动。

大疆创始人汪滔 1980 年出生在浙江杭州一个中产家庭里，父亲是一名工程师，母亲是一名教师，后来自己创办了企业。很小的时候，汪滔就对探索天空充满兴趣。他看过的一本画着红色直升机的漫画书激发了他对直升机的好奇之心，并迷恋上了航模，冥冥中这种业余爱好为他的未来做好了铺垫。

高中时，作为对汪滔在期中考试取得好成绩的鼓励，父亲给他买了一架遥控直升机，在汪滔的想象里，遥控直升机是可以随意操控的高级玩具，想让它飞哪就飞哪，想让它停下来就能悬浮在空中不动，但现实根本不是那么回事儿，没玩多久直升机就被摔得散了架，从那时开始，汪滔心里就暗暗埋下一粒种子：要造一架可以随意操控、能够自由飞行的直升机！

读完高中，汪滔考入了华东师范大学电子系。怀着“造自己的直升机”梦想的汪滔，害怕自己在这所并不出众的大学里也会逐渐走向平庸，最终丢了自己的梦想。2003 年，已经读到大三的汪滔做了一个很大胆的决定：从华东师范大学退学，申请去世界一流的大学求学。

那时候，汪滔最想去的是麻省理工学院和斯坦福大学，然而汪滔提交给这两所学校的申请都遭到了拒绝，最后是香港科技大学电子工程学系发来了录取通知书。香港科技大学是一所学习和研究氛围都很浓厚的大学，汪滔很快就适应了这里的节奏和氛围。在这里，学生进入大三后就会选择毕业课题、选定指导老师，为毕业或者继续深造做准备。汪滔在选择毕业课题时决定把直升机用的飞行控制系统作为自己毕业课题的研究方向，但在面向系里同学和教授进行成果演示的时候，空中悬停环节出了问题，不管汪滔如何调试，飞机就是不能稳稳地停驻在空中，而是像故障飞机一样忽上忽下，然后突然失灵，“啪”地摔在了地上。这次不成功的展示，让汪滔得了一个刚及格的评定，这样的成绩没法让他继续深造。他只得考虑要么以本科生身份出去找工作，要么重新做毕业课题，争取拿到A级，这样才能留在学校继续读研。然而，勤奋的人最好运，或许是上天在帮他实现梦想，汪滔被香港科技大学机器人技术大家李泽湘看中。李教授肯定了他的领导才能以及对技术的理解能力，并推荐他攻读硕士学位。

在读研的日子里，汪滔一直坚持改进自己的直升机飞行控制系统，终于在2006年1月迎来了他自己的"完美精灵"，无论前进、后退、左转、右转、上升、降落、悬停，动作都一气呵成。这次直升机的试飞成功奠定了汪滔创业的基础。后来，他带着研究成果参加了珠海航展和高交会，并得到了部分企业的认可，这也直接催生了他要创业的想法。

2006年，汪滔拉着一起做毕业课题的两位同学，在深圳创立了大疆创新科技公司，专注于直升机飞行控制系统的研发生产，正式开启改变世界的创业之路。

起初的两年，大疆专注进行油动力直升机飞控系统的研究，但收效甚微。

2008年，大疆迎来转机。这一年汪滔研发的第一款直升机飞行控制系统XP3.1面市，并在8月11日申请了第一件实用新型专利，用于解决在高机动或者GPS信号短时间中断的情况下飞行可靠性的问题。虽然这套飞行控制系统相对成熟，但却并没有为大疆打开市场，不过在这一年，消费级无人机的概念悄然成型。

2012年9月，大疆申请了后来被命名为第一代"大疆精灵"的外观设计专利：旋翼飞行器(Phantom)。当年晚些时候，大疆已经拥有了一款完整无人机所需要的一切元素：软件、螺旋桨、支架、平衡环以及遥控器。

2013年1月，公司发布"幻影"，这是第一款随时可以起飞的预装四旋翼飞行器：安装便捷，在开箱一小时内就能起飞，而且第一次坠落不会造成解体。简洁和易用的特性不久就让"幻影"无人机成为大疆最畅销的产品，在几乎没有任何市场投入的情况下令公司的收入增长了4倍。

最近几年，大疆创新科技先后推出了精灵4、"御"Mavic 2、农机T16、灵眸Osmo Pocket口袋云台相机等力作，赚足了人气和口碑。

据统计，在国外消费级无人机市场，大疆的份额在70%以上，而在国内该份额占比高达85%。在消费级无人机市场占据绝对优势后，大疆于2016年下半年发布了一款工业无人机产品Matrice 600 Pro，售价折合人民币大约为3.4万元。2017年，大疆公开表示希望在消费级和安防、巡检、电力、公安等各个行业级应用市场上齐头并进，未来实现营收各占50%。有报告认为，预计2020年全球工业无人机市场规模可达51亿美元。未来我国工业级无人机的需求量将达到104020架，然而目前市场保有量仅一万架左右。在2014—2018年间，大疆科技的专利申请数也一直稳居行业首位。其全球专利申请量9000件左右，其中PCT专利申请近3000件，数量之高足以体现大疆雄厚的技术储备、强劲的研发能力和高水平的创新能力。大疆正在展现出前所未有的青春活力。其创始人汪滔也在获得了巨额财富回报的同时实现了自己的梦想。

结论：在案例体现了成功的创业活动在获得财富的同时也能实现创业者的梦想。

资料来源：汪滔．大疆：梦想驱动的力量，https：//www．sohu．com/a/304324624_467215；马翊华，郭立甫．大疆无人机占领国际市场的成功经验与启示．对外经贸实务，2016(1)：76-79；张焱．大疆汪滔谈创业：当初只想做好20人的团队．商学院，2015(11)：110-111．

◎ 参考文献

[1]陈波．Z公司创业项目的风险研究[D]．北京理工大学，2017．

[2]姜翰，金占明，焦捷，马力．不稳定环境下的创业企业社会资本与企业“原罪”——基于管理者社会资本视角的创业企业机会主义行为实证分析[J]．管理世界，2009(6)：102-114．

[3]姜军，蒋士杰，陈德棉．不同视角下的创业者素质研究：文献综述[J]．现代管理科学，2005(6)：17-19，12．

[4]李武威，李恩来．商业模式创新、研发投入与创业企业成长绩效[J]．财会月刊，2021(4)：34-43．

[5]李红想，王硕．DISC理论在企业管理者领导力提升中的应用[J]．企业改革与管理，2019(20)：64-65．

[6]李宏．新时期背景下企业财务风险管理的探析[J]．山西财税，2021(6)：42-43．

[7]刘万利，胡培．创业风险对创业决策行为影响的研究——风险感知与风险倾向的媒介效应[J]．科学学与科学技术管理，2010，31(9)：163-167．

[8]施炜，苗兆光．成功创业的核心要素[J]．科技与金融，2019(7)：56-60，55．

[9]单标安，蒲怡，闫双慧，梁毕明．不确定性情境下即兴能力对科技型新企业绩效的影响研究[J]．管理学报，2021，18(7)：1032-1039．

[10]苏皑，康鹏胜，肖樱丹，陶向南．新创企业创业导向战略的实施与企业绩效的关系——基于制度环境的差异化视角[J]．科技管理研究，2021，41(14)：174-181．

[11]汤勇．资源视角下创业网络形成机制研究[D]．中南大学，2014．

[12]陶雅，李燕萍．家庭嵌入视角下创业激情形成机理的跨域研究[J]．管理学报，2018，15(12)：1810-1818．

[13]田莉，张玉利．创业者的工作家庭冲突——基于角色转型的视角[J]．管理科学学报，2018，21(5)：90-110．

[14]王侃．创业者领导风格影响企业战略选择[J]．经理人，2018(10)：72-74．

[15]吴江．创新是创业的本质特征[N]．光明日报，2016-12-13(016)．

第二章 创业者的动机

本章主要重点是创业者，首先需要对于创业者有一个正确的认识，然后通过了解创业者的动机、成功创业者的素质以及创业者需要承担的社会责任和遵守的伦理道德，全面地了解创业者。

一、创业者的迷思

1. 创业者是天生的还是后天培养的

很多人相信创业是需要天赋的，但是大量有关创业者心理和社会构成的实证研究表明，创业者并非异于常人。没有人天生就是创业者，几乎每个人都有成为创业者的潜力。成为创业者更多的是综合环境、生活经历和个人选择的结果。即使创业者天生就具备了特定的素质，这些素质也往往是创业者在创业实践和自我发展过程中所塑造出来的。

有研究表明，在教育程度较高的地方长大的个体更有可能成为企业家，而创业的经典理论强调个人特质在创新能力和承受不确定性和风险方面的作用。个人特质的形成要么是在生命早期学会的，要么是在家庭内部学会的，要么是真正与生俱来的。还有研究表明，创业者管理能力也是能学习的。哈佛大学已经新开了一门培养创业家的课程，名为“i-lab”，意为“创新实验室”。斯坦福大学也开设了一门类似的课程。根据该计划，研究生可以休学进行创业，如果创业失败，次年还可以回到学校继续学习。

由此可见，创业者的许多特质是可以后天培养的，学校重视创业和培养创业者，有志于创业的人应当抓住这样的机会进行学习，从而使自己具备创业的能力。

2. 创业者是赌徒吗

有人认为创业者往往具备赌徒心态，创业是冒险家的乐园。这种想法产生的基础是创业具有极大的不确定性。首先，创业者很少有结构化的稳定工作，因此具备很高的不确定性；其次，创业往往需要更强烈的成就感，并经常设立更高的挑战目标，这都意味着创业者面临的高风险。然而，创业者与赌徒是完全不同的，对于创业者而言，虽然面临着许多的风险，而风险背后也潜藏着众多的机遇，这也是创业者愿意冒险的原因。与此同时，创业者在面临风险时，能够对风险进行分析，并且采用各种不同的手段来规避风险，这些依靠创业者的个人能力以及相关的知识可以实现，而赌徒面临的风险和不确定性是很难规避的。此外，实证研究表明创业者和大多数人一样，通常是适度风险承担者（The Hartford's

2013 Small Business Success Study)。随着公司的壮大、职员的增加、影响的广泛、冒险的成本增加，成功的创业者往往会权衡利弊，力争做到风险最小。

3. 创业者主要受到金钱激励吗

有人认为创业者创业是为了获得更高的收益，不可否认创业成功确实能给创业者带来巨大的财富，因此，认为创业者创业不是为了经济目的有点天真，但金钱的确鲜为创业者开创新事业的初衷。雷军创办小米的初衷是就是想改变中国产品在老百姓心目中的形象，让老百姓用上优质的产品。马云一直都在说，他创建阿里巴巴，是为了更好地服务于大众。马化腾在谈到为什么创业时也说过："从个人意愿来讲，创业也和我的兴趣有很大关系。我和同伴们当时在传统的通信系统与互联网之间看到了一种跨界融合的可能，促使我想去用互联网的方法努力优化人们的通信方式。"由此可见，更多的创业者是为了实现心中的梦想和追求，这样的创业初心往往也更能成功。如果是以金钱为激励而创业，对于金钱的追求可能会分散创业精力，使得将更少的时间和精力放在产品和服务上。一些年轻的创业者为了梦想而创业，而在创业的过程中，随着公司的发展壮大，却忘记了自己的梦想和初心，为了追求利益而不择手段，最后只能以失败告终。马云告诫青年创业者："你的初心就是最好的商业计划书。"

由此可见，创业更多的是受梦想和追求驱动的，这样的创业才能更加长久；而金钱是创业成功的结果，创业者要不忘初心，切勿陷入金钱的漩涡。

4. 创业者都是爱出风头的人吗

虽然很多创业者有着强烈的成功欲望，往往表现出来很强烈的表现欲，但是也有很多著名企业的创始人保持低调，不太愿意出现在聚光灯下。例如，我们很少有人能够叫出Google、Gap这样公司的创始人的名字。360公司的创始人周鸿祎也建议"多做，少说"，他认为真正的创业者还是应该小心翼翼，非常用心地把精力用于产品、用户和市场，多和用户交流。创业者可以少跑会，有些创业者花很多时间跑会、串场、追逐热门等，会容易被概念搞得失去自我、追赶风口。另外，忽略用户体验也会导致流失用户。

由此可见，真正的创业者也可能是低调的，而创业有时是需要低调的，在发现一个新技术、新市场，而自身还未成熟时，创业公司自身就是脆弱的，还没有能力跟巨头叫板，所以更应该低调。

5. 创业者取得成功的最重要因素是资金吗

很多人认为，有钱才能创业，资金对于企业初创而言当然非常重要，但绝非最重要的因素。如果创业者有了其他资源和才能，钱自然会来。反之，创业者拥有了很多的资金，成功并非一定会出现。正如前文所讲，创业成功相关的资源不仅仅是资金，如果创业者拥有很强的技术，形成了技术壁垒，就能拥有核心的竞争优势；或者创业者思考出了全新的商业模式；又或者是抓住了很好的创业时机。小米创始人雷军认为，创业成功最重要的是团队，找人是创始人最重要的工作。

由此可见，创业成功最重要的因素可能不是资金，商业模式、创业时机等似乎更为重要，拥有好的技术和商业模式，就能更好地融资。

二、创业者的动机

(一)自己做老板

很多人不甘心听命于人，或者是对自己的老板有看法，相信自己会做得更好，因此希望自己当老板，将命运掌握在自己手中。实际上，作为员工，可能只需要关注领导者，但作为创业者以及企业的领导人，要关注很多利益相关者。企业股东、内部员工、债权人、供应商、零售商、消费者或者竞争者等，都是企业的利益相关者。要协调好各方的利益并不是一件容易的事，要处理好员工的关系，初创企业难以承受核心员工的离开；处理好与顾客的关系，他们对于企业的发展有决定性作用；处理好与合伙人的关系，他们是创业过程中并肩作战的伙伴；要处理好与投资人的关系，否则资金链有可能会断掉。所以，当上了老板未必会更加自由，考虑的东西会更多，可能会受到更多的影响和牵制。

(二)灵活的工作时间

作为企业员工，有规定的任务、固定的工作时间以及随时可能出现的加班，很难自由支配自己的时间，因此，很多人创业是希望自己作为企业的领导者，从而可以自己安排工作，有很大的时间弹性和自主支配权。但在很多情况下，真正的创业者无时无刻不在工作，而且创业者很多情况下需要随时待命，充当救火队长的角色，并时刻做出表率。所以对于创业者来说，工作就是生活的全部，创业并不意味着时间的自由，可能会占用更多的时间。

(三)获取更高的财务收益

创业成功的确可以获得很高的财务收益，但这也伴随着极高的风险。人们往往只看到了创业的高回报，却忽视了潜在的高财务风险。创业不仅不能保证高财务收益，反而在初创阶段很有可能会将自己的资金全部投入公司里，甚至会血本无归。实际上，在企业内部工作，精明的投资、市场化自己的技术和知识都可以实现获取更高财务收益的目标。因此，为了获取更高的财务收益而选择创业并不是一种成熟的选择。

(四)自我价值的实现

创业者心中往往都有一个理想，用自己的努力来改变这个世界，哪怕只是一点点。许多创业者创业并不是为了赚钱，更多的是为了实现自己的理想和目标。例如大疆的创始人汪滔，创办大疆就是为了实现自己的无人机梦想。还有许多创业者，创业是为了证明自己的能力，许多大企业家创业成功后投身到慈善事业中，而有些人也正是为了帮助人们才会创业。因此，对于许多创业者来说，创业是实现自我价值的途径。但创业过程中，受到各种各样的影响和压力，也有些创业者忘记了初心，甚至走上了违法犯罪的道路，最终身败名裂。因此作为创业者要时刻警醒。

通过上述分析，可以发现许多创业动机是对创业的一种片面的理解，而片面的理解可能导致在创业过程中，在遇到困难时轻易放弃。那创业者真正的动机应当是什么样的呢?创业者真正的动机是具备解决问题的意识和提供更好方案的决心，即意识到问题的存在，并有非做不可的觉悟，这样才能在困难面前保持持续的激情与斗志。

三、成功创业者的素质

(一)意志力

对于创业者而言，如果在创业过程中，一碰到困难就打退堂鼓，那么就很难守得云开见月明。意志力是至关重要的一个人格特征，踏上白手起家的征途以后，创业者必须具备足够的意志力，这样才能克服创业道路上的艰难险阻。

马云在创业初期，被很多人当作骗子，饱受白眼；苹果公司的创始人乔布斯也曾被自己一手创立的董事会和自己亲手选择的职业经理人约翰·斯卡利联手赶出苹果。乔布斯回忆自己被苹果赶出去是自己的至暗时刻，是人生当中的一次巨大的失败。然而，这些困难并没有能够将他打倒，反而促使他愈战愈勇，最后乔布斯创立了 Next 公司，并成功逆袭苹果，带领苹果公司摆脱困境，再创辉煌。

(二)洞察力

成功的创业者几乎无一例外都有敏锐的洞察力，善于找到市场的痛点，并把握机遇，获得成功。

洞察力也称预见力，是指一个人多方面观察事物，从多种问题中把握其核心的能力。缺乏洞察力的人会只见树木或只见森林，而不能两者俱见。缺乏洞察力的决策者，会浪费宝贵的资金和人力，因为他无法抓住问题的根本，因此无法制订有效的方案或作出科学的决策。创业中的洞察力是指能够准确发掘当前市场方案的不足，并能敏锐抓住市场机会的能力。马克·扎克博格是全球最大社交平台 Facebook 的创始人，Facebook 的成功追根溯源可以看作他失恋后的一个恶作剧，在被女友甩掉之后，愤怒之际，扎克博格利用黑客手段入侵了学校的系统，盗取了哈佛大学校内所有漂亮女生的资料，并制作名为“Facemash”的网站供同学们对女生相貌进行评分。他的举动引起了轰动，一度致哈佛大学的服务器几近崩溃，马克因此遭到校方的惩罚。但马克的举动引起了其哈佛大学“高富帅”同学温克莱沃斯兄弟的注意，他们邀请马克加入团队，共同建立一个社交网站，初衷只不过是为了方便哈佛大学的男生追女孩子，但是扎克博格敏锐地嗅到了这个社交平台的商机与前景，于是 Facebook 横空出世，成就了目前全球影响最广的社交平台。

（三）执行力

创业中要能够将创意付诸行动，变为现实；要把企业战略、规划转化成为效益和成果，这需要很强的执行力。

执行力，指的是贯彻战略意图、完成预定目标的操作能力。成功的创业者应具备超强的执行力，很多人，晚上想起千条路，早上起来走原路，缺乏将观念变为现实的行动。小米本是手机行业的迟到者，但雷军意识到，手机是智能家居时代不可或缺的一环，便全力以赴地投入手机设计与生产，最后以手机为突破口，成就了现在的小米帝国。短短两年时间，小米的手机就从无到有，从弱到强，成为市场上不可忽视的重要玩家。雷军的执行力可见一斑。

（四）创新力

创新是创业的本质特征，创业者必须具备很强的创新能力，才能让企业拥有与对手不同的核心竞争力，才能在激烈的市场竞争中生存下来。

创新能力是在技术和各种实践活动领域中不断提供具有经济价值、社会价值、生态价值的新思想、新理论、新方法和新发明的能力。创业的成功往往是一种创新，即提供比现有市场上更好的解决方案。创新可以是技术的创新，也可以是模式上的创新。无论是什么样的创业企业，创业者要想取得成功，无非是针对市场上存在的痛点，提出更优的解决方案，要么提供更好的技术、更好的产品、更好的服务，要么提供更好的商业模式。创新要么为企业带来更高的效益，要么为企业节约更多的成本。国内互联网巨头腾讯，在很长的发展过程中，被人诟病为“模仿”与“抄袭”。QQ借鉴ICQ，微信借鉴米聊，但是不可否认的是，每一次腾讯的产品，都会针对原有借鉴对象进行优化创新，最后推出的产品一定远远比原有的产品要好。正是凭借这样的创新力，使得马化腾几乎垄断了国内的即时通信平台，并发展成为国际巨头。

（五）控制力

创业者要能做到君子爱财取之有道，在创业过程中坚守自己的社会责任。不能够为达目的不择手段，要自觉受到企业伦理与社会道德的约束，在名利的诱惑下，只有拥有控制力才能不忘初心。

控制力，就是自我行为判断后进行的理性行为，在创业过程中，创业者要具备不忘初心、守住道德底线的掌控力。创业一旦成功，可谓名利双收，这既是一种责任，同时也意味着巨大的诱惑。Elizabeth Holmes是美国斯坦福大学的高才生，成绩全A，她立志创业，并获得众多名人的背书，然而在面临技术难题时，无法实事求是地面对自己，而是用谎言和骗局来维持，最终身败名裂。

四、创业的社会责任与伦理

(一)社会责任

企业社会责任(Corporate Social Responsibility, CSR)是指企业在创造利润、对股东和员工承担法律责任的同时，还要承担对消费者、社区和环境的责任，企业的社会责任要求企业必须超越把利润作为唯一目标的传统理念，强调在生产过程中对人的价值的关注，强调对环境、消费者、社会的贡献。大部分人都认为生意和社会责任是两件事，不能相提并论，也有人认为做生意成功赚到钱之后，才可以回报社会。其实不然，社会责任并不只是创业成功的企业才有，处在初期的创业团队同样有这样的责任。

首先，诚信是企业生存的基础，企业要生存就必然要追逐利润。创业团队经营企业的重点在于讲究效益，以最少的成本获取最大的利润，同时向国家缴纳税赋，为巩固国防、社会建设、丰富和满足民众生活提供保障。因此，创造最大的经济效益，是创业团队首要的社会责任。从企业内部管理来说，创业团队还要注重企业内部员工在分配上的公平合理，注重对员工的培训和教育。要按规定给员工办理各种保险，保证员工的各种合理的福利。社会就业扩大、员工素质的提高、员工收入的不断增长是社会稳定的重要基础，也是企业对社会稳定作出的重要贡献。而就创业企业和外部的关系而言，在企业利益和社会利益发生冲突时，创业团队宁可牺牲自己的利益也要保护社会的利益。有的创业企业经营活动和社会责任具有密切的关系，因此，创业的同时也需要承担一定的社会责任。

实现社会责任，创业者应当做到以下几点：创业者要着力于培养良好的企业精神，注重用远大的理想、崇高的信仰、美好的道德统一员工的价值观，激发他们的工作热情，为整个社会的精神文明建设添砖加瓦；创业者要注意企业的方向、道路，应贯彻国家的方针、路线、政策，执行国家的法规、法令，自觉接受国家的监督和控制；创业者要正确处理各方面的利益关系，在维护和增加集体、个人利益的同时，按时、足额上交税利，履行自己对国家的责任和义务。创业者要努力完成下达的生产计划，严格执行经济合同，了解市场需求，满足社会需要，为国家的繁荣昌盛多作贡献；创业者要重视树立企业在整个社会、在广大消费者心目中的形象，不贪图眼前的暂时利益。创业者要自觉地把个人的事业、企业的发展和社会的需要、人类的进步有机统一起来。

◎ 小案例

蚂 蚁 森 林

马云曾在阿里巴巴5周年庆典上提出，要做102年企业，而伴随这个愿景的，“永不把赚钱作为第一目的”就是阿里巴巴的一大价值观。这不是说企业不赚钱，但是“赚钱是一个结果，不是目标。我们要创造社会，去改变人”。

2016年8月支付宝公益板块正式推出蚂蚁森林。用户根据消费行为、运动行为等可以获得“绿色能量”，然后用“绿色能量”兑换虚拟树，虚拟树长成后，支付宝蚂蚁森林和公益合作伙伴就会在地球上种下一棵真树，或守护相应面积的保护地。蚂蚁森林中的积分主要来自于低碳出行、在线消费、在线缴费等行为，意在培养和激励用户的低碳环保行为。2019 年 8 月，《互联网平台背景下公众低碳生活方式研究报告》显示，蚂蚁森林已经拥有 5 亿用户，累计碳减排 792 万吨，在地球上种下了 1.22 亿棵真树，面积相当于 1.5 个新加坡。

随着地球环境恶化，绿色低碳成为全球经济发展趋势，而蚂蚁森林项目主张的低碳行为，为国家碳减排作出很多贡献。蚂蚁森林绿化面积的扩大使得生态环境日益健康，目标地区人民的生活水平也得以保障和提升。蚂蚁金服与全国绿化委员会办公室、中国绿化基金会在国家林业和草原局签署了合作协议：只要用户在蚂蚁森林成功种植 3 棵树，获得三张“蚂蚁森林植树证书”，就可以在线申请换取一张纸质版的由国家颁发的“全民义务植树尽责证书”，大大增强了用户参与的积极性，提高了民众的自我价值感。企业履行社会责任，可以在解决某项或某些社会问题的过程中，起到带动和引导作用，通过与大众的互动可以将新的生活方式或理念推广给大众。蚂蚁森林推广的就是绿色生活方式，调动普通民众参与低碳生活，普及绿色教育，不但让民众热衷于绿化和生态保护，还让低碳生活、绿色金融等概念深入人心。

此外，蚂蚁森林运行以来，积极而开放地融入更多的低碳场景，目前共有社会各界 720 多个合作伙伴。蚂蚁森林通过与用户之间的沟通和反馈，让用户感受到自己真实地为改善环境贡献了力量，将线上的虚拟行为转化为真实的现实行为，带给用户满足感，提高了企业口碑。蚂蚁森林的使用设计让用户无需特意参与就能将日常行为变成公益行为，既是自我善意的表达和社会责任感的体现，也是一种自我认同的实现。而且在蚂蚁森林中加入了社交类功能，比如“加好友收能量”“合种”“公益林”等功能，增强了用户互动频率以及参与感，给企业带来了一定的好处。

阿里是目前互联网企业中唯一既有明确市场概念，又有所行动的公司。蚂蚁森林与支付宝有很高的契合度，两者相互衬托，提高了彼此的竞争力，一时间形成了“国民级公益项目”，把碳交易延伸至个人。蚂蚁森林注重在公益中添加社交功能，使公益游戏化，更加贴近用户，因此也带动了更多年轻人进行参与。由蚂蚁森林这一成功案例可以看出，企业履行社会责任，并不会对企业自身发展有什么不利影响，相反，企业履行社会责任对企业自身以及社会来说都是有益的，并且有利于企业的可持续发展。

资料来源：徐京伟．从企业社会责任角度看蚂蚁森林的社会价值[J]．商业文化，2020(10)：56-57.

(二)创业伦理

创业伦理水平是制约创业实践发展的关键要素。诚然，机遇、资源都是创业实践发展所需的关键要素，然而除了这些，创业者还必须遵守道德规范，守法经营，不道德的创业者就会被市场所排斥，被法律所制裁。创业伦理水平的高低往往决定了创新创业实践的成败。古语云“得道多助，失道寡助”，创业活动是一项社会活动，既需要创业团队内部的团结一致，也需要得到社会的认可与支持，创业者提供的产品和服务只有被消费者接受才能获得利润，创业活动才能继续，因此创业者是否提供给消费者无害产品，是否遵守了法律，是否遵守了道德规范将直接影响创业活动的社会支持度，进而也影响创业活动的成败。近几年，我国屡屡发生的商业丑闻也说明伦理道德在经济活动中的重要性，如三聚氰胺事件发生后三鹿公司的一蹶不振就是一个例证。因此，创业者应该具备良好的创业道德水平，营造健康的经济生态环境和社会风气。

创业伦理是指创业活动中涉及的伦理道德规范。创业者在创业过程中可能会陷入困境，从而导致违反道德伦理。首先是关系困境，新创企业在创业过程中，创业者与企业各类利益相关者组成网络化的关系体系，这个错综复杂的关系网络一方面提供便利，促进新创企业对资源、机会的利用。另一方面，关系的处理过程中往往伴随着冲突和问题。新创企业处理与投资者、员工、顾客和供应商等直接利益相关者在生产经营过程中形成的商业关系时可能面临很多两难的处境。其次是资源困境。资源困境与关系困境二者并不是互相独立的，而是具有内在的联系。面对资源紧张的压力，创业过程中对资源的获取和整合利用可能会给创业者带来伦理冲突。企业经营过程中的“短期寻租”“搭便车”行为时有发生。为了追求利益的最大化，很可能会采取违背伦理道德，甚至违法的手段去获取相关的资源。最后是法律困境。创业过程中面临政策上的束缚和缺乏灵活性可能使得创业者反对政府现有的市场政策，不满意政府过度干预和控制市场活动的行为，极力提倡法律法规的改革，以有利于新创企业的发展。因此，创业者容易在是否严格遵守法律政策，以及如何打破陈规束缚之间遭遇伦理困境。

在这样的情况下，创业领导者居于创业的核心地位，对新创企业的发展产生了决定性的影响作用。解决伦理困境的第一出路是提升创业者自身的伦理素质，创业者克服私利诱惑，自觉遵守商业伦理的一般规则，是解决创业伦理困境的一剂良药。

◎ 本章案例

滴血成金——Theranos 公司从创业神话到惊天大骗局

讨论主题：控制力，在创业过程中会面对巨大的名利诱惑，创业者要具备不忘初心、守住道德底线的掌控力。

初创：

Elizabeth Holmes 是斯坦福大学生物化学工程系的一名优等生，但这个 19 岁少女却从小惧怕针头，在 SARS 病毒肆虐的那一年，她获得新加坡基因研究院实习机会回国后，利用自己的专业知识和对医学的设想，成立 Theranos 公司（Therapy（治疗）和 Diagnosis（诊断）的合成词），致力于为血检带来革命性的突破，社会各界对这一“颠覆性”创新十分看好。Elizabeth Holmes 的目标是让人们告别打针抽血的恐惧，无痛少血，获取完整检验指标。无论是Facebook的COO谢丽尔·桑德伯格，还是雅虎的CEO玛丽莎·梅耶尔，这些女性企业家都不是白手起家，从零到一。而Elizabeth Holmes不同于上述女性，她来自常青藤，害怕打针，中途辍学，创业，志向远大，励志于用一滴血改变世界……硅谷需要这么一个故事，美国需要这么一个故事，于是造星大幕轰轰烈烈地拉开……

鼎盛：

第一，超级卡司：Theranos公司董事会成员包括美国前国务卿 亨利·基辛格(Henry Kissinger)，美国前国防部长 威廉·佩里(William Perry)，美国参议院军事委员会前任主席 萨姆·纳恩(Sam Nunn)，美国前海军上将 盖里·罗海德(Gary Roughead)，美国前海军陆战队将军 詹姆斯·马蒂斯(James Mattis)。美国前总统克林顿在一次论坛上将她视若珍宝，以至于会议上的马云相形见绌，美国前副总统盛赞她的实验室代表着未来。

第二，媒体宠儿：Theranos公司创始人Elizabeth Holmes，一时风头无两，成为媒体的宠儿，并频繁成为顶级财经杂志的封面女郎，被盛赞为下一个乔布斯，各大电视媒体轮番邀请她做客——CNN、USA Today、FOX商业频道、CBS(哥伦比亚广播公司)、NPR(美国国家公共电台)、CNBC(美国全国广播公司财经频道)……《福布斯》(*Forbes*)杂志把她评选为“全球最年轻的、白手起家的女性亿万富翁”；她在2014年的“福布斯美国400富豪榜”(400 Richest Americans)上名列第110位；《时代周刊》将她提名为“2015年最具有影响力的100大人物”；《魅力》(*Glamour*)杂志将她评选为“年度女性人物”；《财富》(*Fortune*)将她评选为“年度商业家”“40位40岁以下精英”。

第三，市值惊人：2014年，新的投资人加持之后，这家公司的市值终于登上了90亿美元，接近600亿元人民币的顶峰。而Elizabeth本人拥有公司一大半的股票，她的身家更是突破了50亿美元。而当年美国流媒体巨头Spotify只有52亿美元的估值，共享汽车的代表Uber的估值为34亿美元。

衰落：

走向深渊的过程：

2017年，开设了众多沃尔格林“健康中心”的亚利桑那州起诉Theranos，指控他们销售150万份不合格的血液测试产品。沃尔格林起诉Theranos，他们单方面在药店的合作上，总共投入了1.4亿美金。

2018年3月，Elizabeth和Sunny被美国证券交易委员会指控为“大规模欺诈”。伊丽莎白支付了50万美元的罚金，交还股份，并且在10年之内，都禁止担任上市公司的高级职员或董事。

2018年6月，联邦检察官对她进行了刑事指控，以9项电汇欺诈罪和2项串谋欺诈行为起诉了她。

2018年9月，公司宣布正式解散，剩余的现金和资产将用于还债。创业神话就此落幕。

公司宣称患者可以告别对针头的恐惧，仅靠无痛吸取少量血液，即可对人体进行全方面的检查并能获得几乎所有的生理指标，然而很快公司在技术方面遭遇瓶颈。在技术上无法取得突破，而又坚持无痛少血的创业理想，Elizabeth 彻底迷失了自我，通过生理盐水稀释，篡改检查数据，隐瞒事实真相，虚假宣传，不断造假，不断包装，在取得一个又一个荣耀的同时也为自己的创业理想种下覆灭的种子。最终，纸包不住火，谎言被戳穿，直到公司与人生轰然倒塌。

结论：成功的创业者在面临诸多诱惑的时候，要能够保持奉献初心，守住道德底线，不至于被名利欲望所吞噬！

资料来源：本案例改编自 BadBlood：Sectets and Lies in a Silicon Valley Startup. 作者：John Carreyrou. Alfred A. Kropf. New York，2019。同时参考：费文绪. 硅谷泡沫之巅：Theranos 骗局. 世界科学，2018(8)：42-45；维立. 硅谷的一滴坏血：硅谷创投公司的秘密与谎言——读《坏血》. 企业观察家，2019(4)：124-127；张晓东. 女版"乔布斯"泡沫破灭. 传奇. 传记文学选刊，2018(8)：78-80.

◎ 参考文献

[1]陈子薇. 创业伦理：问题、审视与对策[J]. 科技管理研究，2020，40(4)：263-267.

[2]陈倩娟. 论优秀创业者应有的道德品质及培养[J]. 科技创业月刊，2016，29(8)：69-70.

[3]段锦云，王朋，朱月龙. 创业动机研究：概念结构、影响因素和理论模型[J]. 心理科学进展，2012，20(5)：698-704.

[4]刘志，梁祯婕. "双创时代"研究生创业伦理培育的意义与研究进路[J]. 学位与研究生教育，2017(6)：11-18.

[5]李遂完. 政策扶持与社会支持对创业行动的作用机制研究[D]. 广西大学，2020.

[6]孙维国. 企业社会责任需要内外兼修[N]. 中国应急管理报，2021-08-28(003).

[7]滕海丽，马力，布玉兰. 创业伦理困境研究述评[J]. 现代管理科学，2019(6)：94-96.

[8]徐京伟. 从企业社会责任角度看蚂蚁森林的社会价值[J]. 商业文化，2020(10)：56-57.

[9]L Guiso，L Pistaferri，F Schivardi. Learning Entrepreneurship From Other Entrepreneurs[J]. NBER Working Papers，2015(12).

[10]王旭，朱秀梅. 创业动机、机会开发与资源整合关系实证研究[J]. 科研管理，2010，31(5)：54-60.

[11]吴玉宁. 基于创业者特征的青年创业素养培育[J]. 中国商论，2016(18)：175-176.

[12]王映朝. 创业动机在创业者创新能力提升中的应用[J]. 江苏商论，2018(12)：123-124.

[13]王映朝，何毅烨，鲁林，兰春梅. 创业动机在创业者风险偏好领域的应用[J]. 市场

论坛，2018(12)：62-64.
[14]许庆瑞，王伟强. 小企业家特质及创新行为研究[J]. 科技管理研究，1992(05)：29-32.
[15]尹珏林，薛红志，张玉利. 创业伦理研究：现状评价与未来趋势[J]. 科学管理研究，2010，28(1)：1-5.

第二编

挖掘市场价值
——什么是合适的创业机会

第三章　创意与机会

一、什么是创意

创意不是天才的专利，创意是可学的，是可以通过训练习得的能力。一个好的创意能够改变人的命运，挽救一个企业。

(一)创意的定义

创意是创造与创新意识的简称，它是指对现实存在事物的理解以及认知，所衍生出的一种新的抽象思维和行为潜能，也是一种通过创新思维意识，进一步挖掘和激活资源组合方式，提升资源价值的方法。

创——创新、创作、创造。意——意识、观念、思维。创意起源于人类的创造力、技能和才华，创意来源于社会又指导着社会发展。

创意的定义包含了三个层次，即创意内容、创意结果和创意过程。

“创意内容”包含了对创意定义的基本要素；“创意结果”是指创意产出或评估所带来的实际影响；“创意过程”则描述了创意发生的动态过程。

1. 创意内容

目前大多数理论以内容定义创意时都包含了两种要素或标准，即创意想法或创意产品必须是新颖的，且它们必须是有价值的。缺乏价值或目的性的新颖性可能偶尔会产生一种创意成果，但其本质上完全不是创意。比如，精神分裂者创作了一件艺术作品，并且让专业人士印象深刻，但我们不可能将精神分裂者看作有创意，除非他慎重地引导出艺术性的结果。精神分裂者可能引发“新奇”或制造创新的方式，但是按照“精神疾病”的标准定义创意，这种想法就会忽略产品价值中的意图、目的和自我意识的作用。

但是，创意失败之路也有很多是以优秀的创新想法铺就。在艺术和科学领域里，很多重大发现都出于偶然。在旁观者眼里，缺乏目的性并不会削减其成果的价值。按照结果，而不是意图来定义创意的价值可能会更为合理，这也导致我们面临下一个问题——什么是创意结果。或许我们可以通过结果来评估新颖性和创造性的价值，即不在于它是什么，而在于它做了什么。

2. 创意结果

相对于创意内容，创意更注重结果。简而言之，创意结果必须“打破常规”。有价值的创新发生后，随之而来的就是情境或框架的转变。一个真正有创意的解决方案不是简单地解决一个现有的问题，而是还要能够解决未来可能产生的问题。

创意有时会无视规则或传统架构。有创意的尝试虽发生在清晰界定的规则、惯例和约束当中，但也是为了重建它们的结构。有创造性思维的人同样也拥有战略性思维。创造性转化是自相矛盾的——我们看到的是同样的东西，但却以一种新的方式进行构造。这就把我们带到了一个新的层次，在这个层次，我们可能会遇到从没考虑过的问题。

定义创意行为是一件很有意思的事，但如果我们发展创意，那引发这些行为和结果的创意过程会更加有用。

3. 创意过程

我们把创意内容定义为“有价值的创新”。这种创意内容中的结合与创意过程中的结合紧密关联。为了达到既有新意又有价值的目的，需要的可能不止一种思维方式。创意过程涉及把明显矛盾的框架相连接的能力，或者说是“耦合性思维”。

创意过程的认知理论强调，创意思维是一个复杂的过程。这些认知理论可以看成是对先前“特质取向”的对抗，基于特质取向的理论总是试图把创造性过程定义为一些理想个体或创造性“天才”进行一系列奇异的步骤。随着这一系列奇异的步骤或特征的扩大，它们之间的矛盾便产生了。为了包容这些对立的元素，有创意的个体和组织被认定成那些培养出忍受矛盾和悖论能力的人。因此，创意的认知理论把矛盾整合到了我们对创意过程的理解里，使创意过程纳入了相反的观察和思考方式。

(二)创意与商业概念(business concept)

创意在什么时候才会具有商业价值呢？我们需要学会如何识别商业创意，如何判断特定创意是不是一个好的商业机会。绝大多数创新企业的失败不是因为创业者工作不够认真努力，而是因为没有选好合理的、合适的创意。创意失败通常是因为少做了一项最基础的工作——检查。只有通过检查，认真寻找线索并推敲自己的想法、仔细核对各项数据，最后才能形成合理的判断。同样，创业者需要具有敏感性，懂得如何寻找创意，并愿意认真检查和推敲创意，这样才能识别出最好的商业创意。

良好的创意，应具备以下原则：

(1)简单。如何才能找到观念的根本核心？要剥去观念的层层外壳，直至找到核心议题。我们必须精通舍弃之道，毫不留情地区分主次。简单，并不是一味追求至简，而是努力提炼精要。

(2)意外。如何才能吸引听众注意到我们的想法？如何在叙述过程中维持对方的兴趣？我们必须打破人们的期待，违反直觉，从而激发他人的兴趣和好奇。

(3)具体。如何才能把自己的观点表达清楚？我们必须借用身体行为和感官信息来加以阐释，很多商业领域的沟通正是在这一步上出了差错。我们的大脑总是乐于记住具体的事物。将所传达的信息具体化，是确保每一位对象都能真正接收到同样观点的唯一办法。

(4)可信。如何才能让别人相信我们的创意？美国前公共卫生部长埃弗利特·库普谈到某项公共卫生议题时，人们多半会毫不犹豫地接纳其说法。但在日常生活中，我们很难拥有这等权威。创意要有可信性，必须具备相应的信用背景。

(5)情感。如何才能让别人关注我们的创意？很关键的一点就是必须得让他人有所感觉。人们更可能产生感觉的对象是人，而不是抽象的事物。

要想完成完整而又优秀的创业计划，首要任务就是选择创意——一个能够满足消费者合理需求并为消费者带来新颖价值的创意。如果一家企业所制造出来的产品没有相对于其他产品的独特性或闪光点，那这个企业将会很难生存下去。

1. 变化的环境趋势

商业创意的第一个源泉是变化的环境趋势，而其中最关键的几个环境趋势是社会趋势、经济趋势、技术发展、政治行为与政策变化。这些领域的发展与变革能刺激新的商业创意的产生。在分析环境趋势以识别商业创意时，首先需要区别趋势与流行。创新企业一般没有充足的资源，因而追赶不上流行的脚步。其次，各种趋势之间是存在一定的关联性的，我们在发现商业创意时也需要综合考虑这些趋势。例如，小米手机、苹果手机等智能手机流行的原因之一是它们利用了以下共存的趋势，即年轻人有了更多的可支配收入(经济趋势)、人口流动性不断增强(社会趋势)以及电子产品越来越便捷化(技术趋势)。上述趋势共同塑造了智能手机如今的普及与成功。

2. 解决问题

形成商业创意的第二个源泉是解决问题。人们在日常生活和工作中都可能会发现问题。那么如何从问题中发现商业创意呢？营销专家菲利普·科特勒(Philip Kotler)说过："去寻找问题。比如人们抱怨夜里很难入睡、家里那些乱糟糟的东西很难收拾、很难除去花园里的杂草。每个问题都是一个隐藏着的机会。"

有些问题与正在发生的环境变化趋势有关，通过认识这些问题也可以发现商业创意。例如，SafetyWeb是一家帮助家长保护未成年孩子在线名誉、隐私与安全的网站。该网站还可以让家长监控孩子的手机通话与短信。越来越多的孩子使用网络和手机这个社会趋势导致该项服务的产生。同样，有几家新企业开发出监测病人服药的产品。例如AdhereTech公司研发出一种药瓶，可实时监测瓶中药片或药水精确量，并打电话或发短信提醒病人服药。据该公司数据，这项实时提醒服务使病人遵医嘱服药率由60%提高到90%。按时服药对于老年患者来说尤其重要，因为老年人常服用多种药物。人口老龄化是一种社会趋势，这种趋势会引发新的问题，这些问题引发了对AdhereTech这种企业的需求。

3. 市场空隙

商业创意的第三个源泉是市场空隙。市场空隙是指需要跳出原有的思维定式才能发现的市场。任何市场都不会是铁板一块，总是会有一些空隙暂时未被人注意，等待着后来者去开发。市场空隙之所以会被先行者忽视，往往是因为原有的竞争者没有跳出思维定式，倒是有一些后起之秀能站到行业之外，换一个角度去分析。有时候，消费者可能会在特定地区购买不到他们所需要的商品，又或者市场上根本就没有这种商品。存在这种现象的原因是因为大型零售商会进行价格上的竞争，比如沃尔玛，它们只提供针对主流消费者的大众商品。虽然这使得大型零售商实现了规模经济，但却留下许多市场空隙。品牌时装店、特色店和其他商务网店就在市场空隙中得以生存，这些店铺所售商品的需求量不大，并不在大型零售连锁店里销售。市场空隙的存在也意味着潜在的商业机会。

当某地区需要某种服务，但该地区又没有足够人口可支撑传统店铺生存，或店铺在夜间或周末不营业时，也会产生市场空隙。例如，很多农村及三四线城市没有 24 小时营业的便利店。这导致夜间有购物需求的人难以迅速买到他们所需的物品。为填补这一缝隙，美宜佳、中百罗森、today 等 24h 便利店品牌应运而生，并迅速占领零售业市场份额。变化的环境趋势可能导致现有的企业进行转型，这也是发现市场空隙的一个途径。当前健身行业正面临这个问题。人们越来越喜欢符合当地市场需求、24 小时营业、交通便利的小型健身馆，而不是设施齐全的大型健身馆。

(三)形成创意的方法

创意是一种通过创新思维意识，进一步挖掘和激活资源组合方式，进而提升资源价值的方法。美国广告大师 David Ogilvy 说过："要吸引消费者的注意力，同时让他们来买你的产品，非要有很好的点子不可，除非你的广告有很好的点子，不然它就像快被黑夜吞噬的船只。"创意是如此重要，那么形成创意有什么方法呢？

1. 头脑风暴法

形成商业创意时，我们最常用的方法就是头脑风暴法。头脑风暴(brainstorming)指的是让不同的人产生不同的想法。头脑风暴法需要我们有组织地讨论一个特定的议题，从而形成多种创意。最后由组织领导者请参与者分享他们想到的创意。参与者说出自己的合理创意，然后由其他人对此给出评价与建议，之后再对回应做出回应，如此反复。头脑风暴法需要我们随心所欲、畅所欲言。用来形成商业创意的头脑风暴会一般并不那么正式。例如，一些商学院的教授发明了"烦扰报告法"来帮助学生集思广益，形成商业创意。他们要求学生列出 75 项在日常生活中令他们感到烦扰的事情。要求列出 75 件事是因为这能迫使学生超越一些显而易见的烦扰(校园内停车、室友、冬天铲雪等)，他们必须思考得更加深入。学生确实需要经常和朋友在一起进行小组讨论、集思广益才能找出 75 项烦扰来。

我们还可以利用商业创意的三个源泉为线索来组织头脑风暴讨论，这也非常有效。假设你参与了一次小型头脑风暴会，目的是寻找新型健身中心的创意。你知道该市场竞争激烈，新的普通健身中心几乎没有立足之地，所以你要找出一个独特的创意。你先在白板上画上三列，分别标注为“变化的环境趋势”“尚未解决的问题”与“市场缝隙”。接着开始群策群力形成各种创意，然后先单独分析三类创意，再将各类创意相互联系起来。等到每一列中都出现了多个创意后，按照主题或类型把这些创意归纳分类，以形成更加完善的创意。此时你发现了一类尤为突出的创意：人口老龄化问题，当下老年人越来越关注自身身体健康；许多锻炼器材和传统健身中心课程并不适合老年人使用和锻炼；没有专为50岁以上人口开设的健身中心。以此为基础，你就可以形成初步完善的创意：开办一家为50岁以上人群服务的健身中心。

2. 焦点小组

焦点小组是指与议题相关的5~10人集中在一起的小组。焦点小组的应用十分广泛，可以用来帮助形成商业创意。焦点小组一般由对议题有深刻研究或对议题熟悉的人组成。他们集中在一起回答问题，集体讨论，同时双向反馈，从而使问题变成清晰。焦点小组作为头脑风暴的后续，效果最好。头脑风暴形成一个大致创意，比如开一家为50岁以上人群服务的健身中心，但这个创意还需要进一步完善。通常，焦点小组要由训练有素的人来主持。主持人的主要任务是让小组讨论集中在“焦点”上和维持热烈的讨论气氛。焦点小组是否有效，很大程度上依赖于主持人提问和引导讨论的能力。例如，为了进一步完善开办50岁以上人群健身中心的创意，10名50岁以上的普通健身中心会员被组织到一起进行讨论。主持人可以问：“现在的健身中心让你不喜欢的地方是哪里?”一位71岁的男士可能回答：“我不喜欢那里的训练课。健美操和旋转动作太多了，这我倒不太在乎。但伴奏音乐声音太大，节奏太快；教练都是些毛头小伙，他们根本不了解我这辈子都经历过什么。”主持人可以接着问：“有多少人愿意让同龄人当你们的健身教练呢?”如果10人中7人举手，你可能就找到了你那商业创意需完善的一个方面了。

3. 图书馆与网络调查

形成商业创意还可以通过图书馆与网络调查，这可以使我们对创意有更深刻的了解，从而使大致的创意得以完善，最后形成最佳创意。例如，我们通过调查，将“开一家新健身中心”这个大致创意完善为“开某种特定类型的最好的新健身中心”。

但我们在收集商业创意信息时，往往无法做到对图书馆里面的资源充分利用。合理使用并寻找文献的最好方式是咨询相关专业人士。比如告诉图书馆管理员你想找哪方面的资料，他会推荐一些有用的图书，像专业杂志、商业期刊、产业报告等简单浏览几期期刊就可能启发创意。大学图书馆强大的搜索引擎、数据库与产业报告也可以利用。

网络调研也很重要。我们可以在搜索引擎中输入“新的商业创意”几个字，就能找到许多具有时效性的商业创意方面的资讯。虽然这些文章内容是笼统的、不完善的，但它们至少可以用作形成商业创意的起点。如果你已经有了一定的想法，比如我们前面讨论的健身中心创意，那么下面这个方法非常有用：启用谷歌，设置相应的关键词，用电子邮件订阅关键词信息即可。谷歌会通过电子邮件向你传递不断更新的搜索结果（如网站更新、新闻、报道、博客文章)，这种服务是免费的，你每天都能获得新的相关信息。

二、创意与机会的关系

一个创意未必就是一个机会，尽管机会离不开“创意”，但并不是所有的创意都是机会。有经验的企业家可以在其他人很少看到机会的地方或太晚看到机会的地方辨识并进一步创造一种机会。创意与机会常常在创业实践中被混为一谈，但创业机会是一个重要的概念体系，在创业过程中扮演着重要的角色。所谓创意(idea)是指在创业过程中产生出具有创新性的想法和将问题转化成为内在逻辑自洽的行为架构。创意可以来源于自己意识到的市场机会，但是如果没有创意，机会是否存在意义不大，因此，对机会的识别源自创意的产生；或者说，创意的存在是市场机会存在的前提，合适的创业机会，一定需要优秀创意的支持。创业机会，则是具有时效性的有利情境，以及创业者有利情境中创造市场价值的能力。而这种能力往往通过创意加以体现。

(一)什么是机会

“机会”就是指未明确的市场需求或未充分使用的资源与能力。“机会窗口”是一种隐喻，用以描述企业实际进入新市场的时间期限。创业者利用机会时，机会窗口必须是敞开的。一旦新产品建立起来，“机会窗口”就打开了。随着市场成长，企业进入市场并设法建立有利可图的定位。当达到某个时机、市场成就，机会窗口也就被关闭。“创业机会”则是指在市场经济条件下，社会的经济活动过程中形成和产生的一种有利于企业经营成功的因素，是一种带有偶然性并能被经营者认识和利用的契机。

(二)机会的本质特征

很多创业的失败，并不是创业者没有认真工作，而是一开始就没有掌握真正的创业机会。因此，了解什么才是真正的创业机会，至关重要。一般来说，好的创业机会有四个本质特征：吸引力、适时性、真实性、时效性。

1. 吸引力

吸引力指的是创业项目本身有亮点，概括地说，就是创业项目有市场前景，有盈利空间，商业逻辑完整，商业模式严谨。

2. 适时性

适时性指的是商业机会确实在一段时间内真实存在，而不会如社会短暂兴起的潮流一样，昙花一现。这种商业机会的持久性表现在，市场痛点真实存在，解决市场问题，回应市场痛点产生的效益会持续保持。创业是一个过程，如果是短暂的潮流，不等到交易完成，机会之窗就关闭了，是没有办法最终赚取利润的。

3. 真实性

真实性指的是商业机会确实在一段时间内真实存在，而不会如社会短暂兴起的潮流一样昙花一现。这种商业机会的真实性表现在，市场痛点真实存在，解决市场问题，回应市场痛点产生的效益会持续保持。

4. 时效性

时效性指的是创业的时机。对于创业而言，时机的重要性怎么强调都不过分。太早，市场接受度低，时机不成熟，容易出现现金流紧张，产业链整合不易。过晚，市场格局已经形成，进入壁垒太高，竞争对手太强，创业也不容易成功。

(三)创意与机会的关系

创业的本质是将一个灵光乍现的创意转变为一个具体的商业模式，再将这个具体的商业模式转化为一个可行的实施方案，最后通过这个实施方案成就一个具有核心竞争力的企业。而良好的创意就是一个创业机会。所以创业成功的基础取决于创业者能否敏锐地抓住创业机会，并提供一个更好的创意来解决商业问题。创业者决定创办企业，前提是他们搜索识别确定存在的市场机会。如亚马逊的创始人贝佐斯，本就职于纽约市的投资公司，薪酬优渥，但他敏锐地认识到了互联网所带来的市场机会与价值，果断地放弃了现有的工作，投身到创业的大潮中去。再比如 Facebook 的创始人马克·扎克伯格，从偶然的校园恶作剧中，发现了新技术带来的互联网社交商机，于是放弃了哈佛大学的学业，而投身到创业中来。

创意产生后，还要形成一个具有可实际操作的商业模式，商业模式既要准确体现出市场存在的问题，更重要的是要提供解决问题的具体商业计划，以及对这种商业计划可行性的认证。最后这些商业计划要通过创业者具体的行动方案来加以实施。因此创业产生、商业模式的认证以及行动方案的实施才会构成真正的创业机会。

此外，理解机会和创意之间的区别同样重要。创意是一种思想、概念或想法，可能满足也可能不满足机会的标准。在因商业创意而激动兴奋之前，需要了解创意是否填补了某种需要以及是否满足了机会的标准。而所谓机会，是指利于获得创业成功的机遇和时机。这一方面是指外界给创业成长创造了良好的条件；另一方面指创业的实践过程中，获得一种确然的机会，使创业团队得到启发并取得成功。

(四)市场机会还是创业机会

创业机会拥有其独特性，能经由重新组合资源来创造一种新的目的-手段关系，但是市场机会的范畴更为广泛，代表着所有优化现有目的-手段关系的潜力或可能性。

市场机会蕴含于目的-手段关系的局部或全盘变化之中，而创业机会则是表现为对目的-手段关系的全盘甚至是颠覆性的变化。

创业机会与市场机会的根本区别在于利润或价值创造潜力的差异。创业机会具有创造超额经济利润的潜力，而其他市场机会只可能改善现有利润水平。

三、合适创业机会的本质特征

(一)创业机会的特征

创业机会是指有可能盈利并创建新企业的条件和想法(创意)。

创业的过程就是创业者对机会进行发掘、开发、利用的过程。所以，识别创业机会是创业的第一步。

那么，如何更好地了解创业机会呢？创业机会有以下特征：

(1)普遍性。凡是有市场、有经营的地方，客观上就存在着创业机会。创业机会普遍存在于各种经营活动过程之中。

(2)时效性。即：进行创业的合适时机，错过了最佳时间，他人捷足先登，付诸实践了，这个机会便不存在了。太晚进入，壁垒又太高了。

(3)风险性。机会都是与风险并存的，机会带来的收益与风险也成正比。想要获得高收益，通常都会需要承担高风险。

(4)隐蔽性。机会都是隐蔽的，总是被少数目光敏锐的人发现并成功开发的。获利越大的机会往往隐蔽性越强。

(5)创新性。机会不仅可以被利用，而且在一定程度上可以被创造、拓展和强化。

(二)创业机会的分类

经过识别出来的创业机会大致上可以总结为趋势型机会、问题型机会和组合型机会。

1. 趋势型机会

趋势型机会，是指创业者通过密切观察趋势从而创造出新的有效需求的机会。经济因素、社会因素、技术进步、政治活动与制度变革是要遵循的最重要的趋势。把握这些趋势有两种途径：其一是认真研究并观察这些趋势。一般来说，具有产业经验和创造性，构建有良好的社会网络。警觉性的创业者，更有可能发现趋势并正确解释它们；其二是从独立调查公司购买定制化的预测和市场分析。

2. 问题型机会

问题型机会，是指创业者发现了现有产品、服务、原材料和组织方式等层面的差距，通过其创造性思维找出了某种改进可能性的机会

研究表明，一些创业机会其实是某个人为了解决某一实际问题的结果；在解决问题的过程中，创业者意识到解决方案将有更广泛的市场吸引力，从而才引发其创业过程。已故的“共同事业组织”创始人约翰·加德纳说：“每个问题背后都是一个被精巧掩饰的机会。”

3. 组合型机会

组合型机会，是指将现有的亮相以上的技术、产品、服务等因素组合起来，满足用户新的用途而获得的创业机会。

四、创业机会的来源

一个好的创业机会如何产生的呢？为什么有的人能够意识到这是一个绝佳的创业机会，而有的人意识不到？面对无时无刻不在变化着的市场，我们的创业机会到底来自哪里？

一般而言，我们可以把创业机会的来源归于两大类，即外部因素与内部因素。外部因素包括：变化的环境，尚未解决的问题和市场上的差距；而内部因素则包括：过去的经验，问题的认知和创新能力。

(一)外部因素

1. 变化的环境

很多人认为，世间唯一不变的就是变化。我们也处在一个高速发展的市场环境，变革无处不在，而这些变革会孕育着各种创业机会(见图3-1)。

图3-1

· 政治变革。政治活动和制度变革会带来很多创业机会，某个产业的发展有时候取决于政府的态度和政府的管制措施。例如，鼓励创新创业政策的出台，为创业活动提供了更多的支持，降低了创业的成本，促进了创业者与风险投资资本的结合，同时为创业者成立公司提供了更加便捷的服务。又比如环境保护和污染治理政策的出台，会直接淘汰污染严重的落后产能，而给清洁能源技术提供更大的舞台。再比如国家空管机构对无人机的管制，会直接影响到无人机商业化程度和民用范围。

· 经济变革。理解经济发展的阶段和发展趋势有助于确立新的商业创业的领域。经济要素影响消费者可支配收入水平。当经济繁荣时，人们更愿意购买提升其生活品质的产品和服务；相反当经济低迷时，人们可能更愿意储蓄，而减少消费。不同的经济阶段都会带来一些商业机会，经济景气与消费升级的背景下，高质量的精品商品或者是服务会迎来春天；而经济不景气的时候，理财和教育的相关服务则会更容易获得市场的青睐。创业中如果能够踩准市场的节拍，符合经济规律，则会更容易获得成功。

· 社会变革。理解社会和人口结构的变化，也会有助于找到创业机会。社会趋势的变化改变了人们和企业的行为，进而影响了产品和服务的开发及销售方式。如：人口老龄化与养老产业的发展；工作场景的变化让越来越多的人选择了 SOHO 办公方式；社会网络参与度的提高，催生了移动互联商业模式的发展；城市化进程的深入，导致农村人口大量向城市转移，给城市交通带来极大挑战。共享打车软件的出现，通过信息技术更有效的匹配供求关系，从而成就了优秀的城市出行创业公司。

· 技术变革。新技术的出现会对市场环境带来深刻的影响。以前不可能做到的事情，现在成为了可能。以前能够做的事情，现在可以做得更好。例如：互联网技术的进步，带来了零售商业模式的改变，越来越多人把实体店面当成了展厅，而倾向于在互联网上下单；又比如智能手机技术的发展，无数 App 开发者发现了商机，一款受欢迎的应用，就可以造就一个非常成功的创业公司。

2. 尚未解决的问题

创业机会的另一个重要来源则是尚未解决的问题。正是因为人类社会不是一成不变，在变化中会带来新的问题与新的挑战。如何有效解决这些问题，是创业的根本目的之一。创业实践实际上可以看作对现有问题的反应与解决。每一个问题都可以被看作一个精巧掩饰的机会。如现行工业体系的发展离不开对石油资源的依赖，但地球上石油的储备是有限的终究有使用完结的时候，当石油资源日益枯竭，则会给整个人类社会的发展带来严峻的挑战，面对这一问题，很多人开始着手寻找新的替代能源加以应对。许多新的技术和新的创业机会不断涌现。如针对消耗石油的内燃机汽车，新能源汽车 Tesla 的出现就是一个很好的创业机会。正是因为市场上总是存在着这样和那样的问题，因此如何解决这些问题，和解决这些问题的创意便带来了创业的机会。

3. 市场上的差距

创业的机会还来自于市场上的差距。有些时候，市场上的问题得到了企业的响应，存在着解决问题的方案。但是这种方案并不完美，要么过于昂贵，要么效率低下，存在着市场上的差距，换句话说，现有解决问题的方案有提高的空间。如果谁能够通过技术创新或者是模式创新，提高原有解决方案的效率，更好的回应问题，那么也可以作为创业的机会。如为了缓解城市交通高峰期，打车难的问题，武汉市曾经推出了打车呼叫中心，通过电话预约出租车。但是这种方式效率低下，后来网约车的兴起，弥补了电话预约方式的不足，更有效率地解决了打车难的问题，也成就了滴滴网约车公司这样的创业独角兽。

(二)内部因素

1. 以往经验

有研究表明，创业者在某个产业或者某个领域中以前有过相关经验，会更容易地获得这个产业或者领域中的创业机会。据美国 Inc 杂志每年对 500 个私营企业的创始人进行的调查显示，超过 40%以上的企业创始人在创业前，都拥有同一产业的相关经历，这些经历会帮助他们获得创业的灵感与创意，从而成就新的创业公司。正是因为有相关的过往经验，使得创业者们对这个行业存在的问题有更清晰的认识，对该领域的机会有更敏锐的洞察力。虽然在大多数情况下，某个产业过去的经验非常重要，但并不是说产业外的人不能够进入这个领域；相反，有时候行业以外的人会以一个崭新的视角进入一个领域，进行所谓的“跨界”竞争或者是“降维”打击。

2. 问题认知

另外一个创业者的禀赋是，对存在问题的认知。即能否敏锐地发现市场上尚未解决的问题，意识到这种问题的存在，并提供一种解决问题的思路与创意。这种对问题的认识，也被称为创业警觉，可以定义为不必经过周密调研便可察觉事物存在问题的能力。而这种能力很大程度上是一种后天习得的技能，如程序员更容易比歌手看到手机 App 存在的问题，并能够提出更好的解决方案。但也有人天生具有敏锐的直觉，这种洞察力常常能够发现其他人没有意识到的问题，成功的创业者往往是个更好的机会发现者，比其他人更容易发现市场机会，并估算出机会带来的市场价值。

3. 创新意识

创业的本质就是一种创新，除了善于发现市场存在的问题，估算解决问题的市场机会带来的市场价值，同时创业者还要通过技术创新或者是商业模式创新，对存在的问题加以解决。创新力虽然在产品和服务中广泛出现，但对于创业而言，根本在于技术的创新或者是商业模式的创新。新技术为顾客带来更好的产品、服务和体验；商业模式的创新为顾客带来了更高的价值。其共同点是以一种更好的方式回应了市场上的痛点。成功的创业者，一定也需要具备很好的创新力。

4. 资源获取

创业是在高度不确定情境下的高风险商业活动。创业初期，往往创业者资源匮乏，需要筹措资金，需要招募人才，需要购买设备，这都不是一件容易的事情。创业者需要同利益相关者之间构建良好的商业关系，获取创业需要的各种资源，确保创业公司能够正常运营下去。

五、衡量合适创业机会的基本原则——价值

(一)行业与市场

(1)市场容易识别，可以带来持续收入。
(2)顾客可以接受产品或服务，愿意为此付费。
(3)产品的附加价值高。
(4)产品对市场的影响力高。
(5)将要开发的产品生命长久。
(6)项目所在行业是新兴行业，竞争不充分、集中度低。
(7)市场规模大，销售潜力有定额的空间。
(8)市场成长率在30%~50%甚至更高。
(9)现有厂商的生产能力几乎完全饱和。
(10)在五年内能占据市场的领导地位。
(11)拥有低成本的供货商，具有成本优势。

(二)经济因素

(1)达到盈亏平衡点所需要的时间。
(2)盈亏平衡点不会逐渐提高。
(3)投资回报率高于市场平均水平。
(4)项目对资金的要求可以承受，能够获得融资。
(5)销售额的年增长率高于15%。
(6)有良好的现金流量，能占到销售额的20%~30%甚至更高。
(7)能获得持久的毛利，毛利率要达到40%以上。
(8)能获得持久的税后利润，税后利润率要超过10%。
(9)资产集中程度低。
(10)运营资金不多，需求量是逐渐增加的。
(11)研发工作的资源可以获取。

(三)收益条件

(1)项目带来的附加价值具有较高的战略意义。
(2)存在现有的或可预料的退出方式。
(3)资本市场环境有利，可以实现资本的流动。

(四)竞争优势

(1)固定成本和可变成本低。

(2)对成本、价格和销售的控制较高。

(3)已经获得或可以获得对专利所有权的保护。

(4)竞争对手尚未觉醒，竞争较弱。

(5)拥有专利或具有某种独占性。

(6)拥有发展良好的网络关系，容易获得合同。

(7)拥有杰出的关键人员和管理团队。

(五)个人标准

(1)个人目标与创业活动相符合。

(2)创业者可以做到在有限的风险下实现成功。

(3)创业者能接受薪水减少等损失。

(4)创业者渴望进行创业这种生活方式，而不只是为了赚大钱。

(5)创业者可以承受适当的风险。

(6)创业者在压力下状态依然良好。

(六)管理团队

(1)创业者团队是一个优秀管理者的组合。

(2)行业和技术经验达到了本行业内的最高水平。

(3)管理团队的正直廉洁程度能达到最高水准。

(4)管理团队知道自己的不足。

(七)致命缺陷问题

不存在任何致命缺陷问题。

(八)理想与现实的战略差异

(1)理想与现实情况相吻合。

(2)在客户服务管理方面有很好的服务理念。

(3)所创办的事业顺应时代潮流。

(4)所采取的技术具有突破性，不存在许多替代品或竞争对手。

(5)具备灵活的适应能力。

(6)始终在寻找新机会。

(7)定价能做到与市场领先者持平。

(8)能够获得销售渠道。

(9)能够在一定程度上允许失败。

◎ 本章案例

“网红”李子柒：一个农家女利用自媒体成功创业的故事

“90后”古风美食博主李子柒最近在海外走红。这个四川女孩的微博粉丝超2100万，抖音粉丝超3000万，海外社交媒体上的全球粉丝超700万，视频作品经常收获上百万乃至上千万的浏览量。李子柒的视频为什么能受到全球网友的欢迎？她视频中所展现的生活又是怎样的？如何看待李子柒的走红？最近新华社发表评论说，今天，全世界都在向东看。在世人关注的目光中，李子柒的视频打开了一个精巧别致的窗口，和众多精彩纷呈的窗口一起，向世界展现了一个多元而美丽的当代中国。

回乡创业爱上拍视频，竟然成为她人生的转折点

李子柒1990年出生于四川省绵阳市，微博知名美食视频博主，微博签约自媒体人，被誉为“东方美食生活家”。李子柒的父母很早就离开了她，她从小一直由养母抚养。但命运多舛的她并未受到养母的善待，年事已高的爷爷奶奶心疼孙女，最终决定将李子柒接回家中，生活由他们看管照顾。在她14岁的时候，李子柒只身前往城市打拼，开始了长达八年的漂泊生活。李子柒最初睡过公园椅子，连续啃过两个月馒头。要强、能吃苦的性格让李子柒迅速在陌生的城市学得一技之长，有能力养活自己和家乡的奶奶。这段工作经历使她能够将后期的视频效果呈现得尽善尽美。在城市打工时，糊口之余的她还曾多次与朋友一起尝试创业，希望尽可能地改善农村家中的生活条件。

2012年，李子柒的奶奶生了一场重病，她担心如果自己再像以前一样长期不在奶奶身边，或许自己将来会置于“子欲养而亲不待”的境地后悔一辈子。2016年参加媒体采访时，李子柒提起爷爷奶奶和自己的奋斗经历时表示，迫于生计背井离乡，无法留在奶奶身边尽孝一直是自己心中的遗憾。喧嚣嘈杂的工作环境也让她更加想念曾经深山中的生活，她人生最大的愿望，就是有朝一日能够与奶奶一起过上简简单单的农家生活。

2016年，李子柒开拍古风美食的短视频，起初是想给自己生意毫无起色的淘宝网店拉动销量，以支撑自己和家中老人的生活开销。为此，她买了人生中第一台单反，仔细研究说明书上按钮的功能。凭借一台单反、一个旋转屏和一个120元的三脚架，完成了前期所有拍摄，其剪辑竟然是在一个内存16G的手机上完成的。

一次，为拍好做兰州牛肉面的视频，她拍完一个镜头，然后洗手、调三脚架、取景，再拍下一个镜头。由于拉面对时间要求很精确，通常镜头调好之后面团就废掉了。为此她来回拍摄20多次，奶奶把废掉的面团做成馕吃了半个月，每天都是各种汤泡馕，以至于现在李子柒看着馕就觉得饱……为了拍松鼠鱼，她在-15℃的雪地里反复拍摄，直到自己发高烧才罢手。

李子柒的视频让人感觉真实，那是因为拍的每一个视频都是亲力亲为。她在接受采访时说，有些视频拍摄历时8个月，中间许多技能都是她后来学的，比如她为了拍

“活字印刷”，专门花了小半年时间去学习，最终才完成视频拍摄。

让受众感兴趣听得懂，以独特方式讲好中国故事

由于“90后”李子柒生活在四川省绵阳市北川县的一个小山村，这里美妙的自然环境，给她编织自己的“归园田居”梦创造了得天独厚的条件。“种苗在东皋，苗生满阡陌。虽有荷锄倦，浊酒聊自适……但愿桑麻成，蚕月得纺绩。”近两年，那一段段充满田园诗意的视频，让她坐拥几百万粉丝，播放量赶超全球知名媒体的账号。李子柒频频上热搜，掀起了一波波话题讨论。

随着李子柒相关信息的增多，大家发现李子柒背后有不少资本的身影，其实这是一个成功的商业故事，只不过这个故事抓住了当下都市人内心的渴望与共鸣，从而找到在短视频内容创业中的突围之路，李子柒的品牌价值正在被迅速挖掘。李子柒视频的背景是青葱绿山、田野、溪流、果园和古朴的农家小院，作为视频中除了鸟儿、狗、猫之外的主角，她日出而作，日落而息，她的美食与季节交融，春耕秋收，从地头到餐桌的中间环节，都由李子柒亲自完成。

李子柒之所以能火，最大原因是视频中“真”的部分，她对美食、美物的呈现，对田园居家的呈现，都是对生活的热爱，恬静怡情的田园生活中，都市人得到了梦寐以求的治愈感，这是一个没有朝九晚五，没有绩效考核，没有压力与焦虑的人间梦境。李子柒的视频是拍给忙乱的都市人看的，她把“诗与远方”以画面呈现给观看者。而自古以来，“久在樊笼里，复得返自然”就是人类逃避自我的一种方式。李子柒抓住了都市人的痛点。

讲好中国故事，我们需要更多的“李子柒”

很多观众觉得被这种美化所欺骗，说它不是真正的农村，但这一切其实也并不是全然伪造，只是一个找到了自身风格与特色的商业视频产品。据数据分析，李子柒仅凭某视频播放相关分成，一年就能进账5000万元。她的淘宝店冠军产品月销量40多万件，开店一年旗下产品销售额达数千万元。这绝不是守一片小田、挖一朵山菌的农耕人家所能完成的商品生产销售能力。李子柒是短视频创业中独特的一个，独特的文化韵味儿、独特的个人气质，都不太好模仿，但李子柒的大火、动辄几千万乃至上亿的视频播放量，不能不让人猜测也是资源帮扶的结果。

李子柒有自己的控股公司，而其投资股东背后更有诸多资本大鳄的身影。李子柒这一商标的知识全产信息更是覆盖食品、服饰、餐饮、住宿等多种商品类别。李子柒在海外的影响力堪比CNN。截至2019年12月5日，李子柒在YouTube(全球最受欢迎的视频网站)上的粉丝数是735万，而且这个数字还在飞速增长中。735万是什么概念呢？要知道美国影响力最大媒体之一，可能也是全球影响力最大媒体之一的CNN(美国有线电视新闻网)，在YouTube上也只有792万粉丝。而李子柒的每一个视频，播放量几乎都在500万以上。如果点开视频评论看看，会发现她的粉丝遍布世界各地。伊朗的、美国的、俄罗斯的、菲律宾的、巴西的……视频里没有英文字幕，但那些看不懂中文、听不懂中国方言的外国粉丝，从来不吝于表达他们对李子柒的喜爱。

2019年12月11日，央视主播海霞点赞："让世界认识美好中国的，还有位视频博主李子柒。有人问，为什么没有翻译，李子柒的作品还能火遍全球？我觉得她的作品里，每一帧画面都有她对家乡的热爱，看懂这种热爱不需要翻译。展现文化之美，这个小姑娘做到了，这背后透着的就是文化自信。"是的，李子柒的作品题材来源于中国人古朴的传统生活，以中华民族引以为傲的美食文化为主线，围绕衣食住行四个方面展开。作品中传达出积极向上、热爱生活的态度以及独立自强的奋斗精神。

资料来源：卞文志."网红"李子柒：一个农家女利用自媒体成功创业的故事.科学种养，2020(4)：15-17；李涛.润物无声，以影像讲好中国故事——从李子柒现象看如何利用视觉呈现做好对外传播.新闻战线，2020(1)：73-74；石磊，黄强.李子柒古风美食短视频的消费逻辑.新闻论坛，2020(2)：7-11.

◎ **参考文献：**

[1]陈海涛，蔡莉.创业机会特征维度划分的实证研究[J].工业技术经济，2008(2)：82-86.

[2]邓学军，夏宏胜.创业机会理论研究综述[J].管理现代化，2005(3)：14-16.

[3]段琼枝.基于电子商务环境的顾客满意与忠诚的关系研究[D].西南交通大学，2008.

[4]贺尊.商业创意转变为创业企业的可行性分析[J].中南财经政法大学学报，2013(1)：152-156.

[5]倪锋.创意创业：内涵、特征和驱动因素[J].企业经济，2006(12)：119-121.

[6]秦志华，刘艳萍.商业创意与创业者资源整合能力拓展——白手起家的创业案例分析及理论启发[J].管理世界，2009(S1)：75-83，132.

[7]斯晓夫，王颂，傅颖.创业机会从何而来：发现，构建还是发现，构建？——创业机会的理论前沿研究[J].管理世界，2016(3)：115-127.

[8]唐鹏程，朱方明.创业机会的发现与创造——两种创业行为理论比较分析[J].外国经济与管理，2009，31(5)：15-22.

[9]王朝云.创业机会的内涵和外延辨析[J].外国经济与管理，2010，32(6)：23-30.

[10]吴煜辉.基于智慧树慕课平台的心理健康课程混合式教学实践——以泰州职业技术学院为例[J].教育现代化，2018，5(44)：221-223，236.

[11]杨静，王重鸣.创业机会研究前沿探析[J].外国经济与管理，2012，34(5)：9-17.

[12]颜士梅，王重鸣.创业的机会观点：存在、结构和构造思路[J].软科学，2008(2)：1-3，17.

[13]俞荣建，吴轶加，项丽瑶，孙家胜.C2B情境下顾客价值创造对顾客满意度的影响实证研究——产品特征的调节效应[J].浙商研究，2015(00)：178-191.

[14]战东阳.基于顾客价值的网络购物消费者满意度研究[D].山东财经大学，2013.

[15]张大亮，郑志新.消费者价值与消费者满意研究[J].商业研究，2000(10)：62-64.

第四章　确定创业机会

一、创业机会的识别与评估

(一) 创业机会的识别

所谓识别创业机会，就是指创业者合理运用机会进行创业的前奏，也是整个创业过程的关键环节，创业过程就是围绕着机会进行识别、开发和利用的过程。机会识别十分关键，若稍有差池，就会使创业活动的最后结果产生较大偏差。所以说，在任何时候，优质的创业机会只有少数人才能发现。创业者往往是特立独行的，他们能够做出与众不同的精彩的决策。

创业者在识别创业机会过程中，同时也必须拒绝很多机会，然后把握住少数机会，所以说成功创业者本质上就是机会决策者。

1. 创业机会的识别过程

创业过程开始于创业者对创业机会的把握。创业者从成千上万的复杂的创意中选择了他们心目中的优质创业机会，并不断开发这一机会，直至最终收获成功。在这一过程中，机会的潜在预期价值以及创业者的自身能力得到反复权衡，创业者对创业机会的战略定位也越来越明确，这一过程就被称作创业机会的识别过程。

第一阶段，创业者会对整个系统中隐藏着的有潜力的创意展开探索，如果他们意识到某一创意可能是潜在的商机，或者说具有一定的发展价值，那他们就会进入机会识别的下一阶段。

第二阶段，相对于整体意义上的机会识别过程，这里的机会识别属于狭义上的识别，其包括两个步骤：首先通过市场环境和产业分析来判断该机会是否在广泛意义上属于有利的商业机会，这也是机会的标准化识别阶段；其次是考察对于特定的投资者来说，这一机会是否有潜力和价值，也就是个性化的机会识别阶段。

第三阶段，实际上这里的机会评价已经带有部分“尽职调查”的含义，相对来说比较正式，考察的主要内容有各项财务指标以及创业团队人员构成等。通过机会的评价，决定创业者是否要正式组建企业、寻找投资。

有时，机会识别和机会评价是共存的，创业者在对创业机会进行识别时也有意无意地进行评价活动。在它们的分析框架中，机会识别和机会评价并非完全割裂的两个概念，创业者在机会开发过程中的每一步，都需要进行评估，也就是说，机会评价伴随着整个机会识别的过程。在机会识别的初始阶段，创业者可以非正式地调查市场的需求、所需的资源，直到断定这个机会值得考虑或是进一步深入开发；在机会开发的后期，这种评价变得较为规范，并且主要集中于考察这些资源的特定组合是否能够创造出足够的商业价值。

2. 影响创业机会识别的因素

创业机会识别过程是一个不断调整反复均衡的过程，不同的创业者愿意关注的创业机会是不一样的，即使是同一个创业机会，不同的人对其评价也往往不同。因此，机会识别过程的影响因素也成为研究重点之一。在影响机会识别的各项因素中，主要可以分为 4 个方面：机会本身的属性、创业者的个人特质、社会网络和环境因素。其中，机会本身属性和环境因素都具有客观性。创业者的个人特质、社会网络则具有很强的主观性，上述两个因素不仅增加了获得机会相关信息的便捷性，而且增强了使用机会相关信息的能力（即创造性思维），从而大大增强了识别具有潜在价值的机会的能力。创业者比一般的经理人更加渴望信息，更倾向于在信息搜索和加工上花更多的时间，搜索和处理信息方式也有所不同。

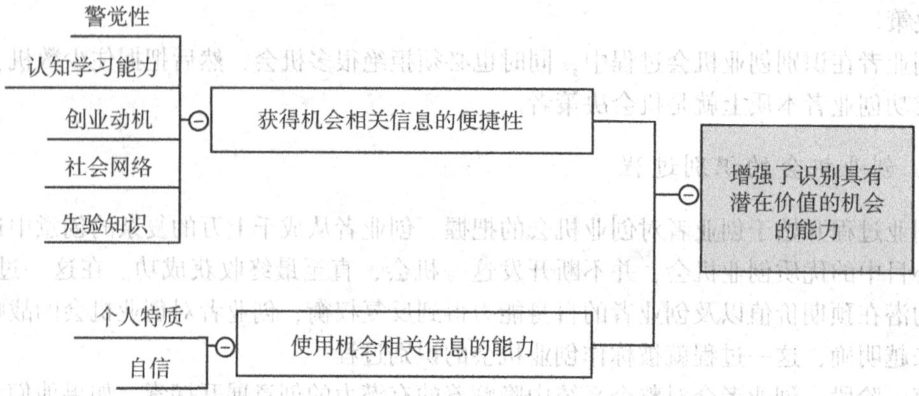

图 4-1

（1）机会的自然属性。如果这项机会能够产生足够的价值，那么创业者一定会毫不犹豫地选择它。创业机会的自然属性也从很大程度上决定了创业者对其未来价值的预期，因而对创业者的机会评价产生重大影响。合乎创业的机会存在是创业者能否创业成功的客观现实，否则再好的创业者也难以实现自己的梦想。

蒂蒙斯给定了一个共同的机会识别的锁定目标，即机会能够：为用户创造足够的价值；解决一项重大问题，或者满足某项重大需求；市场需求旺盛，利润高；良好适应市场，应对风险。

（2）创业者的个人特质。对于机会识别来说，创业者的个人因素更为关键，这是因为从本质上来说，机会识别是主观性较强。对于已经表现出较好的预期价值的机会，不同创业者的操作都会影响最后的成败，因此创业者的个人特征对于机会识别来说更为重要。

(3)社会网络。在创业资源中，创业者的个人社会网络被称为“最重要的公司资源”，是产生创办新企业思路和影响机会识别的关键因素。在创业者和其网络成员接触中的碰撞经常成为新的创业思路的来源。创业者的社会网络能扩大信息的来源渠道，并产生更多的创业思路和机会。Hill 指出创业者的网络对机会识别相当重要，而且通过实证检验，他发现拥有大量社会网络的创业者与单独行动的创业者在机会识别上有着显著的差异。

(4)环境因素。已有的研究成果认为，机会识别是一个受很多环境因素影响的过程，环境的变动酝酿了大量的机会，是产生机会的源泉。环境因素影响机会的识别方面存在四个维度，即技术、市场、政策法规以及社会价值。环境的变化会产生大量信息，从而赋予了创业者更多的可能性。

(二)创业机会的评估

1. 行业和市场

(1)市场需求。创业者根据创业机会开发的产品是否有市场呢？这是由有购买力并且愿意购买你的产品或服务的消费者所决定的。因此，满足消费者的需求还要考虑合适的价格、地点和时间。一个好的创业机会，必然具有其特定的市场定位，所以创业者应专注于满足顾客需求，为顾客带来增值的效果和体验。

(2)市场结构。市场都具有其特定的市场结构，市场结构主要反映了企业在市场竞争中的地位。因此，对新创企业来说，创业者必须深思熟虑，考虑好将要进入的市场的市场结构是怎样的，市场竞争是否激烈。新兴行业或成长期行业是比较适合创业的，而在高度集中行业、成熟行业创业的难度较大。

(3)市场规模。如果一个新创企业进入的是一个市场规模巨大而且还在发展中的市场；那么在这个市场上占有一个不大的份额就可以拥有相当大的销售量。如果进入的是一个十分成熟的市场，那么即使市场规模很大，但由于已经不再成长，利润空间必然很小，这个新企业恐怕就不值得再投入。反之，一个正在成长中的市场，通常也会是一个充满商机的市场。所谓水涨船高，只要进入时机正确，必然会有获利的空间。

(4)市场增长率。一个有吸引力的市场应该具有的特质是有较大规模且能够不断成长。在这样的市场上，新创企业占有市场增长的很大份额却不会对竞争对手构成很大威胁，而且即使只占有一个小的市场份额，只要能够保持，就意味着不断增加的销售额。因此，市场增长率与“机会窗口"密切相关。

机会是真实存在的，但机会也具有时效性。随着时间的推移，市场以不同的速度在增长，市场环境也在发生变化，市场变得更大，进入市场的难度也就更大。因此把握合适的时机很重要。

(5)市场份额。如果一个新创企业在未来能够占有20%的市场份额，表明这个企业有很大的成长空间和潜力，因为较高的市场份额将为一家公司创造非常高的价值，否则该公司的价值可能比其账面价值高不了多少。而对于大多数投资者来说，只占有不到5%的市场份额的企业是不具备吸引力的。

2. 资本和获利能力

(1)成本结构。低成本一般来源于行业中存在的规模经济性，对于新创企业来说，要在起步阶段就利用规模来实现低成本是一件很难的事，但低成本也可以来源于技术和管理，这大概也是新创企业的希望所在。

(2)税后利润率。高而持久的毛利通常转化为持久的税后利润。有吸引力的机会具有取得至少10%~15%，通常为15%~20%或更高比例的持久利润的潜力。那些产生不到5%税后利润的企业是十分脆弱的。

(3)盈亏平衡点和正现金流。盈亏平衡点(Break Even Point，BEP)又称零利润点、保本点、盈亏临界点、损益分歧点、收益转折点，通常是指全部销售收入等于全部成本时(销售收入线与总成本线的交点)的产量。以盈亏平衡点为界限，当销售收入高于盈亏平衡点时企业盈利，反之，企业就亏损。盈亏平衡点可以用销售量来表示，即盈亏平衡点的销售量；也可以用销售额来表示，即盈亏平衡点的销售额。

(4)资本需要量。有着较少或者中等程度的资本需要量的投资机会是有吸引力的。如果创业需要太多的资金，这样的机会应较为缺乏吸引力。

(5)退出机制。退出机制对于创业机会的评估也具有相当的重要性。资金的退出主要有企业被收购或出售、公开发行股票等各种途径。有吸引力的机会应该能够拥有退出机制，而没有任何一种退出机制的创业机会就没有太大的吸引力。

3. 竞争优势

具有吸引力的机会必须具备一定的竞争优势。比如说，在市场中与同类产品相比质量更好或者成本更低、宣传更为广泛。

(1)成本。成本优势是竞争优势的关键来源。较低的成本能够给企业带来较大的竞争优势，从而相应的投资机会就会更有吸引力。新创企业如果不能取得和维持一个低成本生产者的地位，那它的竞争力就会下降，预期寿命也会大大缩短。

(2)控制程度。初创企业要想获得吸引力，就要能够对价格、成本和销售渠道等实施强力控制。当所处市场领导者份额小于20%，初创企业对价格、成本、分销渠道具有中等或较强的控制力，则市场吸引力较大。另外，如果一个新企业对于其原材料来源和销售渠道具有独占性控制，那么它将会更容易获得市场优势。

(3)进入壁垒。进入市场的壁垒问题是决定投资或不投资的重要因素。换句话说，如果一个企业不能面对很多进入障碍，那么这个机会几乎就不会吸引人了。除此之外，如果不能及时地把其他竞争者阻挡在市场之外，新创企业就可能会迅速消失。因此，如果一家企业不能阻止其他公司进入市场，或者它面临着现有的市场的障碍，它就没有吸引力。

只有通过对创业机会的评估，觉得自身具有该创业机会所需要的资源，并且该机会能够盈利，这个创业机会才具有创业的价值。

二、市场痛点与市场需求

(一)什么是市场痛点

好的创业项目，一定要有市场价值，一定要解决市场问题。或者换句话说，创业项目要能够直面市场痛点。那么什么是市场痛点呢？在这里市场痛点可以看作现有解决方案无法有效解决或者是现有解决方案存在重大缺陷。创业者的目的之一就是针对这些市场痛点，提供新的产品(服务)加以替代或者提供新的商业模式来弥补原有商业模式的重大缺陷，为用户创造更高价值。

(二)判断直击市场痛点创业项目的标准

创业并不一定要直击市场痛点，但是针对市场痛点的创业项目更容易获得消费者、投资者和其他利益攸关者的认同，也就更容易获得成功。哪些创业项目可以认定为直击市场痛点的项目呢？这些项目具备什么样的要素呢？首先，前瞻性原则。创业项目要有前瞻性，要符合未来发展的趋势，要能够顺应时代发展的方向，要能够符合经济规律与产业政策。如，国家特别鼓励资源节约型和环境友好型社会，如果有新的技术可以变废为宝，节约减排，既创造经济效益，又有利于环境，那么就是符合未来发展的趋势，且会受到政策的鼓励。其次，紧迫性原则。创业最好是关系到国家或者社会迫切需要解决的问题。如国际局势复杂多变，面临国外技术封锁和单方面制裁，中国急需补齐短板。如果有核心技术，可以完成这一任务，当然就会是一个非常好的创业项目。最后，盈利性原则。创业项目要能够盈利，目标市场要有充分的盈利空间，所提供的产品或者服务，要能够满足消费者的需求。

(三)衡量创业机会——了解市场需求

需要与需求，经常被混为一谈，其实这两者会有明显的区别。需要是基本满足被剥夺后的或缺状态。一般来说，需要被分为生理需要(食物、水、空气、安全)和情感需要(如归属感、自尊等)。创业者应该认清所提供的产品，服务和体验的本质是什么？不应该仅仅关注自己提供的产品和服务，而要深入了解产品背后的消费者需要。美国学者 Theodor Levitt 曾经说过，消费者购买能够打 1/4 英寸口径大小洞的钻子，是需要这个钻子吗？不是的，消费者需要的是 1/4 英寸大小的洞。换句话说，钻子是满足消费者需要的手段，而不是目的。如果企业只是关注自己提供的产品和服务而忽视消费者真正的需要，就容易患市场近视症(Market Myopia)。如击败康师傅方便面的不是统一，而是美团和饿了么。消费者购买方便面，某种意义上说，与其说为了面，还不如说更多的是为了方便。当中国电商的基础设施日益完善，物流体系搭建完成，新的送餐商业模式便应运而生，当消费者可以动动手指，就有成百上千种丰俭由人的食品选择，谁还愿意吃方便面呢？其销量大跌也就不足为奇了。创业者不应该局限于产品对产品的竞争，或者是服务对服务的竞争，而应关注产品和服务背后的消费者需要。

了解到消费者需要是不是就可以确定目标市场了呢？或者消费者需要是不是有效的目标市场？答案是否定的。消费者需要往往通过具体的途径来实现，英文称之为want，直译为想要。例如，人们饿了，都需要食物，但是美国消费者可能想要的是牛排、汉堡包和可乐；而中国消费者可能想要的是宫保鸡丁、米饭和茶。也就是说满足消费者需要的方式往往不止一种，虽然企业知道了消费者的需要是什么，但提供的产品和服务，还要是消费者愿意要的。另外一个关键问题是，不是所有人想要什么，就一定可以得到的。如几乎人人都想要住门朝大海春暖花开的别墅，开劳斯莱斯，但是并不是所有消费者都能买得起。有购买意愿而没有购买能力的消费者，显然也不是公司的目标市场。因此真正对创业公司有用的是市场需求，即有购买意愿和购买能力支持的消费者需要。

了解客户需求，即需要了解市场，发现市场需求。市场需求要从以下几个方面去了解：

(1)了解市场现状。市场现状包括目标市场的范围、能利用的销售渠道、市场的竞争状况以及市场环境的复杂程度等。

(2)了解周边的居住情况。要清楚当地的人口总数，以及他们的收入水平、消费能力、消费习惯等情况，确定自己的目标消费者。

(3)信息筛选。为了获取有用的信息，我们可以使用问卷调查、抽样调查、走访观察等方法，尽可能多地采集信息，再从当中筛选出无效信息，总结出有效的信息。

(4)细分目标人群。对目标市场的人群进行进一步的细分，根据他们的职业、消费能力等，将他们分为几个小群体。

三、价值与消费者满意

(一)什么是价值

价值指的是客体对于主体表现出来的积极意义，可视为能够公正且适当反映商品、服务或金钱等值的总额。

在经济学中，价值是商品的一个重要性质，它代表该商品在交换中能够交换得到其他商品的多少，价值通常通过货币来衡量，成为价格。这种观点中的价值，其实是交换价值的表现。

有人提出："价值到底是主观的还是客观的？"其实，这个问题的提法本身并不符合辩证唯物主义。因为如果认为价值是客观的而不是主观的，就等于说价值只有其客观的存在形式，而没有主观的反映形式与之相对应，即价值这种客观事物不能被人类所认识，这就陷入了不可知论的泥潭；相反，如果认为价值是主观的而不是客观的，就等于说价值只有其主观的反映形式，而没有客观的存在形式与之相对应，即价值认识是完全主观自生的，不是对客观事物所进行的反映，这又陷入了唯心主义的泥潭。

事实上，价值既有其客观的存在形式，又有其主观的反映形式。主观价值可分为价值观与情感两种具体形式。其中，价值观是人对绝对价值的认识，或者说是人对价值绝对性的认识；情感是人对相对价值的认识，或者说是人对价值相对性的认识。价值观（或情感）与价值的关系在本质上就是主观与客观的关系：客观价值决定和制约着主观价值，主观价值是对客观价值的反映。价值是无法用尺度去进行衡量的，它在特定环境和特定时期都会有不同的体现。

显然价值的看法，没有统一的意见，但在市场营销的理论来看，价值更多的是一种认知价值，即更多的情况下消费者对是否有价值的判断不是基于事物的客观事实，而是自己的感知结果。例如：同一种优质商品可以是彼之砒霜，吾之蜜糖。

（二）消费者满意

消费者满意是指一个人通过对一个产品的可感知效果与他的期望值相比较后，所形成的愉悦或失望的感觉状态。当商品的实际消费效果达到消费者的预期时，就导致了满意，否则，会导致消费者不满意。

普遍来说，消费者满意是消费者对企业和员工提供的产品和服务的直接性综合评价，也是消费者对企业、产品、服务和员工的认可，在企业内部也可认为是下个过程对上个过程的评价认可。“消费者”根据他们的价值判断来评价产品和服务，满意是人的一种感觉状态的水平，它来源于对一件产品所设想的绩效或产出与人们的期望所进行的比较。站在企业的角度来说，消费者服务不仅要让消费者满意，这只是营销管理的第一步。在与消费者建立长期的伙伴关系的过程中，企业向消费者提供超过其期望的“消费者价值”，使消费者在每一次的购买过程中都能获得优质体验，从而增强对企业的信任，使企业能够获得长远发展。

收集消费者满意信息的方式多种多样。企业应根据信息收集的目的、信息的性质和资金等来确定收集信息的最佳方法。收集消费者满意信息的渠道有以下几种：①消费者投诉。②与消费者的直接沟通。③问卷调查。④密切关注的团体。⑤消费者组织的报告。⑥各种媒体的报道。⑦行业研究的结果。

（三）如何衡量价值——收益与成本的关系

创业者的市场供应（market offering），往往并不是市场唯一的，会面对很多竞争对手。因此创业的成功，并不只是为市场提供产品服务和体验，而是要为目标客户创造价值，要让消费者满意。消费者会选择满意的商品，而消费者之所以感到满意是因为觉得企业提供的产品、服务和体验有价值。因此，满意的一个重要衡量要素是价值。那么价值又该如何衡量呢？

首先，价值是个主观概念，即认知价值（perceived value），而非客观事实。同样一件事物，不是所有人都持相同态度。同样一件商品，有的消费者喜欢，有的消费者不喜欢。茅台对于爱白酒的老饕而言是佳酿，而对于不喝酒的女士而言则毫无吸引力。所以商品的价值往往由消费者的认知主观度量。

对于消费者而言，价值会体现在收益和成本的对价。消费者愿意为产品或者服务买单，是因为能够获取收益。收益可以分为功能收益和情感收益。功能收益，指的是消费者购买商品所获得商品本身的功能效用。如购买衣服，有蔽体御寒的收益。但是同类商品，价格差异可以很大，如果商品只具有功能收益，很难解释为什么消费者会花费更多的钱去支付某种商品品牌的溢价。比如汽车的代步工具这一功能效用，市场上无论什么型号的车都可以加以满足。但消费者之所以愿意购买豪车，往往除了代步工具这一功能诉求以外，还会给消费者带来情感上的收益。如豪车象征着更高的社会地位，意味着成功，甚至是让拥有者更加性感。消费者获取收益，除了要考虑商品的功能收益以外，还要考虑情感收益。

消费者获取收益，需要支付成本。成本同样也会直接影响消费者的认知价值。200 元一件的 T 恤，消费者会认为有价值，同样的 T 恤如果涨到了 1000 元，消费者可能就会觉得太贵了，商品变得没有价值。除了货币成本以外，消费者的时间和精力也都构成了付出成本。如，有的消费者为了某件限量版的商品而彻夜排队，认为付出这样的时间与精力是值得的；而如果为购买一袋食盐付出 2 小时的等待，会让消费者感到愤怒。另外一种成本，则可以称作精神成本(psychic costs)，即消费者为某件商品所作出的心理估值计算。如以下两种情形：①你准备购买一件衣服，价格是 125 美元。销售人员告诉你，你要买的那件衣服，该店的一个分店可以向顾客提供 5 美元一件的折扣，即该分店的售价是 120 美元。前往该分店开车需要 20 分钟。你是否愿意开车 20 分钟到该分店购买以获得 5 美元的折扣？②假设你准备购买一个计算器，价格是 15 美元。销售人员告诉你，你要买的计算器，该店的一个分店向顾客提供 5 美元一件的折扣，即该分店的售价是 10 美元。前往该分店开车需要 20 分钟。你是否愿意开车 20 分钟到该分店购买以获得 5 美元的折扣？虽然同样为 5 美元，但是消费者心理计价可能会存在偏差，实验结果表明，更多人愿意在第二种情境下，驱车去享受到 5 美元的折扣。因此，消费者觉得获得的收益大于所支付的成本时，认为企业提供的商品有价值。

(四)消费者满意——认知价值与预期

满意的另外一个变量是预期。尽管消费者认为企业提供的产品或服务有价值，但如果这种价值没有达到预期，消费者也是不满意的。达到预期，消费者感到满意，而如果认知价值超过了预期，则不仅仅是满意，而是惊喜了。对于创业者而言，在做市场沟通的时候要特别注意合理管控预期。如果传递的信息让目标客户预期过低，那么会让一些客户失去购买的兴趣；而夸大其词的宣传，则会提高目标客户的预期，让消费者更加难以满意。正确的做法是，合理传递预期，让消费者有物超所值的感受。

消费者的认知价值是指企业能让消费者感觉到的价值。它一般表现为顾客购买总价与顾客购买成本之间的差额。很多企业之所以成功，一个必要条件就是它们把产品价值作为定价战略的基础。星巴克成功把原来 40 美分一杯的咖啡卖到 4 美元一杯，这 4 美元正是包含了“体验”的价值；可口可乐将那种造价非常便宜的棕色液体卖得与牛奶价格相差无几，也是因为顾客接受了可口可乐所代表的文化价值。

四、将创业机会转化为管理问题

创业的公司有很多，存在不同的行业，不同的商业模式，不同的营销，不同的组织结构，不同的产品、服务与体验。但是作为新的进入者，尽管创业公司各有不同，但都会面临相同的问题：作为市场上提供的新选择，为什么要选择我？创业公司的存在，给市场带来了什么？如果说为市场带来了价值，那么价值是如何体现的？成功的创业本质是为市场创造了价值，而价值的本质是提供了更高的经营效率，使得参与各方都从中受益。效率的提高，使得创业公司与市场上现存的公司相比较而言，有了存在的理由。而在创业当中，无论创业公司有什么不同，创业的价值体现在提高了经营效率，而效率提高的表现形式主要有：要么是为企业节约了成本，要么是为企业带来更高的收益，或者是既提高了收益又降低了成本。不能为市场创造价值的创业公司，注定会失败。

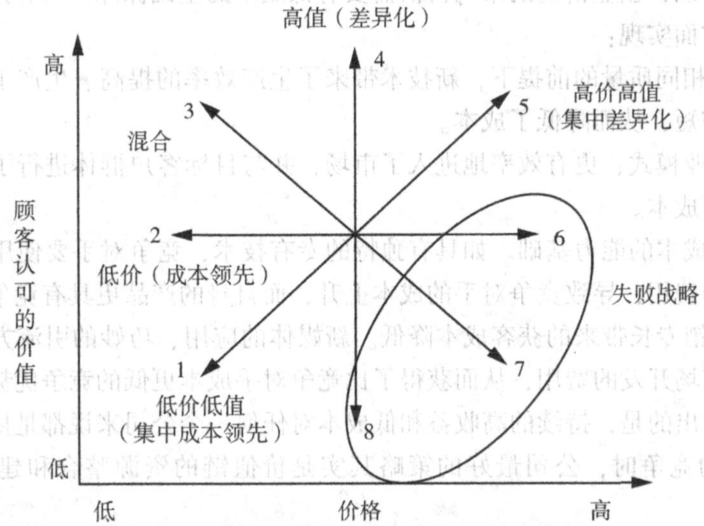

图 4-2　战略钟模型

1. 提高收益

创业者在确定市场机会的时候，在成立创业团队、路演寻求支持的时候，核心思路应该是我的创业会给目标市场带来怎样的变化，是否为我的客户提高了收益。收益的提高来源于，创业公司的市场供应与现有市场供应相比，存在着差异化的价值。这种差异化的价值是通过目标客户支付相同价格，但获得了比竞争对手更好的产品与服务来实现的。为客户带来更高的收益可以通过以下几个方面实现：

(1)新技术带来的独特产品(服务)或者是产品的性能提升(服务的体验加强)。

(2)新的商业模式使得企业更有效率地整合企业资源，提供更好的产品与服务。

(3)具有新的价值差异化的能力基础。例如：新发明带来了新材料的运用，极大提升了产品的耐用度和其他性能指标，且这种新发明有专利的保护，构建了知识产权的壁垒。

(4)基于客户分析基础上的市场营销专长。我们需要让目标客户群体相信，自己的产品与服务比竞争对手更好，更能满足客户的需求。在这种情况下，差异化策略有可能成为自己品牌影响力的基础。如新媒体的应用，更加准确地找到目标客户群体并能够迅速建立信任，提供更加有针对性的产品。

2. 降低成本

创业公司还可以通过降低客户的成本来取得优势，即创业公司可以在维持同竞争对手不相上下的产品和服务性能的同时，以远低于竞争对手的价格来获得市场认同。需要注意的是，创业公司为客户降低成本不是简单地打价格战。区别在于，价格战时，竞争对手也可以降低价格，使得全行业面临利润下降的危险，而降价的企业自身也失去了再投资、再研发的能力。所以，创业公司的市场价值需要有低成本的基础保障。为客户降低成本可以通过以下几个方面实现：

(1)在保证相同质量的前提下，新技术带来了生产效率的提高、生产工序的简化或者是生产流程的缩短，从而降低了成本。

(2)新的商业模式，更有效率地进入了市场，并与目标客户群体进行了卓有成效的沟通，从而降低了成本。

(3)具有低成本的能力基础。如具有独特的专有技术，竞争对手要使用就必须获得授权并支付一定的费用，导致竞争对手的成本上升，而自身的产品更具有竞争力。

(4)市场营销专长带来的获客成本降低。新媒体的应用、巧妙的引流方法，大幅降低了广告支出与市场开发的费用，从而获得了比竞争对手成本更低的竞争优势。

最后需要指出的是，持续的高收益和低成本对任何一个公司来说都是挑战，在面对模仿者(copycat)的竞争时，公司最好的策略其实是价值链的资源整合和建立自身的生态系统。

◎ 本章案例

小红书 APP 创始人毛文超的创业史，从身无分文到如今身家过百亿

如今大学生创业可以说是层出不穷了，发明了各种新颖的创业方式，但是现实是残酷的，有成功的，也有失败的，下面就是一则大学生创业成功的案例。

这则案例的主人公就是毛文超，1985 年出生的毛文超继承了父辈的“聪明基因”。从小学至初中，一直到高中，他不用怎么用功就总是第一，而且经常考试提前半个小时交卷。2007 年，毛文超从上海交大机械电子系毕业后，就进入了大名鼎鼎的贝恩咨询。

4 年后，他又是以优异的成绩考入斯坦福攻读 MBA。2012 年，属于毛文超的机

会来了。这年夏天，腾讯资助了一个暑期创业夏令营，毛文超便是其中之一。正是在这个夏令营中，他结识了张小龙。没错，就是那个微信之父，当时微信正以每月5000万用户的速度横扫中国内地。

毛文超猛然意识到，创业的春天来了，方向就是跨境电子商务。大多数人都知道，中国人富了以后，花在旅游方面的钱越来越多。结果就是每到“五一”“十一”，黄山、泰山、九寨沟等地全是人，短短四五年之后，伦敦、东京、纽约等地也全是中国人，“仅仅2012年，在海外的消费已经超过了1000亿美元”。

听说毛文超要创业，对斯坦福情有独钟的徐小平马上送来第一笔投资。随后，金沙江创投也挤了进来。于是，2013年，他在上海创办了小红书。当时，在电子商务领域，淘宝、京东、聚美优品已经形成三足鼎立之势，优势无法撼动，而跨境电子商务方兴未艾。

毛文超正是看准了这个机会，提前下手，“很多用户不熟悉海外购物流程，总怕买到假货，所以海淘大有可为”。不过，如何积累客户呢？毛文超的招法就是做社区，目标瞄准“90后”“做海外商品真实口碑平台”。

第一招是推出购物攻略。第二招是完善客户体验。第三招是扶持原创内容。正是这三招给“小红书”的上线做足了准备。

2013年12月，小红书上线一周后，毛文超前往香港，他上传了为朋友代买的iPhone5s，结果引来100多条留言，包括“限购吗”“排队吗”“金色有吗”“能刷信用卡吗”“能刷不是自己名字的信用卡吗”等五花八门的内容。

2个月后的春节，社区里挤满了分别从美国、日本、韩国、我国台湾地区等地海淘整箱iPhone5的心得。那年春节，小红书的系统差点崩溃，“七天假期里，用户数量增长了整整7倍，而且一分钱推广费也没花”。

有意思的是，毛文超还特地设置了一个心愿单，“可以透露给自己的亲朋好友，让他们帮忙完成购物心愿”。

参与周星驰导演的《美人鱼》的主演林允，更是靠着小红书完成了一次“口碑逆转”。“90后”粉丝的喜爱，再加上明星们的推荐，一年后的2014年2月，小红书用户已经突破1000万。

等到2016年春节，小红书在线商品已经超过70个大类，1万多种商品，即便如此，依旧有95%的商品会在上架2小时内售罄，最高峰1小时狂销2个亿。

直至2018年5月，小红书用户突破5000万，月度销售额已经突破10亿元，成为国内最大的海外购物平台，估值超过150亿元。相信在未来，他们创办的“小红书”一定能够取得更加辉煌的成就。

资料来源：吴爽．小红书的运营模式分析．新媒体研究，2021，7(9)：42-45；张思楷．小红书营销战略分析．现代营销(下旬刊)，2020(10)：48-49；靠社区基因做跨境生意的“小红书”．中国制衣，2015(8)：68-69.

◎ 参考文献

[1]郭海，沈睿. 如何将创业机会转化为企业绩效——商业模式创新的中介作用及市场环境的调节作用[J]. 经济理论与经济管理，2014(3)：70-83.

[2]靳取，李博. 创业机会与机会识别的研究现状[J]. 无锡商业职业技术学院学报，2009，9(4)：37-40.

[3]林嵩，姜彦福，张帏. 创业机会识别：概念、过程、影响因素和分析架构[J]. 科学学与科学技术管理，2005(6)：128-132.

[4]林嵩，张帏，姜彦福. 创业机会的特征与新创企业的战略选择——基于中国创业企业案例的探索性研究[J]. 科学学研究，2006(2)：268-272.

[5]刘万利，胡培，许昆鹏. 创业机会真能促进创业意愿产生吗——基于创业自我效能与感知风险的混合效应研究[J]. 南开管理评论，2011，14(5)：83-90.

[6]鲁喜凤，郭海. 机会创新性、资源整合与新企业绩效关系[J]. 经济管理，2018，40(10)：44-57.

[7]刘泓辰. 科技型初创企业创业机会识别影响因素与作用机制研究[D]. 山东大学，2021.

[8]唐德淼. 创业机会类型、评估与选择[J]. 经济研究导刊，2020(10)：171-173，184.

[9]王朝云，吴琴琴. 情境学习下创业机会识别研究[J]. 理论界，2021(2)：98-104.

[10]余绍忠. 创业过程模型的三因素匹配性研究[J]. 统计与决策，2010(3)：62-65.

[11]张红，葛宝山. 创业机会识别研究现状述评及整合模型构建[J]. 外国经济与管理，2014，36(4)：15-24，46.

[13]小红书APP创始人毛文超的创业史，从身无分文到如今身家过百亿[EB/OL]. 搜狐，http：//www. sohu. com/a/239947272_117373.

[14]陈海涛，蔡莉，杨如冰. 创业机会识别影响因素作用机理模型的构建[J]. 中国青年科技，2007(1).

第三编

开发商业模式
——如何打造核心竞争力

第五章 设计商业模式

创业的成功，本质上是一种创新，本书提出了三种创新方式，包括以新产品、新服务为核心的技术创新，将技术和创意相结合的模式创新以及营销创新。对于创业公司的商业模式创新(见图5-1)，从某种意义上来说，是对市场上现有商业运营提出挑战，作出颠覆，更有效率地为顾客创造价值。

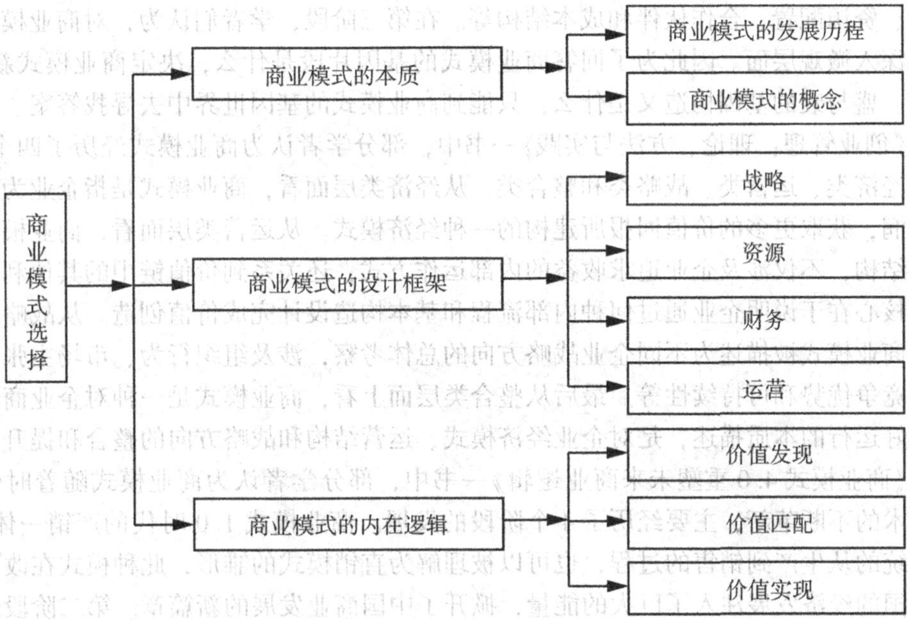

图5-1 知识框架图

一、商业模式的本质

(一)什么是商业模式

商业模式的概念，最早出现于1957年，但直到20世纪90年代以后才逐渐流行开来。目前随着国内互联网产业和电子商务的兴起，企业界开始更加关注商业模式问题。2009年，魏炜、朱武祥出版了《发现商业模式》这一著作，人们因此对商业模式的认识逐步加深，国内的商业模式的研究也驶入快车道。不过即使如此，当今与其相关的研究还依然处于探索性阶段，缺乏一个完整的定义。

迄今为止，许多学者对于商业模式的发展阶段都发表了自己的看法。在《商业模式的全新设计》一书中，部分学者认为商业模式的发展分为三个阶段。最开始的局部认知阶段，即少数先行者摸着石头过河，初次闯入商业模式这一未知领域，获得了一些直观认识，譬如“商业模式说明企业如何运作”，“商业模式是赚钱的方式”，“商业模式清楚说明一个公司如何通过价值链定位赚钱”等，虽然这些早期的说法都零碎粗浅或是以偏概全，但毕竟基于事实。到中间的整体认知阶段，由于不同的学者对于整体归纳的角度不完全相同，但其实都是在对商业模式进行局部认知后，再以某种排列组合的方式呈现出来，形成对商业模式的某种全貌认识，所以提出了形形色色的“商业模式构成要素说”，从商业模式的“三要素说”，包括价值主张、价值支撑和价值保持，一直发展、补充和增加到商业模式的“九要素说”，包括价值主张、目标客户、分销渠道、客户关系、赢利模式、核心竞争力、资源配置、合作伙伴和成本结构等。在第三阶段，学者们认为，对商业模式的认识需要深入微观层面。因此为了回答商业模式的基因片段是什么，决定商业模式新与旧、优与劣、盛与衰的基因构造又是什么，只能到商业模式的基因世界中去寻找答案。

在《创业管理：理论、方法与实践》一书中，部分学者认为商业模式经历了四个过程，依次是经济类、运营类、战略类和整合类。从经济类层面看，商业模式是指企业为追求更多的利润，获取更多的价值回报所建构的一种经济模式。从运营类层面看，商业模式是一种运营结构，不仅涉及企业追求收益的内部运作方式，还关系到价值链中的其他利益相关者，即核心在于说明企业通过何种内部流程和基本构造设计完成价值创造。从战略类层面上看，商业模式被描述为不同企业战略方向的总体考察，涉及组织行为、市场主张、增长机会、竞争优势和可持续性等。最后从整合类层面上看，商业模式是一种对企业商业系统如何更好运行的本质描述，是对企业经济模式、运营结构和战略方向的整合和提升。

在《商业模式 4.0 重塑未来商业逻辑》一书中，部分学者认为商业模式随着时代的变化、技术的不断革新，主要经历了 4 个阶段的发展。商业模式 1.0 时代的产销一体模式，即指传统的从生产到销售的过程，也可以被理解为直销模式的雏形，此种模式在改革开放后为中国的经济发展注入了巨大的能量，掀开了中国商业发展的新篇章。第二阶段的产业渠道模式是指生产厂家和经销商、分销商等渠道合作运营的模式，生产厂家负责生产产品，经销商、分销商等渠道则负责销售产品，其核心在于分工与合作。这种模式的出现是由于改革开放的不断深入，市场出现新变化，越来越多的个体商户进入市场，且消费者也不满足于在一家商店只能购买一种商品的消费模式。所以生产厂家与销售者逐渐分离，厂家不再只为一家商户供货，一家商户也不只销售一种商品，与此同时，连接生产厂家和个体商户之间的经销商、分销商等消费渠道也逐渐开始出现。第三阶段的产业链模式是指企业通过横向或纵向的延伸发展，为客户和消费者提供更加完善、系统以及独特的价值。其包括横向模式、纵向模式和混合模式三种类型，核心要素是上下游关系和相互价值的交换，即上游环节为下游环节提供产品或服务，下游环节则通过向上游环节反馈信息实现价值交换。这种模式源于互联网产业在中国的兴起和发展，尤其是电商的崛起，很多传统行业的竞争日益激烈，企业的利润越来越薄。同时，随着改革开放的进一步深入，市场环境变得更为复杂，消费者的消费需求也出现多元化和个性化等特点。因此，不少传统企业突破传统生产、销售的思维方式，尝试打造产业链模式。最后，4.0时代的商业生态圈模式是指通过互联网技术将不同组织掌握的不同优势资源进行有机组合，使每种资源的价值都能得到提升，同时实现"1+1>2"的总价值提升的目标。其强调一种共生、共赢、共富的精神，而不是"惟我独尊"的价值；也强调在企业之间建立一种更加复杂的"无边界"的竞合关系，形成一种全新的竞争格局。这种模式的形成是由于移动互联网和智能互联网的发展，原有的线条式的模式有了很多的局限，各种元素间的可连接性也极大地增强，打破了原有的行业和企业边界。所以在这个时代，一家企业的核心价值再强大，如果不能和其他企业建立强有力的连接关系，甚至被"边缘化"，那么依然会面临生存危机。也就是说，企业要把握商业模式4.0时代中所面对的关键问题，即学会以自身优势资源为支点，努力建立和其他企业以及个人间的协作、共生和共赢关系，以此达到可持续发展的目的。

综上，商业模式是一种概念性工具，包含了一系列要素及其关系，会受到外部动态环境和市场氛围的影响，会涉及企业顾客、供应商等多方利益相关者。其不仅是利用商业机会创造价值的运行框架，也是企业经过业务流程的设计，把一系列管理理念、方式和方法反复运用，对各种资源进行整合所形成的一套完整的管理方法和操作系统。

(二)商业模式的本质

在创业实践中，很多创业者都能够发现市场机会，了解到目前经营存在的问题，也有一定思路来解决这些问题，但是创业成功的关键在于是否有一套切实可行的商业模式来实现创业者的目标。因此商业模式的重要性，怎么强调都不过分。尽管商业模式的讨论很多，但是一直缺乏一个完整的定义。目前学术界对商业模式的定义，主要集中在交易流程和资源要素的配置。美国学者 Barringer 和 Ireland 认为商业模式本质上是通过要素的获取与运用，更有效率地创造市场价值的过程。当今社会，企业的成功不仅仅取决于企业之间的竞争，更多的是取决于企业能否打造一个比竞争对手更有效率的生态系统。从战略的角度上来说，商业模式可以被看作如何为利益相关者创造、传递与获取价值的计划。商业模式固然重要，但是没有一个放之四海而皆准的商业模式，也不存在完美的商业模式，每种商业模式均有自己的优势与劣势。

那么商业模式的本质到底是什么呢？尤其是对于创业者而言，商业模式涉及的本质问题，包括如何为顾客创造价值，如何为企业创造价值，如何为社会创造价值。这些都需要得到解答。

1. 如何为顾客创造价值

在创业过程中，创业组织要从顾客角度出发来创造价值，即在一个既定价格上向其顾客提供能够帮助其完成任务的产品或服务。所有的企业能够运行都有自己的商业模式，哪怕是一个街头小店。在实际情况中，街边总有各色各样的店铺，那么你首先要思考的问题是：顾客为什么偏偏进我的而不是别人的店？为顾客提供与众不同的产品或服务是一种答案，但其实这个答案常常不那么管用，因为在这个技术更新且呈加速度发展的时代，核心竞争力的可持续性比较短暂，产品和服务货品化和同质化的速度越来越快。这时，你有什么理由让人偏偏买你的而不是别人的产品？所以你必须向顾客提供同类产品难以模仿的价值，增加顾客的转换成本，让顾客对你的产品形成“成瘾性依赖”。此外，企业与消费者在市场价值上的认知并不是所有时候都是一致的，换种方式讲，企业在追逐利益最大化的过程当中，不一定能够保证消费者的利益最大化。如：汽车商家人为抬高配件的价格，在汽车后市场的维护方面获取超额利润；或者通过操作系统的升级，降低消费者手机的体验，加速消费者对旧手机的淘汰，迫使消费者购买新的手机等。虽然企业谋求利益最大化的动机本身没有问题，但最好的办法是将自己的价值同消费者的价值和谐统一。创业型企业在创业过程当中，要从消费者角度出发，为消费者创造价值，让消费者满意。从消费者的角度来创造价值，并不意味着让消费者主导产品与服务设计，比较有意思的是，很多知名企业家，如 Sony 公司的创始人盛田昭夫、苹果公司的乔布斯都认为，有时候消费者并不知道自己需要什么，直到自己把消费者需要的产品摆在他们面前。创业企业要有超前意识，需要关注的是消费者未明的潜在需要。

2. 如何为企业创造价值

其实在创业过程中单纯的为顾客创造价值，让消费者满意并不困难，但是创业组织除了让消费者满意以外，还要有足够的盈利能力。在此创业者必须明确这两者之间的关系，商业模式包含了盈利模式，强调的是如何切入市场，但盈利模式只是商业模式的其中一小部分，强调的是如何获取利润。举例来说，我们所熟悉的滴滴出行提供了一个平台，让许多有闲置车辆和时间的司机通过平台注册接到打车的客户资源，形成一种共享经济模式，其中公司通过抽取司机销售额的百分比实现盈利。可以发现，共享是其商业模式，销售额抽成是其盈利模式。所以企业除了为客户创造价值，为市场痛点提供解决方案以外，还要为企业自身创造价值，只有有了足够的利润才能支持企业的运营，研发，创新和实现永续发展。换句话说，企业的价值是通过为消费者创造价值而实现的。对于创业企业而言，一开始就应该关注的是盈利方式，成本控制，以及资源配置。由于创业企业往往处在不确定的环境中，利润获取则显得尤为重要，这个是创业企业成功的前提。

3. 如何为社会创造价值

企业获取利润，消费者获取收益往往不一定与社会福祉完全一致。如德国大众公司，为了规避环境保护机构对汽车尾气排放的监管，在消费者不知情的情况下，开发了内置软件，在汽车检查的时候顺利排放尾气中和剂，而在汽车正常行驶的情况下则停止汽车尾气中和剂的排放，从而达到为消费者降低汽车使用成本的目的。此举虽然对消费者有利，但更多的却破坏了环境，损害公众利益与社会福祉，最终丑闻曝光，以巨额罚款而告终。由于创业型企业往往会面临现金流的压力，对获取利润的欲求尤为强烈，所以很多时候，企业很有可能没有考虑到公众利益与社会福祉。诚然，有些时候，公众利益的考虑会给企业带来成本的上升（如采用环境友好型材料）或者消费者体验的降低（如循环利用包装材料、简化包装等)，但从长远来看考虑社会福祉符合企业长远利益。创业企业应该在实现自身价值的同时，也要实现消费者、企业与公众利益的和谐统一，即创业者需要关注到创业过程中所有利益攸关者的需求。

由此看来，创业企业面临的挑战之一就是如何平衡企业短期利润与长期利益的关系，如何将企业、消费者与社会价值有效统合。已有很多研究表明，同时满足各个利益相关者的需求其实就是企业实现价值共享，因此可以在价值共享时发现创造社会效益的潜在机会，并将其融入新的为顾客提供的价值主张当中，实现价值的立体化流动。

(三)商业模式与成功创业之间的关系

创业成功与否，受很多因素影响，譬如人力资源、市场营销、财务管理、产品研发等，但是追根究底，起决定性作用的还是创业型企业的商业模式是否清晰，是否有明确可执行的盈利模式。管理学大师彼得·德鲁克曾经说过："当今企业之间的竞争，不是产品之间的竞争，而是商业模式之间的竞争。"所以初创企业的创业者必须明白，一个成功的创业型企业必然是有一个成功的商业模式。换句话说，只有实现客户价值的最大化，整合企业运行的内外要素，形成一个完整高效率的具有独特核心竞争力的运行系统，并通过提供产品和服务，达到持续盈利目标的整体解决方案，才能开创出一个成功的企业。接下来以 OFO 小黄车为例分析商业模式与成功创业之间的关系。

OFO 小黄车红极一时，曾给我们的生活带来了很多便利，但后来由于各种各样的原因，OFO 小黄车陆陆续续消失在了我们的视野中，其押金问题也成了很多曾使用过 OFO 小黄车的用户的一个共同问题。

◎ 小案例

OFO 共享单车所面临的困境

OFO 作为一个全新领域的开创者，没有控制好企业的“全盘”大小，在刚起步时就将受众主体面向学生投放了数量庞大的单车，截至 2017 年 6 月底，其投放量已经达到 600 万辆左右。以一辆单车成本为 220 元计算，100 万辆车就有 2.2 个亿，此外，单车的车锁和号码牌都是 OFO 自己单独采购的，再加上 2018 年预估单车投放量为 1500 万辆，如此数量庞大的单车也就意味着巨额的贷款。况且仅仅生产单车是远远不够的，企业还需要负责单车的平台运营、人员办公、产品研发、推广以及单车回收维修等各项开支，如此巨额的贷款对于一家初创的企业来说无疑是难以承受的。而 OFO 也并未探索出可靠、稳定的商业盈利模式，这就造成企业面临资金链不断出现问题，陷入拖欠贷款、入不敷出的困境。

OFO 小黄车的成长历程是一个以创投机构为代表的资本推动的过程。每一轮融资之后，其估值都会大幅提升。OFO 小黄车发展过程中，估值不断提升背后也是资本的力量在推动。从 2015 年初成立到 2018 年 3 月，三年左右的时间 OFO 就已经完成了十多轮的融资，总融资额高达 150 亿元人民币，估值达到 30 亿美元，约为 200

亿人民币。其融资后通过疯狂烧钱补贴用户来抢流量、抢市场，从而做大规模，提升估值，进而通过持续融资补充资金缺口，最终在一级市场寻找接盘者。

表 5-1 **OFO 小黄车的融资与估值**

序号	时间	融资金额	估值	融资方式
1	2015年3月	数万元		天使轮融资
2	2015年10月	900万元		Pre-A轮融资
3	2016年2月	1500万元		A轮融资
4	2016年4月	1000万元		A+轮融资
5	2016年9月	数千万美元		B轮融资
6	2016年9月	数千万美元		C1轮融资
7	2016年10月	1.3亿美元		C2轮融资
8	2017年3月	4.5亿美元	10亿美元	D轮融资
9	2017年4月	数亿美元	20亿美元	D+轮融资
10	2017年7月	7亿美元		E轮融资
11	2018年3月	17.7亿人民币		债权投资
12	2018年3月	8.66亿美元	30亿美元	E2-1轮融资

OFO 商业盈利模式存在的问题

(1)商品和服务方面存在的问题。而且随着共享单车数量的增加，停车点和城市管理的不足，单车的损坏率居高不下，很容易造成管理混乱的现象，给用户的体验不好，用户关心的押金监管问题，退押金难问题也造成了用户对 OFO 小黄车整体评价下降。OFO 小黄车激励不足，惩戒有余，信用分制度的加分项内容相对较少，内容细分还不够。

(2)运营方式方面存在的问题。在运营方式上，OFO 小黄车存在着后向运营一体化缺位，造成资源浪费的问题，共享单车改变了人们的出行方式，但堆积成山的报废单车却让人担忧，不仅影响市容市貌有碍政府城市管理，就共享单车企业来说，更是一笔巨大的资金浪费。

(3)核心竞争力方面的问题。①重资产模式，成本高。OFO 小黄车前期投放市场的单车数量是巨大的，这是一种重资产的服务模式，共享单车企业为了多吸引用户骑行，就必须大量铺货，投放更多的自行车。②收入渠道单一，收入少。现阶段共享单车收入取得主要依靠骑行租金收入。目前 OFO 小黄车收费 1 元/半小时，每辆车每天平均骑行 5 次，一次算 1 小时，一年除去阴雨天按 250 天算，则一辆车一年的骑行租金收入为 250 元。由于没有确切的财务资料，因此以市场价值作为参考进行估算，OFO 小黄车每辆车暂时按平均价格为 400 元算。根据上海市出台的共享单车行业标准，共享单车每 3 年就要强制报废。由于 OFO 小黄车在开始投入的前期，新车比较受客户青睐，所以刚投入那年折旧应该多一点，所以单车资产的折旧应采用加速折旧法，第一年折旧200元，后面每年折旧100元。根据上述骑行收入计算，每辆车骑行收入基本在收回购车成本的范围内，未来的趋势是信用免押骑行，所以现在沉淀的客户押金利息收入将来也会没有。

综上，OFO这种商业模式因为缺乏有效的盈利模式，自身造血能力不足使得其必须通过不断的外部融资来维持经营。正是因为其商业模式的缺陷导致其陷入窘境。因此一个初创企业要想获得成功，必须有合适的且可持续发展的商业模式进行支撑。

二、商业模式的设计框架

如前面章节所提到的，商业模式是一种包含了一系列要素及其关系的概念性工具，用以阐明某个特定实体的商业逻辑。它描述了公司所能为客户提供的价值以及公司的内部结构和其他利益相关者用以实现这一价值并产生可持续盈利收入的要素。值得一提的是，美国学者巴林杰-爱尔兰提出的商业模式由四个核心模块构成，分别是：核心战略、资源、财务与运营。接下来将具体展开讨论这四大核心模块。

(一)核心战略

商业模式的第一个模块是核心战略，战略的本质是企业通过在不断发生变化的内外部环境中调整自身资源配置和能力等，使得企业取得竞争优势，其涉及一个企业长期的发展方向和经营范围。所以企业要有一个非常清晰的战略，清楚自己如何在市场上进行竞争。

战略的影响因素主要由三个，包括愿景规划、外部环境以及内部因素。其中，愿景规划由使命、核心价值观和愿景组成。所以创业者在创业过程中，针对商业模式的创新需要十分明确的有四个方面，包括了公司使命、差异化基础、目标客户群体以及公司的发展规划。具体如下：

1. 公司使命

对于初创型企业来讲，在制定企业战略之前首先应弄清楚企业的性质及其应负担什么样的社会责任。公司使命就是指企业在社会进步和经济发展中所应担当的角色和责任，创业组织要有非常清楚的公司使命，能够清晰地描述企业存在的意义和公司打算实现的市场目标。同时，公司使命还要解决公司发展的优先次序，并为公司经营决策，如制定战略目标、选择战略方案和分配企业资源等提供重要依据。

2. 差异化基础

核心战略还需要识别创业公司的差异化基础。差异化基础需要通过市场价值来体现，这个是创业公司存在的前提，即正是因为创业公司可以提供与现有企业不同的产品与服务，能够更好地为顾客创造价值，所以创业才成为了可能。那么创业者该为顾客创造怎样的价值？需要为顾客提供哪些差异化的产品和服务呢？具体来说，价值主张的要素包括了许多方面，如能够满足顾客从未感受和体验过的全新需求的新颖的产品或服务；如满足个别顾客或顾客细分群体的特定需求的定制化产品或服务；如因优秀的设计脱颖而出的产品性能；如顾客可以通过使用和显示某一特定品牌来象征身份地位的价值方式；如帮助顾客削减成本或以更低的价格提供同质化的价值，以满足价格敏感顾客细分群体的方式等。可以说，以上的价值主张要素都是创业者需要思考的内容，只有在创业过程中提供给了消费者不可替代的价值，创业才有可能获得消费者的认可，才能取得成功。

3. 目标客户群体

核心战略还要搞清楚的是，公司的目标客户群体是谁。创业者是在为谁创造价值？谁才是创业公司的重要客户？实际上很少有公司能够用产品满足所有市场的需要，至少不可能用同一种方法让所有目标客户群体满意。创业公司往往处在起步阶段，公司可支配资源有限，规模较小，因此准确找到公司的目标客户群体十分必要。创业者可以结合市场的前景与自身的能力来考虑和确定目标客户群体。

4. 公司发展规划

核心战略还要考虑的一点是发展规划。创业公司刚开始通常没有足够的资源生产多个产品或者对多个市场进行渗透。但随着公司的发展与成长，必然会进入更多的市场。因此，确定公司发展计划并随着外在环境的改变而灵活调整计划，有利于初创企业合理利用资源，明确公司的发展方向。

（二）资源

商业模式的第二个模块是资源的获取与运用，所谓资源是企业所控制或拥有的有效要素的总和。企业的经济活动必须建立在自身的资源禀赋之上。核心资源是让商业模式有效运作所必需的最重要的因素。公司正常运转、生产有序进行、营销方案实施、团队有效激励等都离不开资源的投入。20 世纪 80 年代兴起的企业资源基础理论认为，最重要的超额利润源泉是企业长期积累形成的、独特的资源及其不可模仿和难以替代的竞争力。

按照其特点，企业的资源能力可以归为两大类，分别是有形资源和无形资源。其中有形资源包括财务、实体、人力和组织资源；无形资源包括了技术资源和商誉等。就目前的全球经济来看，由于无形资源更难被竞争对手所了解、购买、模仿或替代，所以创业公司在获取和运用资源时，应更加侧重将无形资源作为企业能力和核心竞争力的基础。

商业模式某种意义上就是通过对这些资源的获取与运用来创造价值，在这里讨论资源能力的目的，更多的是需要创业者拥有挖掘这些资源的能力并使其发挥生产作用，提高资源能力的利用率，最大化收益。即使是普通资源能力，甚至是闲置资源能力，如果能通过巧妙的交易设计产生交易价值，就是有效的资源能力。反之，即使是优势资源能力，如果没有产生交易价值，最终不能通过建立竞争优势而获得高的收益，也是无效的资源能力。

创业者在创业过程中极其重要的一环就是发现、整合并且高效利用已有的重要资源。

以全球体量最大，接受度最高的网约车服务公司Uber为例，作为一家初创型服务公司，其对传统出租行业进行了大胆的创新，将客户和合作司机高效及时的匹配。Uber的成功一方面是其挖掘了市场上暂未被其他企业所发现的独特的资源，经过线上到线下整合闲散的私家车资源，打造了一个按需服务的O2O网站，并使网站以最简捷最优雅的方式，将奢华轿车及司机网络化。另一方面，Uber通过移动应用进行定位，系统辨别客户地点，随后自动告知距离客户最近的车辆，实现二者的高效匹配和可靠接载。同时公司也对闲置车辆进行了异质化定位，提供高端车租车服务、低端租车服务、租用直升机等多元化服务。因此，Uber正是通过这种闲置资源的整合与运用实现了以手机应用程序为载体，链接乘客和司机，实现租车和拼车服务交易。其高效、便利、低价的形式也受到用户的普遍欢迎，创造了“互联网+”新颖租车的商业模式的创新，目前其已进入中国大陆的60余座城市，并在全球范围内成功覆盖了70多个国家的400余座城市。所以一个企业要取得竞争优势，仅有资源是远远不够的，除非企业具有使这些资源有效发挥作用的能力，否则资源就不能为企业创造竞争优势。即创业者必须有获取资源和利用资源的能力。

此外，创业者还应注意的是，不是企业的每种资源都是商业模式的核心资源，也不是每一个企业的核心资源都是一样的，企业的核心资源是和价值联系在一起的，是企业核心竞争力的表现。如对于重资产企业，核心资源就是生产设备和专利技术等；而对于轻资产企业，核心资源就是人力资源和数据信息等。

(三)财务

商业模式的第三个模块是要专注于财务，即描述清楚盈利能力，毕竟对于初创企业而言，如何赚钱还是至关重要的。在这里，财务要展示清楚收入来源、成本结构与融资渠道。

1. 收入来源

收入来源是用来描绘从每个顾客群体中获取的现金收入，反映的是创业公司创新性的盈利方法。公司的收入来源非常重要，一般来说，收入来源可分为以下7种类型：

- 资产销售，销售实体产品的所有权；
- 使用收费，通过特定的服务收费；
- 订阅收费，销售重复使用的服务；
- 租赁收费，暂时性排他使用权的授权；
- 授权收费，知识产权授权使用；
- 经济收费，提供中介服务收取佣金；
- 广告收费，提供广告宣传服务收入。

收入的数量与本质对商业模式的其他要素有直接影响，创业者需要明白任何创业公司都需要至少一种稳定的收入来源来保障公司的正常运转与未来发展。

2. 成本结构

创业公司还要表述为支撑企业运营而导致的成本结构。创业者也需要思考什么是商业模式中最重要的固有成本以及哪些核心资源花费的最多。一般来说，成本结构包括两种类型，一种是成本驱动，是指创造和维持最经济的成本结构，采用低价的价值主张、最大限度自动化和广泛外包。另一种是价值驱动，是指专注于创造价值。而增值型的价值主张和高度个性化服务通常是价值驱动型的商业模式。在创业过程中，建立差异化基础、产品研发、市场开拓和人员激励这些商业活动都需要成本核算。所以公司必须搞清楚成本的性质，成本的类型和成本的预算等成本结构的相关内容。

3. 融资渠道

商业模式要关注资金的来源，特别是要谈清楚如何融资。虽然创业者会将部分个人资源投入到创业中来，但创业所需要的资金往往巨大，刚开始仅靠个人资金和盈利来加以维持，不太现实。创业公司的生存与发展往往离不开融资，很多创业公司的目标是通过融资才能实现。因此商业模式需要体现公司运营所需要的大致资金金额，这包括资本成本(如建筑、厂房、车辆、设备、办公家具与办公用品等)，一次性支出(公司成立的法律开支、营业执照的办理等)，还要公司运转所需要的最少流动资金。同时还需要落实这些资金的来源。如果需要融资，除了融资金额以外，还要弄清楚，给投资人的回报以及投资人的退出机制。

(四)运营

商业模式的最后一个模块是要弄清楚如何运营。首先这里面要搞清楚创业公司的市场提供(market offering)是什么，即：公司提供什么样的产品和服务？这些产品和服务的市场竞争力在哪里？同竞品比较，产品和服务的优势在哪里？如何持续保持这些优势？其实魏炜和朱武祥曾给出的商业模式的定义是利益相关者的交易结构。这一定义的成功之处就在于：它颠覆了管理学的传统研究视角，不再以自我为中心，不再专注于单个企业，而是转换成了一种“上帝视角”，考虑对象企业与消费者、合作者、竞争者之间的鲜活博弈，并在这种互动博弈中把握个体的生存法则。因此，运营当中还要关注关键的利益攸关者是谁以及如何管理好同利益攸关者之间的关系。在当今社会的市场经济体制中，交易是一种双方或多方的自愿交换。但是如果你手上的东西毫无价值，那么对于另一方来说交换将变得毫无意义，显然，市场交易一定是基于价值的。双方或多方带着价值进行交换，各取所需，各得其所。如果这种交换经常发生，各方便形成一个稳定的各方交易结构，并通过价值交换成了利益相关者。接下来，如果我和第三方再做经常性的交换，那么三者之间便形成一个稳定的三方交易结构，也都成了利益相关者。这些价值在三者之间交换、流动和变化，形成了一条价值链路，又由于更多的价值链路，便纵横交织成了网络，而这个网络中流动着的就是价值。因此，现代企业的成功不仅仅是企业本身的经营问题，更重要的是同所有利益攸关者之间建立一个良好的互利共赢的经营生态系统。

三、商业模式的内在逻辑

创业实践的本质是用创新创造价值。创业实践的创新主要通过两个方面来实现，即技术创新和商业模式创新。技术创新是提供更好、更有效率的产品与服务，商业模式创新是在现有产品与服务的基础上提供更好、更有效率的解决方案。又因为创业实践的价值体现在上文提到的三个方面，为消费者，为企业以及为社会创造价值。所以，创业的商业模式内在逻辑不妨看作是价值发现、价值匹配与价值实现的过程。

图 5-2　商业模式的内在逻辑

(一)价值发现

价值发现指的是创业者了解市场痛点，挖掘市场机会的能力。其实许多创业实践失败的重要原因之一就是创业者绕过了价值发现的思考过程，进而陷入了“只要我们生产出产品，顾客就会来买”的错误逻辑。所以在创业过程中，创业者首先要明确价值创造的来源，要具备敏锐的观察力，要能够将现有市场存在的问题或者痛点转换成为创业的机会。再结合自身的条件与资源获取的能力，作出创业的可行性分析，进而识别所认定的创新性产品和服务，明确价值创造的路径与方式。此外，对于创业者来说，在创新性产品和服务识别的基础上，还需要进一步明确和细化顾客的价值所在，因为企业最终的盈利与否取决于它是否拥有顾客。总的来说，价值发现是商业模式开发的关键环节，创业者应十分重视价值创造的第一阶段，也即价值发现的阶段。

(二)价值匹配

创业是一项非常复杂的商业活动，且风险巨大。没有谁能够单打独斗地获取整个市场，即使创业者有心独立完成整个创业过程的雄心，巨大的风险和投入成本也使得这些行为并不经济。因此，取得创业成功，有效整合资源是必不可少的前提条件之一。要想有效整合资源，最有效的方式，就是创业者与所有创业的利益攸关者建立互利共赢的生态系统，换句话说，创业者与利益攸关者要进行有效的价值匹配。初创企业不可能拥有能够满足顾客需要的所有资源和能力，即便企业愿意亲自去打造和构建需要的所有能力，也常常面临着很大的成本和风险。因此，初创企业为了能在机会窗口内取得先发优势，并最大限度地控制机会开发的风险，要与其他企业形成合作关系，以使其商业模式有效运作。换种方式来讲，共同的价值会促使商业生态系统的建立更加容易。

例如，于 1997 年成立的深圳市怡亚通供应链股份有限公司，是中国第一家上市的供应链服务企业，在 2004 年完成股份制改造，致力于以物流为基础，供应链服务平台为载体，互联网为共享手段，联合供应链各环节参与者，构建一个跨界融合、共融共生的O2O供应链商业生态圈，以此促进社会的繁荣与发展。怡亚通采用一站式供应链管理的新商业模式，定位快速反应的国际物流，以承接全球整合企业的非核心业务外包为核心，聚合100余家世界500强及2600多家国内外著名企业的优势资源，业务嵌入电脑、通信、医疗器械、快速消费品、冷链、生鲜等20多个领域，形成了强大的资源整合能力和竞争优势，因此创造性地实现了物流外包、商务外包、结算外包和信息系统及信息处理外包等一站式供应链管理外包服务。

由以上案例可见创业者必须要具备与所有利益攸关者有效沟通的能力，只有有效地帮助合作伙伴提高核心竞争力，积极与所有利益攸关者进行价值匹配，才能够使创业企业有一个合格的商业模式创新过程。

(三)价值实现

价值实现是价值创造的目标，是新企业能够生存下来并获取竞争优势的关键，因此也是有效商业模式的核心逻辑之一。创业的目的是让顾客满意，为消费者创造价值；让创业组织满意，为企业创造价值；以及让社会满意，为公众创造价值。而实现这些价值的手段则是创新。创业企业的商业模式，要能够反映出自己的创新点，许多创业企业是新产品或服务的开拓者，但却不是创新利益的占有者。这种现象发生的根本原因在于这些企业忽视了对创新价值的获取。创业者要能够清楚表明价值实现的途径与方法，即如何有效让顾客，企业与社会都满意。这主要有以下两点：即商业模式要么需要阐述清楚技术带来解决方案的优势，要么需要阐述清楚新的模式与传统模式相比带来哪些效率的提升。同时还要让利益攸关者相信，这些创新能够具有一定的实效性，竞争对手难以在短时间予以模仿。

总体来看，价值发现、价值匹配和价值实现是有效商业模式的三个逻辑性原则，在商业模式的开发过程中，这三项思考过程都不能忽略。创业型企业只有认真遵循了这一原则，按照正确的顺序完成价值的创造才能真正开发出顾客、企业、合作伙伴以及其他利益相关者的共赢共生并且可持续发展的商业模式。

◎ 本章案例

滴滴出行、共享单车和知乎谁才是真正的共享经济？

信息技术的进步与普及，不仅改变了我们生活的方方面面，也给商业模式带来了深刻的变革。利用信息技术匹配供求关系，运用闲置资源创造价值的共享经济模式应运而生之后，我们不得不思考是竞争的拉动还是技术的推动创造了共享经济？当今社会正流行的滴滴出行、共享单车以及知乎谁才是真正意义上的共享经济？

一、滴滴出行

滴滴出行是涵盖出租车、专车、滴滴快车、顺风车、代驾及大巴、货运等多项业务在内的一站式出行平台。滴滴打车的诞生改变了传统打车市场格局，颠覆了路边拦车概念，利用移动互联网将线上与线下相融合，打造了一个乘客与司机紧密相连的O2O闭环，最大限度地优化了乘客打车体验。也改变了传统出租司机等客方式，根据乘客目的地自主选择“接单”，节约司机与乘客沟通成本，降低空驶率，最大化节省司乘双方资源与时间。

二、共享单车

共享单车自2014年开始进入探索期，摩拜单车和OFO相继成立；在2016年至2017年融资规模快速扩张，多个品牌相继入局；自2018年开始，由于政策监管力度加大，头部企业市场份额逐渐集中，多家企业出现资金链断裂，众多品牌纷纷倒闭退出，资本也对共享单车保持谨慎态度，投融资增速放缓，中国共享单车行业整体结束爆发式增长，进入洗牌调整期。其中，曾经被称为双雄争霸的摩拜单车和OFO尤为出名。

以摩拜单车为例，其于2015年1月成立，2016年4月22日地球日当天在上海正式推出智能共享单车服务，其创建了全球首个智能共享单车模式，自主研发的专利智能锁集成了GPS和通信模块，使用了新一代物联网技术，通过智能手机APP让用户随时随地可以定位并使用最近的摩拜单车。发展迅速的摩拜先后进入中国、新加坡、英国、意大利、日本、泰国和韩国等19个国家。在所到的城市中掀起骑行的热潮，推动「让自行车回归城市」的目标，为更多人的出行带来方便，也给城市倡导绿色出行提供了可持续发展的智能解决方案。自摩拜单车运营以来，用户累计骑行里程达182亿公里，相当于节约碳排放440万吨。

但在最后摩拜被美团收购、OFO被爆押金难退，双雄争霸结束。目前，共享单车市场上具有竞争优势的头部企业为哈啰单车、青桔单车(滴滴)和摩拜单车(2018年4月被美团收购)，2019年，共享单车三国杀局面基本稳定，三者占据整个市场95%左右的市场份额。

三、知乎

知乎是中文互联网知名的可信赖问答社区，致力于构建一个人人都可以便捷接入的知识分享网络，让人们便捷地与世界分享知识、经验和见解，发现更大的世界。知乎以“让每个人高效获得可信赖的解答”为目标，凭借认真、专业、友善的社区氛围

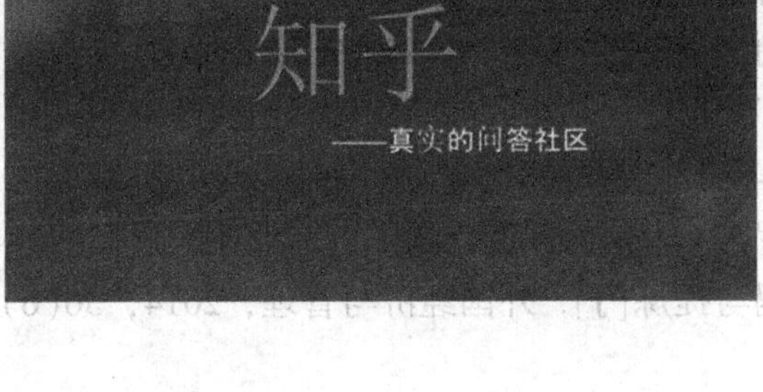

和独特的产品机制，聚集了中国互联网上科技、商业、文化等领域里最具创造力的人群。知乎用户们通过知识建立信任和连接，对热点事件或话题进行理性、深度、多维度的讨论，分享专业、有趣、多元的高质量内容，打造和提升个人品牌价值，发现并获得新机会。

对比以上三个商业模式，以摩拜单车和OFO为例的共享单车是打着共享旗号，披着移动支付外衣的自行车租赁公司；滴滴出行是以共享模式为核心的全价值链汽车租赁与分享平台；而知乎是纯粹的以共享模式为核心的知识分享平台。由此看来，共享经济需要满足两个条件：利用的是闲置资源创造价值以及用信息技术平衡供求关系，让参与各方都能够获益。

资料来源：陈国权. 知乎十年. 中国记者，2020(6)：75-79；孙凯，王振飞，鄢章华. 共享经济商业模式的分类和理论模型——基于三个典型案例的研究. 管理评论，2019，31(7)：97-109；周国林，陈本龙. 知识付费的商业模式探究——以知乎为例. 上海商学院学报，2020，21(6)：56-66.

◎ 参考文献

[1]戴天宇. 商业模式的全新设计[M]. 北京大学出版社，2016.
[2]高闯，关鑫. 企业商业模式创新的实现方式与演进机理——一种基于价值链创新的理论解释[J]. 中国工业经济，2006(11)：83-90.
[3]梁宇亮. 商业模式4.0重塑未来商业逻辑[M]. 人民邮电出版社，2018.
[4]李端生，王东升. 基于财务视角的商业模式研究[J]. 会计研究，2016(6)：63-69，95.
[5]罗珉. 商业模式的理论框架述评[J]. 当代经济管理，2009，31(11)：1-8.
[6]李怀勇，张贵鹏. 基于共享经济的商业模式创新[J]. 商业经济研究，2017(1)：120-122.
[7]秦勇，陈爽. 创业管理：理论、方法与实践[M]. 人民邮电出版社，2019.
[8]沈永言. 商业模式理论与创新研究[D]. 北京邮电大学，2011.
[9]孙永波. 商业模式创新与竞争优势[J]. 管理世界，2011(7)：182-183.
[10]盛亚，徐璇，何东平. 电子商务环境下零售企业商业模式：基于价值创造逻辑[J]. 科研管理，2015，36(10)：122-129.
[11]王建业，张瑶. 风停了才能看出谁会真的飞翔——从瑞幸咖啡和ofo小黄车看创业企业商业模式选择[J]. 科技与金融，2021(Z1)：41-45.
[12]吴晓波，赵子溢. 商业模式创新的前因问题：研究综述与展望[J]. 外国经济与管理，2017，39(1)：114-127.
[13]项国鹏，杨卓，罗兴武. 价值创造视角下的商业模式研究回顾与理论框架构建——基于扎根思想的编码与提炼[J]. 外国经济与管理，2014，36(6)：32-41.

[14]张玉利，薛红志. 创业管理(第五版)[M]. 机械工业出版社，2020.
[15]张越，赵树宽. 基于要素视角的商业模式创新机理及路径[J]. 财贸经济，2014(6)：90-99.

第六章　商业模式的分析工具

“工欲善其事必先利其器”。要想制定成功的商业模式，需要依靠一些工具来实现。本章的目的，就是提供管理学当中经典商业模型，作为创业者寻找市场机会建立商业模型有效进行市场竞争的分析工具。由于这些经典的模型经受过市场的反复验证，因此可以给有志于创业的人提供一个较为完整的分析框架，善加利用，可以避免创业者少走弯路，起到事倍功半的效果。市场机会分析，会聚焦到市场的几个关键要素，具备的市场条件(conditions)，创业公司的组织能力(company)，可能面临的竞争对手(competitors)和消费者(consumers)。由于这四个要素都可以用英文单词C来表示，因此也可以称作为市场机会分析4Cs模型。

一、市场条件

市场条件意味着创业者在创业所面临的外部环境，创业者首先应该分析外部的环境，是否有利于自己实施创业计划。但是由于环境包含很多不同的影响因素，以及这些因素处在不断高速变化中，创业者需要搞清楚到底哪些因素会直接关系到未来的创业成功。创业者需要了解的环境可以大致分为三类：宏观环境、中观环境以及微观环境。

(一)宏观环境

宏观环境的分析工具为PEST模型。商业环境中涉及范围最广的是宏观环境，几乎所有组织都不同程度地受到宏观环境的影响。而宏观环境中的任何一个特定因素对某些组织的影响往往会大于对其他组织的影响。有些因素对某些组织有利，却会威胁到另外组织的发展。因此问题的关键是创业者需要找到影响自身组织的结构性驱动因素。在这里，我们可以采用PEST分析框架，从政治、经济、社会文化和技术这四个领域来加以研究，以判断当前创业的形势与时机是否合适(见图6-1)。其中，政治因素是指对组织经营活动具有实际与潜在影响的政治力量和有关的法律、法规等因素，可以从政府的稳定性，税收政策，市场的法律法规，社会福利政策，环境保护政策等来加以考虑，当政治制度与体制、政府对组织所经营业务的态度发生变化时，以及当政府发布了对组织经营具有约束力的法律、法规时，创业企业必须随之做出调整；经济因素是指一个国家的经济制度、经济结构、产业布局、资源状况、经济发展水平以及未来的经济走势等，包括经济周期，国内生产总值构成，利率，货币供应，通货膨胀，失业以及可支配收入等，创业企业作为宏观大环境中的微观个体，在制定自身战略时，应该时刻关注、搜索、检测和预测经济状况；社会文化因素是指组织所在社会中成员的民族特征、文化传统、价值观念、宗教信仰、教育水平以及风俗习惯等因素，包括人口分布、收入分配、社会流动性、生活方式的变化、教育程度、消费者维权意识、文化影响等，社会文化对营销参与者的影响是多层次、多方位、渗透性的，它不仅影响企业营销组合，而且影响消费者的消费心理和消费习惯等，例如人口规模直接影响一个国家或地区的市场容量，年龄结构决定了产品的种类以及推广方式，因此创业企业需要准确识别社会环境因素，随时应对社会环境的变化；技术因素则包括政府与市场的研发投入，政府和行业对新技术的关注，新技术的发明与发展，科技成果转化的支持，技术更新换代的速度等，一种新技术的应用，可以为企业创造一个明星产品，产生巨大的经济效益，也可以迫使企业的某种曾获得巨大成功的传统产品退出市场，创业企业应该重视技术因素，适应当前技术环境。

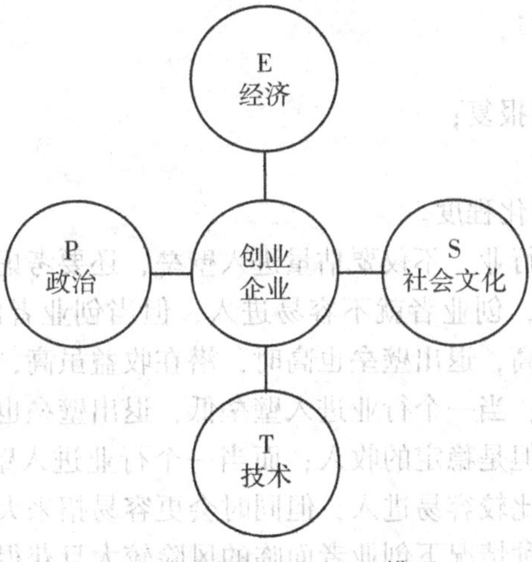

图 6-1　创业公司 PEST 模型

(二)中观环境(产业环境)

中观环境指的是创业公司的商业化成果所处的行业环境。宏观环境固然对所处其中的所有组织都有影响，但更直接的影响来源于产品或服务所处的具体行业。这里给出的分析工具是 Michael Porter 的五力模型。Porter 认为一个企业能否成功往往取决于潜在市场进入者的威胁、替代品的威胁、卖方的议价能力、买方的议价能力和现有竞争对手这五种力量共同作用的结果(见图 6-2)。

潜在进入者的威胁往往取决于市场中的进入壁垒(barriers to entry)。进入壁垒是所有想进入该市场企业所必须克服的障碍，对于创业者而言，显然是新的进入者，需要估量市场的进入壁垒。进入壁垒包括：

- 规模经济，通过扩大生产规模而引起经济增效；
- 进入市场的资金要求；

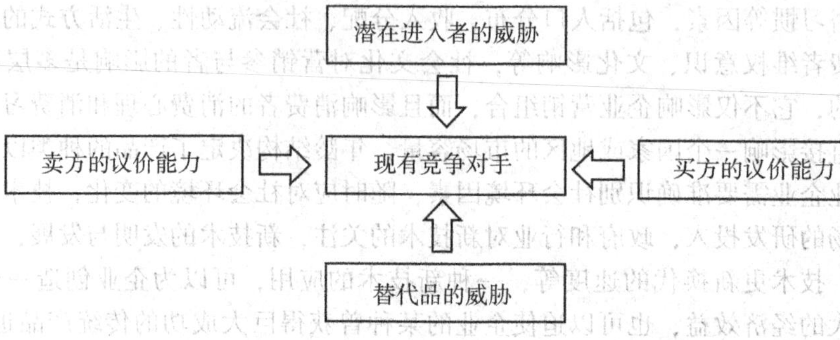

图 6-2 创业公司五力模型

- 进入市场渠道成本；
- 经验；
- 已进入企业预期的报复；
- 政府管制；
- 产品和服务的差异化程度。

创业者想要进入一个行业，不仅要估量进入壁垒，还要考虑到退出壁垒。一个行业的进入壁垒高，退出壁垒低，创业者就不容易进入，但当创业者内部经营不善时更容易退出；当一个行业进入壁垒高，退出壁垒也高时，潜在收益虽高，风险也大，创业者需要面临进入难退出也难的风险；当一个行业进入壁垒低，退出壁垒也低时，创业者面临的风险比较小，可以获得比较低但是稳定的收入；而当一个行业进入壁垒低而退出壁垒也高时，创业者作为新的进入者，比较容易进入，但同时会更容易招来大量竞争者，面对突变的环境创业者又难以撤离，这种情况下创业者面临的风险较大且获得的收益较低。

替代品的威胁，指的是当客户转向其他选择时，原有的产品和服务就会无人问津。创业公司提供的产品或服务，往往对现有产品就是一种替代与补充。对于市场现有企业而言，一定会千方百计地提高转移成本(switching cost)，而对于创业公司而言，则要千方百计吸引消费者采用自己公司的产品，因此要降低消费者的转移成本。替代品有几种不同的形式：

- 产品间的替代，如手机等电子产品的不断更新换代，每一款新发行的手机，都是在之前产品上进行某种方面的替代补充，以更适应市场的需求；
- 产品背后需要的替代，如同样是为了满足出行的需求，共享单车等共享经济的发展，对原汽车等行业造成一定的影响；
- 以及产品品类的替代，产品品类是根据商品属性和消费者的需求将产品进行归类，是满足同类需求的一组相似产品，例如，连衣裙、T 恤，同样满足人们穿着的需求，在需求方面可以相互替代。

除了降低转移成本，价格和质量也是创业企业吸引消费者的重要原因。创业公司的产品作为对现有产品的替代和补充，需要尽量降低产品的生产成本，才能在价格上取得优势。此外创业公司的产品应该比现有产品在质量和性能上有一定的提升，产品有更高的性价比才更方便创业企业打开市场局面。

买方的议价能力。在交易中，买卖双方是此消彼长的关系。对于企业而言，既是买家(对于供应商而言)；又是卖家(对于消费者而言)。对于创业公司而言，买家在下列情况下，议价能力会相对较大：

- 购买者比较集中；
- 供应商比较分散，且有其他货源渠道；
- 更换供应商成本很低且风险很小；
- 如果供应商不能给出满意的价格，购买者有能力进行后向一体化(即收购卖家)。

创业公司应该设法找出讨价还价能力更弱或者转移成本更高的购买者，这样可以增加竞争优势。可以通过提供购买者无法拒绝的优质产品和注明品牌占领市场等方法。例如在个人电脑行业，由于有比较高的替代成本，电脑生产商相对操作系统软件商微软的议价能力就很低。

卖方的议价能力，对于创业公司而言，卖家指的是自己产品或者服务的供应商。在下列情况下，供应商的议价能力会更大一些：

- 供应商比较集中；
- 更换供应商成本很高；
- 供应商有强大的品牌优势；
- 如果买家不能给出合适的价格，供应商有可能进行前向一体化(即收购买家)。

供应商提高价格，降低质量或者减少供应，都会对创业公司产生一定的影响，面对供应商的变化，创业公司应该审时度势，通过调整战略改变所处环境，提高议价能力。

现有竞争对手：已有的竞争格局往往也是创业者需要考虑的重要因素。常常有与现有市场竞争过于激烈导致创业企业很难介入。在这里影响同业竞争的因素主要包括：

- 竞争对手之间的力量均衡程度；
- 市场增长的速度；
- 行业中有很高的固定成本；
- 产能过剩；
- 很高的退出壁垒。

需要指出的是，行业环境并非静止不动，而是动态发展的。该模型中的五种力量也不是相互独立的，一种竞争要素的改变，可能会引发另一种要素发生相应的变化。竞争行为有时候不仅仅需要简单适应已有的环境，而是需要破坏现有的格局。

同一行业中，采用相同竞争战略具有相同战略特征的企业群组(strategic group)是创业公司面临的最直接的竞争对手，因为采用相同竞争战略背后反映出来的是企业发展阶段，产品类型，商业模式可能高度趋同，这样带来的问题是一个公司采用一种战略，同一群组的其他公司很难采取其他战略进行竞争。因此这种竞争是最为激烈的。战略群组划分一般包括：

- 产品或服务同质化的程度；

- 地理市场的覆盖范围；
- 分销渠道的一致性；
- 产品和服务的质量；
- 技术相近的程度；
- 组织的规模。

创业企业进入市场时需要对市场上的战略群组进行分析，选择最合适的战略定位。战略群组加剧了行业内的竞争，群组的数量越多，越势均力敌，群组之间的竞争就越激烈；群组间的差异化程度越小，竞争越激烈，群组间的目标市场越相似，竞争就越激烈。

同一战略群组内的成员往往拥有的资源相似，战略导向也类似，很可能会在同一目标市场上展开争夺，因此同一战略群组内的竞争更为激烈。以我国保险行业为例，与西方保险行业混业经营的状况不同，《中华人民共和国保险法》规定，“同一保险人不得同时兼营财产保险业务和人身保险业务”，确立了我国保险公司分业经营的原则，限制了单个保险公司持有的牌照个数的同时，也限制了保险公司的经营范围。在法规颁布之前设立已经实现混业经营的保险公司，如人保、平安等，也必须通过成立具有独立法人资格的分公司，将财产保险业务与人身保险业务分开，这些法规政策与政府监管成为划分战略群组最关键的移动壁垒要素，制约各个保险公司必须在规定的市场范围内进行经营，进一步导致群组内竞争的白热化。处于同一战略群组的保险公司，往往在市场竞争中就是直接的竞争对手。

（三）微观环境（组织的生态链）

微观环境是创业企业的内生因素，对创业企业的发展有最为直接的作用。微观环境是指与企业紧密相连、直接影响企业能力和效率的各种因素的总和。微观环境是由企业和其供应商、顾客、竞争对手、社会公众、企业内部参与营销决策的各部门等构成的组织生态。组织生态链各环节相互影响、相互作用，创业企业需要正确分析微观环境，处理好与各个环节的关系。

供应商。供应商对创业企业的发展有很重要的影响，是指为企业及其竞争对手提供所需资源的企业和个人，包括原材料、设备、劳务等。供应商提供的资源是创业企业正常运转，向市场提供产品的保障。这种生产关系，使得供应商对创业企业的经营活动有最为直接的影响。其中供货的稳定性与及时性是企业营销活动顺利进行的前提，供货不稳定、不及时会使得创业企业无法按时向顾客交货，进一步会影响企业的信誉；供货价格的变动会直接影响创业企业的成本，迫使其提高价格，进而影响创业企业的利润。

竞争对手。创业企业在经营过程中势必会碰到竞争对手的挑战，创业企业只有提供更能满足消费者需求与欲望的产品才能在竞争中脱颖而出，在市场上占据一席之地。创业企业首先应该从各个方面分析竞争对手，找到本企业产品的核心优势。进行分析时可以从产品、质量、价格、服务四个方面入手，形成有效的产品定位，与竞争对手形成差异，在消费者心中留下明显的印象，进一步取得竞争优势。

顾客。顾客是企业的服务对象，创业企业的一切营销活动都是为了满足消费者的需

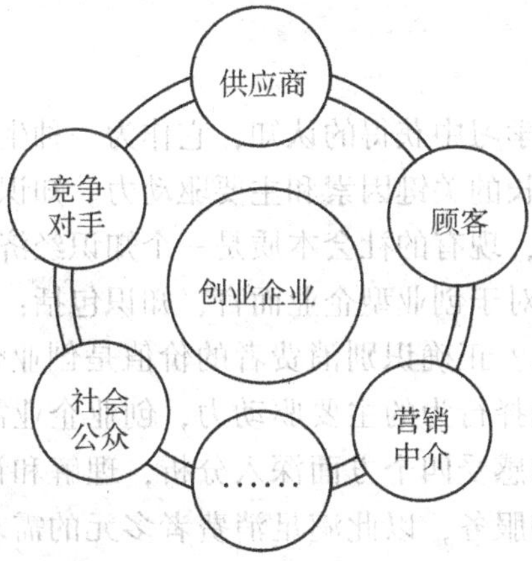

图 6-3 创业公司组织生态链

求，因此顾客是创业企业最重要的环境因素。创业企业介入市场时首先需要分析顾客的数目、规模以及经济实力。决定市场规模和市场潜量的基本因素是顾客数目和规模。顾客数目多、规模大能给创业企业带来更大的市场机会，创业企业将会有比较好的市场前景。但是仅仅是市场规模大，顾客经济实力差，企业也无法取得好的发展，因此顾客还需要具备一定的购买力。规模大、顾客经济实力强的市场是创业企业所期望的市场条件。

社会公众。社会公众是企业营销活动中与企业营销活动发生关系的各个群体的总称，包括政府公众、媒介公众、社区公众、金融公众等。公众对创业企业的态度，对创业企业营销活动的正常进行有巨大的影响。公众的态度可以帮助创业企业形成良好的企业形象，但也可能促成企业的负面形象。因此创业企业必须处理好与主要公众的关系，争取获得公众的帮助与支持，为企业的发展营造好的社会环境。

营销中介。营销中介是指为企业营销活动提供各种服务的企业或部门的总称，主要对象是中间商、营销服务机构、物资分销机构、金融机构。营销中介对于创业企业的营销活动产生直接影响，只有通过营销中介所提供的服务，产品才能顺利到达消费者手中，因此创业企业需要重视营销中介并与其形成良好关系。

市场环境对创业企业的发展有极大的影响，而市场环境总是处于不断变化的状态中，创业企业需要适应环境，随时注视环境的发展变化，通过事先制订计划来控制变化，形成自我调节能力。

二、公司能力

产品和服务的市场前景固然重要，但是另外一个不可忽视的要素是公司在该市场上的竞争能力，否则市场前景再好，创业者无力竞争，终究没有用处。因此当创业者确定了需要进入的市场之后，就要审慎发掘自身的竞争能力，要寻找创业取得成功的关键因素：知识(knowledge)、资源(resource)和价值链(value chain)。

(一)知识

知识指的是从经验或者学习中获得的认知，它作为一种生产要素，是经济环境中重要的资源，是企业能够不断成长的关键因素和主要驱动力。知识对于所有商业组织来说都很重要，创业型企业也不意外，现有的社会本质是一个知识经济社会，企业的竞争力根本上取决于该组织的知识水平。对于创业型企业而言，知识包括：

- 消费者的价值是什么？正确识别消费者的价值是创业企业向消费者提供价值的前提。价值是消费者选择行为的主要驱动力，创业企业需要通过从消费者对产品的认知、偏好、评价和感受四个方面深入分析，理解和识别消费者的价值，才能有针对性的提供产品和服务，以此满足消费者多元的需求。创业企业的活动展开需要围绕着创造消费者价值，从产品(服务)价值，人际价值和信誉价值三个方面展开。产品价值是创业企业为消费者提供的产品(服务)本身所产生的价值。人际价值是创业企业员工与消费者的人际交往中为消费者带来的收获与价值，这种价值包括消费者观念变化，心理变化和行为变化。信誉价值是指企业为消费者提供产品(服务)时给消费者带来的产品信任和依赖的价值。
- 消费者的价值如何通过产品和服务加以满足？良好的产品和服务是满足消费者价值最便捷的方式。产品价值是由产品自身的功能、特性、品质、品种与样式所产生的价值。创业企业为消费者提供产品时需要充分挖掘产品的基础价值、产品的功能价值、产品的附加价值，以此满足消费者价值。产品的基础价值是产品能够满足消费者基本需求应该具有的基础使用功能，例如手机最基础的价值是通信功能。产品的功能价值是除基础性需求外为消费者带来的其他功能需求，例如手机除了最基础的通信功能外，还满足了消费者休闲娱乐等需求。产品的附加价值是消费者对某些属性的期待，如产品的社交价值与精神价值等，例如许多人去星巴克享受的是其舒适的环境以及其带来的优越感。消费者在购买产品过程中延伸出的销售服务与保障是提供消费者价值的重要手段。创业企业需要通过服务让消费者更好地了解企业，通过服务与消费者进行沟通，让消费者对企业形成信赖。良好的服务是创业企业发展的动力，能够让消费者对企业有更好的认知，能为消费者带来更多价值。
- 企业如何获得满足消费者价值的资源？创业企业需要首先发现自身目前所拥有资源，列出所有资源的清单，需要包括资金、团队、渠道、客户、人脉等。之后对资源的性质进行分析，可以采取以下几种分类的方式：一次性与永久、增值与贬值、大众与独家。分析哪些资源是满足消费者价值所需要的，同时还缺失什么资源。缺失的资源可以通过资源共享、资源交换、业务外包、合资等方式获取。最后进行资源的整合，能否动用相关的资源以及资源的规模，是创业企业成功的重要标志。

- 企业如何持续获得竞争优势？作为创业企业，产品优势是核心竞争力。创业企业需要有敏锐的洞察力，能够准确识别潜在的，当前以及未来的客户需求，提升产品品质，打造产品独特的魅力，在产品优势上领先与竞争对手。创业企业需要不断更新产品，保持产品的成长性与先进性，做到第一时间识别顾客和市场需求的变化，以最快的速度将顾客需求转化为产品的特性。同时创业企业应该通过良好的服务与消费者建立良好的关系，通过服务让消费者对企业产生依赖，以此将消费者需求转换为消费者满意与忠诚。

(二)资源

创业企业的成功某种程度上取决于是否有足够的资源进行竞争，而企业的竞争能力是由配置在组织各项活动中的资源创造的。所谓资源是企业所控制或者所拥有的有效要素的总和。从战略的角度上来说，组织资源既包括组织自己拥有的资源，也包括组织能够获得的可用于支持自身战略的资源。战略性的资源构成往往比较复杂，如企业生态，和关系网络。一般来说，资源可以分为以下四类：

- 实物资源：实物资源是企业经营管理活动的基础，泛指企业一切的硬件设施，如机器，建筑，生产办公设备设施等，大多具有单位价值大，使用年限较长，物质形态较强，流动能力较差的特点。企业装置和设备的规模、技术以及灵活性，企业的土地和建筑的地理位置和用途，获取原材料的能力等决定了企业成本、质量、生产能力和水准。
- 人力资源：包括组织员工，以及员工所具备的知识，技能和学习能力。员工的专业知识、接受培训程度决定其基本能力，员工的适应能力影响企业本身的灵活性，员工的忠诚度和奉献精神以及学习力决定企业维持竞争优势的能力，因此创业企业需要重视对员工的培养与管理。当今社会，人才往往才是企业最有价值的资产，但人力资源要想真正变为竞争优势，还需要将人才激励与组织整体战略很好地结合起来。
- 财务资源：比如资本、现金、债权债务、投资人的出资等。简言之，就是组织所获得用于经营管理的钱。对于初创企业而言，企业初期面临的挑战往往跟钱有关，即如何获取资金和如何支出资金。企业的投资能力和资金的使用弹性取决于企业的融资能力和内部资金的再生能力。
- 智力资源(知识产权)：智力资源可以泛指组织所获得的一切无形资产。如：专利、软著、商标、品牌、客户数据库、企业生态链等。这些无形资产有时会具备极高的价值，无形资产的重组程度决定了企业的工艺水平，产品的品质，同时决定了企业竞争优势的强弱。特别是当企业并购重组时，这些无形资产的价值就会体现出来。

表 6-1 企业资源的分类与特征

资源		主要内容
有形资源	实物资源	泛指硬件设施，如机器、建筑、生产办公设备设施等
	人力资源	组织员工以及员工所具备的知识、技能和学习能力
	财务资源	资本、现金、债权债务、投资人的出资等
无形资源	智力资源	泛指组织所获得的一切无形资产。如：专利、软著、商标、品牌、客户数据库、企业生态链等

目前认为，与有形资源相比，无形资源更具有潜力。相对于有形资源，创业企业成功更多地取决于其无形资源，如品牌、技术创新、知识产品等。

◎小案例

农夫山泉的脱颖而出

国内矿泉水品牌众多，市场竞争激烈，农夫山泉凭借独树一帜的品牌推广在激烈的市场竞争中脱颖而出，并且让消费者牢牢记住了这个品牌。

广告策略。随着市场环境的变化，农夫山泉通过广告语来彰显品牌与消费者之间的关系，如"什么样的水源，孕育什么样的生命""我们不生产水，我们只是大自然的搬运工"。通过广告，农夫山泉使得品牌更容易在客户与潜在客户群体内心形成沉淀的效果。

产品策略。在产品维度，为了进一步扩大知名度，农夫山泉从供应链着手，先后拓展了长白山、天山、峨眉山、千岛湖等国内知名度颇高的八大水源，并依托品牌在市场中的知名度和长期以来产品质量形成的口碑声誉，向瓶装水和饮料领域进行渗透。

重塑品牌营销环境。农夫山泉在体育营销领域进行深度品牌营销策略，2000 年后逐渐向公关方向倾斜，赞助载人航天登上"神舟五号"和"一分钱，饮水思源"公益项目等，使得品牌营销和客户管理中的利益进一步得到拓展。

农夫山泉通过找到客户利益的痛点，有效传递产品价值，建立其独特的品牌而取得成功。品牌作为无形资产成为其成功的关键要素，因此无形资产具有很大的潜力帮助企业成功。

对于创业型公司而言，还需要了解，门槛资源(threshold resources)和独特资源(unique resources)的概念。前者指的是一个企业要想在其细分市场中生存所需要的最低资源。需要指出的是，门槛资源是一个相对的概念，随着时间的推移，竞争对手或者是新进入的市场对手的行动，企业也需要不断提高自己的最低资源的基础；在有些行业或者部门，随着竞争的不断深入，对资源的要求也会越来越高。而独特资源，指的就是那些对组织的竞争优势有着至关重要影响的资源。独特资源是企业获取商品溢价的根源，往往是竞争对手不具备或者是优于竞争对手的资源。独特资源在很多情况下指的就是对企业获取竞争优势有着至关重要影响的资源，且竞争对手很难短期内通过模仿获得。如知识型企业中技术人员研发中持有的大量专利，使得竞争对手难以很快逾越，竞争对手如果需要支付专利费用，则会增加自己的成本，同时也会让专利持有者获益。

资料来源：毕楠，银成钺，康茜．中国情境下影响消费者感知成功善因营销的多案例研究[J]．管理学报，2016，13(3)：347-358；王平玉．农夫山泉的市场定位策略．知识经济，2014(20)：105+107.

(三)价值链

竞争是一个过程，创业企业除了拥有必要的知识和资源以外，如何组织这些知识和资源来创造价值，这种组织能力才是成功的关键。这种组织能力体现在两个方面：一方面是单独每项活动的能力，另一方面则是将不同的经营活动联系在一起的能力。这里，迈克尔·波特的价值链模型可以作为基准比较的工具供创业者使用分析。价值链模型不仅可以帮助创业者理解价值是如何创造或者破坏的，还可以用作了解自己同竞争对手不足的根源来自哪里。

价值链在这里指的是企业内部和外部创造产品或服务的过程(见图 6-4)，一般而言，价值链的活动分为首要活动(primary activities)和支持活动(support activities)，首要活动是企业基本增值活动，即“生产经营环节”；支持活动是企业辅助性增值活动，辅助性增值活动发生在所有基本活动的全过程。

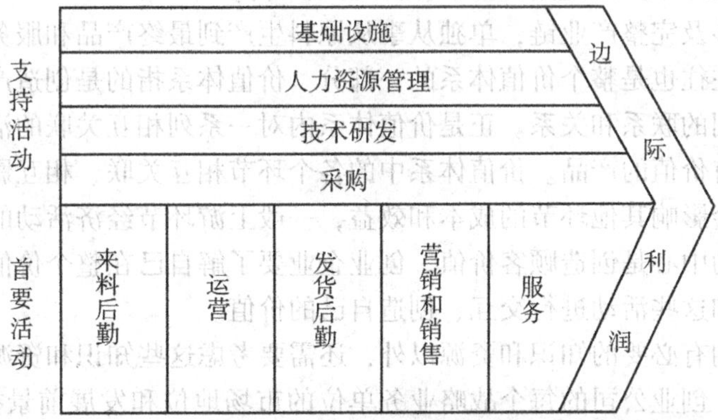

图 6-4 创业企业价值链模型

首要活动包括 5 大类：来料后勤(inbound logistics)、运营(operations)、发货后勤(outbound logistics)、营销和销售(marketing and selling)、服务(service)。

- 来料后勤：指的是所有与生产要素相关的接收、存储与配送等活动，包括原材料获取、库存管理与运输等。

- 运营：指的是将这些生产要素转变成产品和服务最终形式的过程。以制造业为例，这个包括生产、加工、包装和质检等。
- 发货后勤：指的是将生产成品传递到客户手中的过程。对于有形产品而言，包括产品的仓储管理、渠道处理和发货运输等；而对于无形的服务而言，则包括将服务传递给终端消费者的过程，如服务场景的设计与安排、消费者的引导与服务价值传递的过程管理。
- 营销和销售：指的是消费者意识到产品和服务的存在，并说服他们购买消费的过程。这包括整个市场沟通的过程，同样也包括定价、促销、广告等。
- 服务：指的是增加和维持消费者购买后产品和服务价值的经营活动。如维修、配件提供、安装培训等。

支持活动则包括采购、技术研发、人力资源管理和基础设施建设：

- 采购：获取各种生产和服务所需要资源的过程。这不仅包括生产材料和配件的购买，也包括交钥匙工程的基建项目的采购。
- 技术研发：指的是创造价值过程中的关键技术投入，研究与获取过程。有的技术可能直接与产品相关(产品设计)，有的与流程相关(生产工艺的改进)，有的与资源相关(新材料的替代)。技术研发对于组织创新的作用非常重要。
- 人力资源管理：指的是组织运营过程中，如何将合适的人放置到合适的位置并进行有效激励创造价值的过程。由于企业的经营最终靠人来完成，所以人力资源管理是一个非常重要的领域，包括招聘、培训、激励等管理活动。
- 基础设施：在这里基础设施包括硬件和软件两个方面，基础设施除了包括办公设施经营设备办公用品等有形物品，也包括计划、财务、质量控制，信息处理等综合管理技能，同时还包括组织文化与组织架构。

很少有企业涉及完整产业链，单独从事从原料生产到最终产品和服务交付的全部价值过程。创业组织往往也是整个价值体系的一部分。价值体系指的是创造产品或者服务所必需的一系列组织间的联系和关系。正是价值体系内对一系列相互关联的活动进行专业分工的过程创造了最有价值的产品。价值体系中的各个环节相互关联、相互影响，一个环节经营管理的好坏，会影响其他环节的成本和效益，一般上游环节经济活动的中心是创造产品价值，下游环节的中心是创造顾客价值。创业企业要了解自己在整个价值体系中所扮演的角色，以及如何和这些活动进行交互、创造自己的价值。

创业企业在拥有必要的知识和资源以外，还需要考虑这些知识和资源的配置，有效整合组织内部资源。创业公司的每个战略业务单位的市场地位和发展前景往往是不一样的，创业公司需要考虑如何合理地在它们之间配置知识和资源。在这里创业公司可以通过波士顿矩阵，对各业务单位进行评估、分类，确认它们的战略价值和成长潜力，明确公司的投资组合战略，帮助创业公司分析和选择更有价值的战略业务单位。

波士顿矩阵中市场成长率是战略业务单位所在市场或行业一定时期内销售增长的百分比；市场占有率是创业公司在该市场所占的份额；相对市场占有率是其市场份额与最大竞

争对手之比。矩阵中纵坐标代表市场成长率，可以年为单位，横坐标为相对市场占有率，表示创业公司各业务与其最大竞争对手市场占有率的相对差异。确定市场成长率的高低和划分相对占有率的高低，需要考虑行业和创业企业的具体情况。

矩阵有四个象限(见图6-5)。圆圈代表创业公司拥有的战略业务单位或业务，圆心位置表示各业务单位或业务的市场成长率及相对市场占有率。圆圈面积表示各业务单位或者业务的销售额的大小。

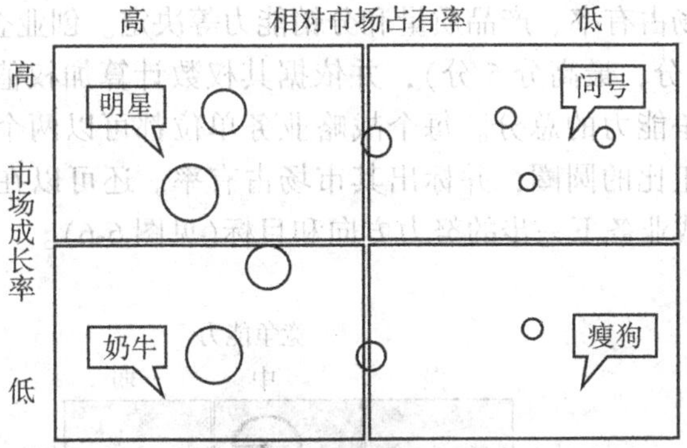

图6-5 创业企业波士顿模型

“问号”。表示市场成长率较高、相对市场占有率较低的业务单位或业务，这类业务需要较多的知识与资源的投入，以此追赶市场上的竞争者，适应不断变化的市场，但其自身前景不够明朗，面对这类型业务，创业公司可以增加资源投入和发展，或者采取收割或放弃的市场战略。

“明星”。表示市场成长率较高、相对市场占有率较高的业务单位或业务。经营成功的“问号”类业务，随着市场占有率的不断提高，会发展为“明星”业务。一般来说，“明星”类业务仍然需要创业公司投入比较多的资源，以此跟上仍然在不断成长的市场，并利用资源开发出此类业务的竞争优势，最终在激烈的竞争中胜出。这类业务在短期内不一定会给创业公司带来丰富的收益，在未来会成为创业公司的主要经济来源。因此对于“明星”类业务，创业公司应该增加知识和资源的投入，发展扩大业务。

“奶牛”。表示市场成长率低，相对市场占有率高的业务单位或业务。随着市场成长与行业发展逐渐缓慢，一些业务可能会降到企业认为的低市场成长率，但其仍然具有较高的市场占有率。由于这一类业务的市场成长率降低，企业可以不用再大量投入，同时又具有比较高的相对市场占有率，能够获得比较好的回报和收益，因此被称为“奶牛”。创业公司面对这类型业务，可以采取保持的市场战略，维持原有投入水平，保持住市场占有率即可。

“瘦狗”。表示市场成长率低，相对市场占有率也低的业务单位或业务。这类型业务还能带来一些收益，但是盈利少，或者处于亏损的状态。面对这类型业务，创业公司可以采取收割或者放弃的市场战略，将更多的资源投入在其他盈利更多的业务中。

需要注意的是，创业企业在整合创业资源、规划总体战略时，既需要认清现状，还需要分析前景。创业企业可以比较目前的矩阵(战略现状)和未来的矩阵(战略追求)，从全局考虑更业务单位在企业发展中扮演的角色，合理有效地配置资源，形成适合创业企业现阶段发展的投资业务结构。

创业企业也可以通过GE矩阵进行分析，以此有效整合组织内部的资源。通过GE矩阵，创业企业可以从市场吸引力和竞争能力两个方面，评估每个战略业务单位的现状和前景。

市场吸引力的大小，取决于市场大小，年市场成长率、历史利润等因素。竞争能力的强弱，由该单位的市场占有率、产品质量和分销能力等决定。创业企业可以对每个因素分别等级评分(最低分1分，最高分5分)，并依据其权数计算加权值，加权累计得出该单位的市场吸引力和竞争能力的总分。每个战略业务单位都可以两个分数提供的坐标为圆心，勾画与其市场成正比的圆圈，并标出其市场占有率。还可以在圆圈上画出相应的箭头，说明该战略单位或业务下一步的努力方向和目标(见图6-6)。

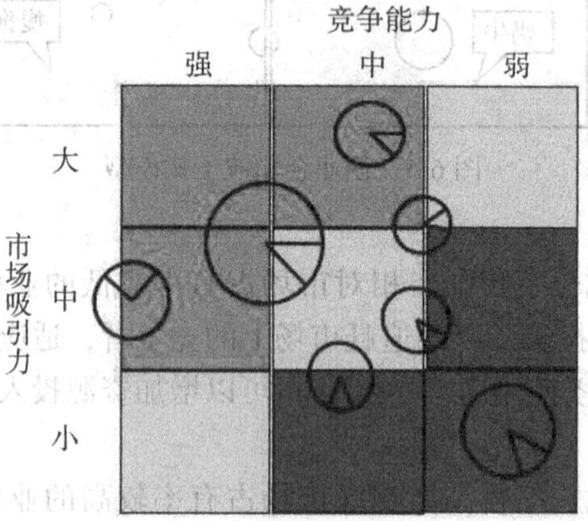

图6-6 创业企业GE矩阵

依据市场吸引力的大、中、小，有关战略业务单位竞争能力的强、中、弱，矩阵可以分为九个区域，组成了三种战略地带，创业企业可以依据业务所处的地带进行分析，然后选择战略。

“绿色地带”，市场吸引力和业务单位竞争能力最强，一般“开绿灯”，对于这个地带的业务，创业公司可以增加知识和资源的投入，发展扩大该业务。

“黄色地带”，市场吸引力和业务的竞争能力中等，一般“开黄灯”，对于这个地带的业务，创业公司以维持原有的投入水平为主，保持原有的市场占有率即可。

“红色地带”，市场吸引力偏小，业务竞争能力比较弱，因此一般开“红灯”，对于这个地带的业务，创业公司认为其没有大力发展的价值，没有必要费力的争夺市场扩大份额，不打算投入更多的资金应对竞争，一般采用收割或者放弃的战略，能销售多少就销售多少，能得到多少利润就得多少利润。

三、竞争对手

对于创业型企业而言，还有一个重要的要素就是竞争对手的实力与对新进入者的反应。在这里竞争对手不仅仅只是现实的竞争对手，还要能够看到潜在的竞争对手。市场前景好，并不是创业成功的唯一要素，如果竞争对手太强，即使市场前景很好，自己也无力竞争，那么也不是很好的创业机会。要了解竞争对手的竞争力，首先要了解所处的市场竞争环境。市场一般分为完全垄断市场、完全寡头垄断市场、不完全寡头垄断市场、垄断竞争和完全竞争市场。往往这五种市场环境决定了企业面临的竞争对手和竞争对手的竞争力。

在完全垄断的市场中，一个行业只有一家企业，产品没有其他产品可以替代，有很大的进入壁垒，创业企业很难进入市场。

在寡头垄断的市场中，少数几家厂商控制整个市场的产品生产和销售，行业中只有几家竞争者，市场的进入障碍比较大，企业间的行为相互影响，创业企业进入市场比较困难，进入市场后，可以采用价格竞争、做广告的策略，同时可以改进产品样式与结构，增加产品用途，提高产品的质量。

在垄断竞争的市场中，行业中企业数量多，企业进出行业是自由的，各企业生产的同种产品是有差别的。在垄断竞争的市场中，创业企业除了通过降低成本来获取优势外，还可以采取价格竞争策略、产品差异化策略（打造自己产品的优势，为自己产品增加新的、与竞争对手不同的、能够更加迎合顾客需求的特征，吸引更多的消费者）和促销策略（广告等）。

在完全竞争的市场中，企业是价格的接受者，而不是价格的决定者。完全竞争市场中的买者和卖者都很多，使得每个买者的购买量和每个卖者的销售量在整个市场的交易中所占份额很小，同时产品是同质化（产品间有完全的替代性）的，买者不关心产品是谁生产的，完全竞争的市场中企业进出行业自由，企业和顾客掌握的市场信息充分，企业无力影响市场价格。在完全竞争的市场中创业企业真正需要应对的是市场，市场供求关系发生变化，企业很可能会受到亏损而被逐出市场，创业企业需要不断降低成本才能在变幻的市场中生存发展。

需要指出的是，市场竞争环境会随着时间的变化而变化，如专利保护时效到期、生产技术的普及、配套产业集群的完善、政府的管制放松等都有可能带来市场竞争环境的变化。

（一）竞争对手的识别

在进入市场之前，每一个创业公司都要有效做好经营范围的确定与市场竞争对手的识别，创业公司面临的现实和潜在竞争者的范围是非常广泛的，如果不能有效识别竞争对手，很可能会被竞争对手打败，其中潜在竞争者比现实竞争者往往更容易对企业的发展形成冲击，例如互联网的发展对传统媒体进行了断崖式的冲击，报纸等传统媒体的发展大大受到了阻碍；电商的发展冲击了零售行业，线上购物方式的发展使得零售实体店的市场规模不断缩小。企业的每项业务包括四个方面的因素：要服务的顾客群；要迎合的顾客需求；满足这些需求的技术；运用这些技术生产出的产品，创业企业确定自身业务范围时的着眼点不同，业务范围导向不同，竞争者识别和竞争者战略随之不同。归纳起来，创业型企业的经营范围认定与市场竞争对手识别可以分为以下几类：产品导向与竞争者识别，技术导向与竞争者识别，需求导向与竞争者识别。

- 产品导向与竞争者识别。如果市场的产品供不应求，现有产品不愁销路，创业企业实力薄弱，无力从事产品更新，即创业型企业是产品导向型企业时，那么其主要任务是市场渗透和市场开发，设法增加现在产品的市场销量，扩大市场占有率，同时在现有产品的前提下，寻找和扩大该产品新的市场，用现有的产品来满足新市场的需求。产品导向型企业中，产品和服务是既定的，而顾客需求则并未完全确立，有待进一步挖掘，所以其主要的经营策略是扩大市场范围，增加顾客量，在现有产品和服务的基础上更好地满足消费者需求，而不是增加产品种类。
- 技术导向与竞争者识别。如果创业公司的某种具体产品已供过于求，但不同形态的同类产品仍然有良好的前景，即创业型公司属于技术型导向企业。技术导向型企业指的是生产技术类型是确定的，而这种技术如何运用、生产何种产品、提供何种服务、满足哪些目标客户群体则是未定的，这些内容有待创业企业根据市场变化去寻找和挖掘。技术导向把所有使用同一技术、生产同类产品、提供类似服务的企业视为竞争对手。其经营思路是，运用该技术提供市场竞争对手最小威胁的产品或服务，同时实行产品进化和一体化发展的营销策略，可以对产品的质量、功能、样式、用途进行改变。创业公司需要注意的是，技术导向并未把满足同一需求的其他大类产品的生产企业作为竞争者，因为容易受到该类竞争者的打击，例如：自行车的竞争产品包括公交、出租车、地铁等。当满足同一需要的其他产品迅速发展时，本行业产品会受到很大的冲击，甚至可能会遭受淘汰的危机，此时创业公司继续实行技术导向就很难再维持企业的经营发展。
- 需求导向与竞争者识别。需求型导向的企业其所迎合的需求是既定的，而满足这种需求的技术、产品和所服务的客户群体是随着技术发展和市场变化而变化的。对于需求型导向的创业企业而言，其目标是用更为有效的手段满足目标客户群体的需求，企业可以提供市场上不同的产品和服务，也可以运用多种新的技术实现这一目标。就是说，需求导向中，满足消费者需求是一致的，而满足这种需求所需要的技术、所提供的产品或者是服务，则可以不同。实行需求导向的企业把满足顾客同一需求的其他企业都视为竞争对手，而不论它们采用何种技术，提供何种产品或者服务。其竞争策略，是比竞争对手更好地满足消费者需求，为消费者创造更高的价值。需求导向的创业型企业的经营思路是，进入与现有产品和技术无关但满足顾客同一需求的行业。创业企业需要注意的是，企业作为新进入者，如果自身的实力有限，无法按照需求导向确定业务范围，也要在需求导向的指导下，密切关注市场需求的变化以及现有和潜在的竞争者，利用全方位的视角发现机会和规避风险。

(二)竞争对手战略与目标分析

在清楚了自己的竞争对手是谁之后，创业公司应该对竞争对手采用的战略与目标进行确认。

- 确定竞争者战略：清楚认定所处行业内采取相同竞争战略的公司是哪些。这是因为，不同战略群体的市场准入与进入壁垒存在差异。同一个战略群体内的竞争往往最为激烈。采用相同竞争战略的公司往往意味着它们的目标市场、产品功能、分销渠道、定价策略都相同。需要注意的是，认清相同战略群体的竞争对手，并不是完全不关注行业内其他的竞争对手，不同战略群体的企业也有可能是创业企业今后面临的潜在竞争对手。
- 确定竞争者的目标。竞争者的最终目标当然是为客户创造价值，获取利益。但是满足这个目标的方式则会大不相同。竞争对手可能会采用不同的方法来实现这一目标，如：成本领先、产品差异化、市场沟通强化品牌溢价等。了解竞争对手的战略目标，有利于创业者制定有效的竞争策略。
- 评估竞争者的实力与反应。创业型企业还要能够了解自己主要竞争对手的实力，并需要评估竞争对手面对新进入者可能作出的反应。竞争对手能否实现战略目标往往取决于其具备的知识、资源与能力。竞争对手可以通过信息收集，分析评价来确定哪一个点是竞争对手的软肋，然后进行有效突破，先实现局部超越，然后再扩大优势，战胜对手。同时，创业公司还要了解竞争对手的经营理念、组织文化、市场策略，来判断可能作出的市场反应。竞争中常见的反应类型有四种：①从容型竞争者，即对市场竞争对手没有作出迅速和强烈的反应。其可能的原因是：认为顾客忠诚度高，转移成本高，认为竞争对手不太可能取得成效，或者是缺乏反应所需要的必须条件；面对这类型的竞争者，创业企业应该首先分析其没有作出迅速和强烈反应的原因，并进行投入产出的分析，测定所投入的竞争资金能否收到预期的效果，能否吸引消费者进行转换购买，同时需要分析该业务是否进入衰退期，如果该业务进入衰退期，就要考虑是否值得投入资金争夺市场份额。②选择型竞争者，指仅对特定的市场行为作出反击，而对其他行为无动于衷。如：仅对竞争对手降价行为作出反应，而对竞争对手的广告则没有行动。了解竞争者在哪些方面会作出反应有利于企业选择最为可行的攻击类型。创业企业作为新进入者，一般不具备与竞争者正面决战的实力，需要分析竞争者对哪方面的攻击敏感，而对哪方面的攻击不敏感，以此来制定行之有效的方案，避免竞争者最为激烈的反击。③攻击型竞争者。指对所有的市场竞争行为均作出迅速而强烈的反应。这类企业往往需要通过竞争，来凝聚企业士气，强化组织管理，优化产业结构。面对这类型的竞争者，创业公司需要谨慎对待，除非实力在其之上，有足够的把握一击即中，否则不要轻易对其发起攻击造成两败俱伤的局面。④随机型竞争者。即对竞争攻击的反应具有随机性，是否作出反应和反应的程度均无法通过过去的经营来加以判定，很多小型企业往往属于此类竞争者。这类竞争者的实力一般比较薄弱，创业公司可以选择这种企业作为竞争对象，比较容易获得胜利达到预期的效果。

(三)创业者的竞争手段

对于创业型企业而言，往往很难一下子成为市场上的主导者，作为新的进入者，创业公司一般要采用市场挑战者战略来进行竞争，在实行进攻策略之前，创业企业需要先制定一系列的竞争目标，为行动指明方向，一般的目标可以是增加企业的市场份额和利润，减少对手的市场份额等。主要的竞争手段有：正面进攻、侧翼进攻、包抄进攻、迂回进攻和游击进攻。创业企业在选择战略时，应该遵循“密集原则”，集中优势兵力攻打敌方弱势，把资源集中在关键的时刻和地点，以达成企业的目标。

- 正面进攻。所谓正面进攻，就是直接向竞争对手的强项而不是弱项发起攻击。正面进攻往往需要创业公司具备实力和持久力，即提供的产品或服务具备明显的竞争优势(更好的产品质量、更多的产品用途、更低的价格、更大规模的广告等)，能够为自己的目标客户群体创造更大的价值，且不惧竞争对手的模仿与反击。创业公司需要注意的是，实行正面进攻时，为了在价格竞争中持续保持优势，不损伤自己的元气，需要进行大量降低成本的研究。
- 侧翼进攻。侧翼进攻指的是寻找竞争对手的弱点，然后针对这一弱点进行攻击。创业公司很多情况下会使用该模式，通过分析市场上存在的痛点，且竞争对手没有有效办法加以解决，找到攻击目标。如，创业公司可以通过分析竞争对手各类产品和细分市场的实力，找到市场上主流企业实力薄弱或者没有覆盖的目标市场，以此作为突破口，进行深入研究，然后针对该目标客户群体提供市场产品与服务。侧翼进攻的好处是，不至于在一开始，也是创业者困难的时期，与主要的市场竞争对手直接交火，两败俱伤，并且容易获得成效。相比与正面进攻，创业企业作为新进入者，资源相对比较少，采取这种方式更容易发现市场需求获得成功。
- 包抄进攻。包抄进攻指的是在多个领域同时发动进攻，以抢夺竞争对手的市场份额。采用该竞争战略，往往是当创业公司没有发现尚未覆盖的细分市场，补缺不可行，而创业公司拥有足够的资源可以全面抢夺竞争对手的市场。在这种情况下，创业者可以向市场提供竞争者提供的所有服务，并以更低的价格、更高的质量形成优势，对竞争者形成打击。
- 迂回进攻。迂回进攻指的是避开市场竞争对手的现有营业范围与现有市场，通过在其尚未涉足的领域，壮大自己的实力，然后再进入到竞争对手的领域展开竞争的策略。创业者可以推出新的产品渗透新的市场，也可以用现有产品进入新的市场，或者用新技术推出新产品来替代现有产品。通过技术创新实现技术飞跃颠覆现有产品格局是最有效的迂回进攻战略。这样做可以避免单纯模仿竞争对手的产品，进行痛苦的同质化竞争。
- 游击进攻。游击进攻指的是针对竞争对手的关键领域，进行小规模与断断续续的攻击，目的是逐步削弱对手，最后彻底获取竞争对手的市场。游击进攻非常适合小型公司打击大公司，如在某一局部市场采用低价策略，或者持续促销来获取市场，同时最大限度避免竞争对手的全面反击。创业企业可以通过一系列的小型进攻骚扰对方、打击对方，形成累积性的冲击，获得更好竞争效果。

四、消费者

创业者最后还需要了解自己的消费者，只有对自己目标消费者行为有深刻准确的分析，创业公司才能开发出合适的产品和服务，才能制定出有效的市场营销方案。消费者行为的内容虽然千头万绪，但是归纳起来，需要了解的有：谁是目标客户（who）？消费者购买什么（what）？消费者为什么购买（why）？消费者怎样购买（how）？消费者何时购买（when）？消费者在什么场景购买（where）？

对于创业者而言，需要搞清楚的问题是，自己的目标客户是个人终端消费者还是组织消费者。因为这两类消费者的市场策略有很大差异。

（一）B2C 消费者的特征

对于个人消费者而言，无非是要考虑消费者的内在因素与外在因素。所谓内在因素包括消费者的感官与知觉，需要与动机，经验与学习，人格与自我，态度的形成与改变；所谓外在因素，则是将消费者置于环境当中，需要了解的是文化因素、社会因素和参照群体中的家庭因素以及意见领袖。

内在因素：

- 知觉。知觉是人脑对直接作用与感觉器官的客观事物各个部分和属性的整体反映。知觉有两个性质，知觉的整体性和知觉的选择性。创业企业在营销过程中可以通过运用知觉的整体性降低信息量而提高消费者的知觉效果。通过分析消费者的特点，使创业公司的营销信息成为消费者的知觉对象，形成对创业者有利的知觉结果。
- 需要。需要是个体对内在环境和外部条件的较为稳定的要求。
- 动机。动机指人们产生某种行为的原因。动机的产生必须有内在条件和外在条件，内在条件是指需求，外在条件是指诱因。
- 人格。人格视为个体对他人的反应方式和交往方式的总和。
- 态度。态度反映了一个人对某一对象的内心感受。由认知、情感、行为三部分组成。

外在因素：

- 参照群体。参照群体指一个人在认知、情感的形成过程和行为的实施过程中用来作为参照标准的某个人或某些人的集合。按照成员之间接触的密切程度，家庭成员属于主要群体。家庭对消费者的影响比较大，创业企业在设计产品的营销方案时需要考虑到家庭成员这个参照群体。例如妻子是家庭中生活日用品的购买者；

而汽车、房子之类的贵重物品一般是夫妻双方共同进行决策。

对于个人消费者，创业企业需要通过客户关系管理，培养其消费偏好，留住他们以提升企业的业绩，可以整理客户信息，借助数据库，进行数据挖掘，分析消费者的购买偏好和购买行为，帮助企业进行更准确的市场定位。例如在手机行业，有时真正的核心客户群体并不是那些有钱人，而是那些追求时尚、愿意尝试新鲜事物的人。创业企业可以为消费者提供个性化定制化的产品或者服务，与消费者建立友好的关系，培养其长期忠诚度，以实现消费者价值最大化，帮助企业长期盈利。

(二)B2B 消费者

1. B2B 消费者的特征

对于组织消费者而言，创业公司面对的市场是其他一个个商业组织，而非一个个个体消费者。其特点表现在：

- 购买者少。组织市场相较于快消品市场接触的顾客要少得多。如果是寡头市场的话，甚至客户就那么寥寥几家。因此组织消费者的议价能力会比个体消费者更强。例如：发电设备生产者的顾客是各地极有限的发电厂。
- 购买数量大。组织市场的顾客每次购买数量都比较大，一个商业组织一次采购可能会达到上亿元。因此组织消费者往往都是关键大客户。
- 供求双方关系密切。组织市场的购买者需要源源不断的货源，供应商需要长期稳定的销路，两者对于彼此具有重要的意义，需要保持密切的合作关系。同时由于是长期供应，组织市场往往会对产品有个性化的要求，此时供应商也会尽量满足消费者的需求，长久的交流也会加深供求双方的合作关系。
- 需求弹性小。组织市场对产品和服务的需求总量受价格波动小，企业不可能临时改变产品原材料和生产方式。例如一些生产厂家需要的生产设备。
- 专业人员采购。组织市场的采购人员往往对相关领域有深刻了解，因此传统的对待终端个人消费者的营销方式往往不适合。更多的情况，专业人员采购遵循理性诉求的原则。
- 影响购买的人多。同个体消费者市场相比，影响组织市场购买决策的人多。大多数企业有专门的采购机构，重要的购买决策往往由技术专家和高级管理人员多方博弈，共同作出。一个企业在采购中的参与者包括发起者、使用者、影响者、决策者、批准者、采购者、信息控制者，创业企业在面临这些人员时，应该分清谁是购买决策的主要参与者，他们影响了哪些决策？影响程度是什么？
- 销售访问多。由于组织市场需求大，影响购买的人多，供应商也比较多，竞争比较激烈，这种情况下，要求销售人员经常拜访组织市场，以维持和促进供求双方的关系，并获得商业订单。
- 直接采购。一般而言，组织购物者同个体消费者不同，倾向于直接采购，而不需要经过中间渠道。

- 互惠采购。组织市场的购买者往往互为买方和卖方，通常是“你买我的商品，我就买你的商品”。

2. B2B 消费者的管理

基于 B2B 消费者消费数量多，消费频率高，对企业的整体利润贡献大等特征，其对企业的利润和发展有重要的战略意义，应该进行重点客户管理。创业企业属于发展初期，通过重点客户管理，可以实现优先满足对企业生存发展具有关键意义的消费者的需求，能够提高创业企业的消费者管理效率，帮助创业企业实现利润最大化。

(1)重点客户识别。对于重点客户的识别，不同行业有不同的标准，目前，很多企业采用 20/80 原则，即贡献了 80%销量或利润的客户约占公司消费者总数的 20%，是公司的重要收入来源，即为公司的重点关注对象。这种方法比较简单，容易操作，但仅考虑销量往往有局限性。根据行业特性和企业特点，创业企业还需参考其他指标来挑选重点消费者，如销售增长率、利润贡献率等定量指标，公司战略、营销目标、竞争对手现状等定量目标。根据不同的角度，可以根据企业与客户的互动关系、客户对企业的忠诚度、客户的盈利性来识别重点客户。重点客户往往与企业保持长期的、稳定的、密切的联系，是企业良好的合作伙伴，他们对企业的产品具有偏好，是位于顶层的“忠诚客户”，仅需要较少的服务成本，但能给企业带来较高的利润，因此识别重点消费者对创业企业的长期发展来说十分重要。

(2)重点客户管理过程。

- 建立重点客户关系。创业公司首先应该选择与客户关系的类型。伙伴型关系是企业和客户共同努力，帮助客户解决问题，支持客户成功，实现企业与客户的共同发展，这种类型适合创业公司的发展，能够促使创业公司与客户建立友好的关系，实现创业公司与客户的共同发展。在确定客户关系类型之后，创业企业应该对自身与客户的接触点进行全面管理，形成由上到下都重视客户接触点的氛围。之后创业企业应该与重点客户进行零距离接触并达成共识。
- 发展重点客户关系。在于重点客户建立关系之后，创业企业需要进一步发展重点客户关系。发展重点客户需要做到以下几点：真正关心重点客户的利益，创业企业需要真正设身处地地为重点客户着想，而不仅仅把重点客户关系管理看作一种经营手段；为重点客户提供差异化服务，创业企业可以在服务程序和服务内容上为重点客户提供不同，让重点客户获得与一般客户不同的收益；让重点客户参与企业的管理，创业企业可以通过在开展重大技术或管理活动时，让重点客户见证活动过程等方法让重点客户参与进来，以此提高客户对企业的满意度；采用多样化的沟通手段，创业企业可以通过电话、邮件、面对面沟通等多管齐下的方式与重点客户建立联系；防止重点客户背离，创业企业需要正确分析重点客户背离的原因，针对原因采取相应的政策，并进一步提升企业的管理，实现更好地服务客户。
- 维系重点客户关系。维护重点客户关系就是进一步提升客户的忠诚度，避免重点客户背离企业。为了进一步提升客户的忠诚度，创业企业需要做到以下几点：实行重点客户经理制度，重点客户只需要面对客户经理，即可得到一系列的服务与解决方案，帮助客户最大限度地提高工作的效率；建立重点客户管理系统，依据资料提供的信息，对重点客户进行持续的跟踪，为其提供预警和建议，帮助其降低风险；制定重点客户管理解决方案，创业企业应该建立以客户为重心的更为灵活的组织结构体系，将组织资源投入最能满足客户需求的方面；实施重点客户全面服务，重点客户的管理要有计划，有明确目标和结果，要寻求企业资源和市场机会之间的平衡。

例如联想的大客户关系管理，联想通过为大客户企业提供全国上门回收、现场资产清点、专业物流运输一站式的IT资产回收服务，帮助大客户合理处理废旧的IT设备，达到清除废旧库存的目的，满足了大客户对安全、环保、专业、便捷的需求。通过这种方法提升了客户对于联想品牌的忠诚度。创业企业为了长远的发展，实行重点客户管理是非常重要的。

创业者对目标客户分析越透彻，对目标客户行为了解越精准，就越能够找到市场机会，发现市场痛点，从而探索出更有针对性的商业模式。

◎ 本章案例

营销创新：钻石恒久远——De Beers 的市场营销模式

De Beers 是全球最大的、历史最悠久的钻石开采公司，创立于1888年，自创立以来便成为钻石的代名词。De Beers 早在六十多年前便建立了销售机构，分销世界大多数的宝石级钻胚，确保了发展迅速的世界钻石市场的稳定。自1888年，De Beers 一直紧密参与钻石行业的各个领域，肩负起为全球大部分钻石分类、评级、估值及销售的工作。其业务涉及“钻石供应线”的各个范畴，从找矿探勘、开采、切割、打磨、设计以至最终到达消费者的整个过程。

De Beers 发布的《2018年钻石行业洞察报告》显示，2017年钻石首饰需求创下历史新高，达820亿美元，千禧一代（“80后”“90后”）和Z世代（“95后”）的消费者共包揽全球总销量的三分之二。目前钻戒仍然是人们爱情的寄托，人们通过钻石表达其珍视爱情与浪漫。但钻石其实并不是稀有矿产，也没有金银的硬通货的属性，价格却居高不下。其实钻石高贵的地位源自 De Beers 营销的创新，成功的营销手段让 De Beers 成功引导消费者购买产品，为其不断增加销量。

1870年，在南非发现了钻石山，以当时的工业能力，每年可以开采很多吨的钻石，为了保证钻石的价格，塞西尔·罗兹买下了全部的钻石矿脉，垄断了钻石供货市场，控制了钻石出量，垄断定价权。同时为了找到钻石的价值，增加消费者的需求，De Beers 打造了钻石文化——A DIAMOND IS FOREVER（钻石恒久远，一颗永留传），将钻石与爱情捆绑在一起，让浪漫的爱情成为 De Beers 钻石销售的关键驱动力。De Beers 打造了让别人买而不让别人卖的局面，实现人为的供不应求，让钻石在人们心中的心理价值不断上涨，促使钻石价格的不断上涨。

1959年，苏联发现了更大的钻石矿，大量的碎钻供应于市面，为了应对变化的市场，防止钻石价格体系的崩溃，De Beers与苏联订立了价格同盟。为了维持De Beers钻石的独特性，其通过建立行业标准(4C标准为美国宝石学院制定的行业通用标准，并由De Beers为大众引入，旨在简化钻石评级流程)引导消费者认为钻石的价值在于其做工和切面等。同时De Beers将营销广告顺势改变——碎钻依然代表高贵的爱情，将大的钻石卖给富人，小的钻石卖给穷人，依旧维持钻石供不应求、价格上涨的局面。

到了21世纪，中国人造钻石崛起。仅仅需要几个星期，就可以得到一颗完美无瑕的钻石，并且其成本仅仅是自然钻石的一半，而其色泽、纹理和天然钻石没有任何区别。面对中国人造钻石的打击，De Beers又将广告词进行改变——Real is Rare, Real is Diamond，强调了真实是稀有的，人造钻石不真实、不值钱，并引导消费者思考"人造钻石还能代表爱情吗?"。

De Beers的成功源于其一系列的营销操作。通过控制钻石的产量和制造行业标准，达到人为的供不应求，根据消费者的心理，给钻石赋予了文化的意义，将钻石与爱情画上了等号，赋予其忠贞不渝的爱情寓意，打造适合的动态的产品文化，让爱情成为其销售的关键驱动力。并通过及时的营销手段，突出产品的独特性，引导消费者购买产品。商品服务消费者只是一种低端的理念，商品教育消费者才是最高的成就。

资料来源：涵菡. 市场营销最经典的范例. 大众投资指南，2018(19)：86；王澜. 钻石大王何以称王. 国企管理，2016(17)：91-92；张婧. 戴比尔斯在中国的驱动市场战略研究. 商场现代化，2006(10)：65-66.

◎ 参考文献

[1]蔡莉，崔启国，史琳. 创业环境研究框架[J]. 吉林大学社会科学学报，2007(1)：50-56.

[2]戴春山. 浅谈企业竞争战略[J]. 煤炭科技，2002(3)：59-60.

[3]董保宝，葛宝山，王侃. 资源整合过程、动态能力与竞争优势：机理与路径[J]. 管理世界，2011(3)：92-101.

[4]傅世昌，王惠芬. 商业模式定义与概念本质的理论体系与研究趋势[J]. 中国科技论坛，2011(2)：70-76.

[5]高闯，关鑫. 企业商业模式创新的实现方式与演进机理——一种基于价值链创新的理论解释[J]. 中国工业经济，2006(11)：83-90.

[6]蒋莉. 市场挑战者的价值网络与进攻策略[J]. 统计与决策，2008(21)：178-180.

[7]罗来军，昌晓英. 论企业应对市场营销环境变化的策略[J]. 特区经济，2007(3)：229-230.

[8]李先国，杨晶，梁雨谷. 销售管理(第五版)[M]. 中国人民大学出版社，2019.

[9]宋美义. 企业市场营销环境分析——浅谈微观环境因素对企业的影响[J]. 经济与管理，2005(6)：49-52.
[10]吴健安，聂元昆. 市场营销学(第六版)[M]. 高等教育出版社，2017.
[11]吴德庆，王保林，马月. 管理经济学(第七版)[M]. 中国人民大学出版社，2018.
[12]杨鑫，金占明. 基于战略群组理论的行业竞争格局分析——以中国保险行业为例[J]. 中国软科学，2011(6)：140-155.
[13]袁彬悠，吕红波. 波士顿矩阵应用扩展研究[J]. 经营与管理，2012(6)：85-89.
[14]杨锡怀，王江. 企业战略管理——理论与实践(第四版)[M]. 高等教育出版社，2016.
[15]张璐. 波特五力模型理论研究与思考[J]. 品牌(下半月)，2015(6)：345.

第七章　商业模式的成功要素——打造核心竞争力

创业者一定要清楚，自己为什么创业？自己创业成功的基础是什么？自己怎样在强手如林的市场上取得竞争优势？对于创业者而言，商业模式某种意义上就是要说清楚自己的竞争优势，或者换句话说，自己凭什么可以去创业，自己的核心竞争力到底是什么？

很多人认为，商业模式的目的是获取创业所需要的资源：如人力、物力、财力或者知识产权。诚然成功的创业离不开资源的获取，但是资源通常可以模仿或者通过交易获得，而创业的成功更多的是依靠自己的能力来整合、组织和配置各项资源，更有效率地进行竞争并战胜竞争对手。创业公司的商业模式，本质上可以看作是，打造自己核心竞争力的过程，即如何通过竞争取得市场优势的能力。

一、什么是核心竞争力

创业者在考虑如何打造自身核心竞争力时，一个前提在于对核心竞争力有所了解，了解了何为核心竞争力及其构成，才能更好地进行创业。

(一)核心竞争力概念

核心竞争力(the core competence of the corporation)最早是由两位美国战略管理学家帕拉哈德和哈默于1990年在《哈佛商业评论》上提出来的。这两个美国人认为，所谓核心竞争力是指企业内部经过整合了的知识和技能，尤其是协调各方面资源的知识和技能，相对于传统的“结构-行为-绩效”分析框架，企业核心竞争力理论不拘于形式和外在的东西，它更多地从企业内在的发展的观点去分析企业和市场。蒂斯．皮萨诺和舒恩则将核心竞争力定义为“提供企业在特定经营中的竞争能力和支柱优势基础的一组相异的技能、互补性资产和规则”。而巴顿则认为，企业的核心竞争力是企业竞争优势的根基，是各种技术、技能和知识的有机综合体。

不同的学者对于核心竞争力有着不同的理解以及定义。所谓核心竞争力是与主要竞争对手相比，企业在产品开发、服务质量、销售渠道、品牌知名度等方面所具有的可获取明显差别利益的优势。今天，如果公司可以获得较好的质量和较低的成本，它们就会把非核心的资源外包出去。关键是要拥有和培育相关资源和能力以便于支撑业务的核心。许多纺织、化工和计算机/电子产品企业把产品外包给境外制造商，自己则专注于产品设计、开发和营销，这些就是它们的核心竞争力。核心竞争力有三个特点：①它是竞争优势的来源，对顾客感知利益有显著的贡献；②表现优于竞争对手，能应用到各种各样的市场上去；③它是竞争对手难以模仿的。企业的核心竞争力不是一直固定不变的，随着企业资源的变化以及配置与整合效率的提高，企业的核心竞争力也会随之发生变化，其着眼的不是企业短期的生存，而是企业长期的发展，它是企业发展的活力源泉、不竭动力。企业只有凭借着核心竞争力产生的动力，才有可能在激烈的市场竞争中脱颖而出。

(二)核心竞争力与创业成功的关系

马克思主义联系观告诉我们联系是有条件的，任何事物都处于联系之中，任何事物的存在都是有条件的，总是在一定条件下产生、发展、然后消亡，因此任何具体的联系都是依赖于一定的条件的，随着条件的改变，事物之间以及事物内部各要素之间联系的性质和方式也会发生变化。有了核心竞争力作为支撑，企业不一定能够创业成功，这需要一定的市场条件作为契机，例如褚时健的褚橙拥有其他橙子不具备的优势，皮很薄、甜度适中，独特的种植技术、果农的管理模式就是他的核心竞争力，但是没有合适的销路、没有良好的电商环境作为支撑，褚橙也不会销售一空、火爆市场，所以核心竞争力是创业成功的必要不充分条件。但是马克思主义哲学观也告诉了我们事物与事物之间是辩证统一的，双方是相互依存的，一方的存在以另一方为前提，双方相互联系。一个企业没有属于自身的核心竞争力，那么它是难以成功的，投资人在投资时会问到市场痛点以及相应的解决方案，还有团队的管理模式，这其中的独特之处就是区别于其他竞争者的核心竞争力所在，有了核心竞争力，才有成功的动力以及底气。创业的成功也是对核心竞争力的存在价值、意义的一个验证和体现，有了核心竞争力，但是创业不成功，毫无疑问对于创业者而言它失去了存在的意义。归结而言，核心竞争力是创业成功的必要不充分条件，二者是相互依存、相互联系的，有了核心竞争力才有更多成功的机会，创业成功了，核心竞争力的价值才能很好地体现。

另外值得提到的是有核心竞争力和创业的成功并不等同，创业成功与否并不能用核心竞争力作为衡量的依据。并不是所有企业都有核心竞争力，只有企业在长期生存和发展的目标上取得成功，具有持续竞争优势时，才可以说企业有核心竞争力。企业成功定义的范围大一些，是因为有一些企业可以凭借偶然因素成功或者侥幸成功。但只有凭借核心竞争力获得创业的成功，这个企业才具有持久性和必然性。

(三)核心竞争力的构成要素

那么什么是核心竞争力呢？核心竞争力（core competence）一般被认为是形成竞争优势的关键商业活动与流程。核心竞争力需要同时具备以下三个要素(见图 7-1)：

1. 为客户创造价值

核心竞争力直接为客户创造价值。即要么为终端消费者提高收益，要么能够为终端消费者降低成本，或者是即提高收益又降低成本。且创造的价值要能够被目标客户群体明显感知。顾客在购买产品、服务能获得的满足是多方面的，比如产品的质量、性能、品牌以及通畅的渠道、与购买者的关系、各种促销手段等。核心竞争力直接为客户创造价值，顾

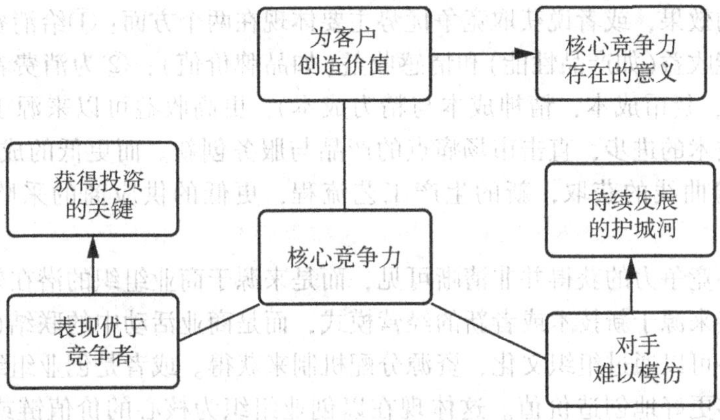

图 7-1

客获得满足感，这是核心竞争力存在的价值所在。

2. 表现优于竞争对手

核心竞争力指的是企业的市场表现必须要优于竞争对手。既然核心竞争力是企业获得竞争优势的重要手段，那么当然就关乎于在市场上的表现要优于竞争对手的表现，这样才能克敌制胜，才有优势可言。如果创业企业做的和市场现有的企业没有两样，那么风险投资者为什么要支持创业者呢？扶持经过市场检验了的成熟企业，岂不是风险更小，收益更安全吗？之所以风险投资对创业者(新的市场进入者)进行投资，恰恰是看中创业者的创新点，恰恰看中创业者做得比现有企业做得好的地方。

3. 对手难以模仿

核心竞争力必须充满持续性与活力，让竞争对手难以模仿。有时候竞争优势的获取非常短暂，因为市场充满变化，竞争对手也会进行动态博弈。一项优势如果很快被竞争对手进行模仿，那么竞争优势也将不复存在。对于创业企业而言，初期往往开拓市场，运营公司的成本高昂，如果竞争优势很快被模仿，现有的企业会通过经验，品牌优势与已有的客户基础，轻松击败新的潜在进入者。因此，商业模式还要讲清楚，创业组织获取竞争优势的护城河到底在哪里？也就是说是否有壁垒阻止竞争对手进行模仿。

二、如何获得核心竞争力

核心竞争力往往存在于创业组织带来的新技术，这种新技术会带来产品或者是服务的变革或者是在新产品与新服务中扮演不可或缺的关键角色，从而更好地或者更有效率的满足消费者的需要。另外，核心竞争力也可以是，创业组织利用市场变化或者是技术进步，带来新的经营模式。这种商业模式可以是对传统模式的一种颠覆或者是显著改进。这些新的经营模式会显著提高解决终端客户问题的效率和表现，从而奠定市场上的竞争优势。衡量核心竞争力的效果，或者说获取竞争优势主要体现在两个方面：①给消费者带来更高的收益，包括功能收益(如产品性能)和情感收益(如品牌价值)；②为消费者节约更多的成本(如时间成本，货币成本，精神成本与精力成本)。更高收益可以来源于稀缺资源的获取，研发带来技术的进步，直击市场痛点的产品与服务创新。而更低的成本可以来源于：规模效应与经验曲线的获取，新的生产工艺流程，更低的供应商的采购，新材料的运用等。

有时，核心竞争力的获得并非清晰可见，而是来源于商业组织的潜在效率。而这种潜在效率并非直接来源于新技术或者新的经营模式，而是商业活动中的联结(linkage)。联结带来的竞争优势可以通过组织文化，资源分配机制来获得。或者是创业组织在商业活动的各个流程，能够更好地创造价值。这体现在以创业组织为核心的价值链或者价值生态体系中。

(一)核心业务直接为客户创造价值

企业让客户实际感受到的价值是客户购买总价值与总成本的差额，为客户创造价值的大小是衡量企业核心效果的一个重要标准，帮客户增加收益让客户购买总价值最大化，帮客户降低成本让客户购买总成本最小化，由此客户感知价值最大化，为获取市场竞争优势提供基础，核心竞争力带来的效果也可以更好地衡量。

1. 帮客户增加收益

企业以提供产品或服务的形式给予顾客价值，而顾客则以一定数量货币的形式给予企业价值，这其中顾客的收益包含两个部分，即从特定产品或服务中获得功能收益和情感收益。其一要给客户提供更多的有用来增加功能性收益，产品的性能要很好的体现，产品价值是由产品的功能、特性、品质、品种与样式组成的价值，企业要提高产品的质量，让该产品同市场上的同类产品比较起来更有优势，商品的各种特性要满足目标客户群的需要、符合购买者的心意，企业可以通过获取稀缺资源、研发出新的技术，为现有的市场痛点提供解决方案来更好的提高产品价值。其二要给客户提供更多的愉快感来增加情感性收益，例如良好的品牌形象带来的品牌价值满足了客户对于面子的追求，顾客从精神上和心理上有了更多的满足感和信任感，就餐时超出客户预期的良好服务让客户获得了愉快的就餐体验。这方面企业可以从打造品牌效应和服务创新等方面进行考虑，以给客户更好的消费体验。功能收益和情感收益的增加，客户获得感增加，客户就更满意，核心竞争力的效果得以体现。

2. 帮客户降低成本

客户购买总成本可以分为货币成本、时间成本、体力成本以及精力成本。客户在选择是否购买一个产品时本能上首先考虑的是产品的货币成本，想要降低客户购买的货币成本，从企业自身来说，企业要学会利用规模效益与经验效应来降低成本，所谓经验效益就是企业在生产过程中，随着累积产品产量的增加，生产单位成本下降的一种现象，企业可以从提高劳动效率、重新设计工作方法、研发新的生产工艺、有效利用资源等方面进行考虑；另外产品推向市场时，打折促销手段也是降低客户货币成本的重要方式。

从客户的角度来讲，在货币条件相同的条件下，购买同类产品所需花费的时间、精力、体力越少，客户花费的总成本就越少，客户购买所得也就越多，企业应该通过多种渠道向潜在客户提供全面而详尽的信息来降低这三种成本，例如沃尔玛超市在欧美一些市场上将啤酒与尿布放在一起，对货品的终端管理进行了调整，奶爸们无需在花费额外的时间精力寻找自己所需要的购买的啤酒，客户成本得以降低。

(二)如何获得竞争优势

在考虑企业自身的核心竞争优势所在的时候，可以选定一定的参照物作为参考进行比较，下面将介绍历史比较法、行业基准比较法以及最佳表现比较法这三种比较方法以供创业者参考，三者都是企业内部环境分析的重要方法，虽有不足但也有可取之处。

1. 历史比较法

历史比较法，顾名思义确实与历史相关，所谓历史比较法是通过对不同时间、不同空间条件下的复杂历史现象进行对比研究，分析异同，发现历史本质，从而探索和发现历史规律的一种史学方法。虽说原本这是一种研究史学的方式，但是在实际生活中，历史比较法在很多领域都有所运用。历史比较法在企业管理中运用时，主要是对企业当前的业绩与前几年的业绩进行一个比较，是一种纵向的比较方法，以过去时间段企业的发展状况作为参考，可以直接明了的发现企业是在不断发展还是有所退步，由此可以很好的了解创业过程中的企业的优势以及不足所在。但是这种方法也有自身的不足之处，企业很容易发现自身的问题，然而没有考虑外部环境发生变化，容易自我感动、自我满足。

创业者在利用历史比较法时可以纵向比较自己的不足，做到与时俱进，科技在不断地进步，社会在不断地向前发展，各种技术、产品更新换代快到让人应接不暇。落后的生产技术会不断地被淘汰，想要持续性的获得竞争优势，创业者可以通过比较过去企业的发展状况进行技术更新来保持自身的竞争优势。诺基亚手机就是活生生的案例，抢占了智能手机市场的先机却没有关注外部环境的快速变化，不及时进行技术更新，被其他品牌手机迅速超越，如今各大手机品牌更新换代的速度极快，不及时发展技术的后果将是被市场潮流迅速淹没，因此创业者一定要充分利用历史比较法发展自我，及时技术更新以获得竞争优势。

2. 行业基准比较法

行业基准比较法是根据一系列公认或者议定的行业业绩标准，将企业的业绩表现与同行业中的其他企业的业绩进行比较的一种方法，是一种横向比较法。企业在关注自身发展的同时，也要关注同行业竞争者的发展动态，此种比较方法同样存在着自身的缺陷所在，在进行行业选择时，企业有可能不能正确的考虑行业大小状况以及现实情况。

创业者在创业过程中，在清晰判断行业实际情况、识别出竞争者的基础上，可以利用行业基准比较法来明确竞争优势。通过与竞争者的业绩进行比较，发现自身的不足、一步一步进行完善，形成新的管理模式，提高企业运作效率从而获取竞争优势。这一点在企业绩效考核上体现的较为明显，很多企业都存在薪酬标准、企业制度不够合理的问题，通过对比同行业其他企业进行学习不断完善制度、解决矛盾，最终形成了自己的管理模式，从而企业矛盾减少、内部凝聚力提高，竞争力也随之提高。利用行业基准比较法完善管理模式不失为一个提高企业竞争力的好方法

3. 最佳表现比较法

最佳表现法是企业在广泛的范围内找到的行业内的最佳做法来作为比较标准的一种方法。最佳表现不可否认是对精益求精的一种追求，找到行业内的最佳做法能够很好地引领企业的向前发展。但是何为最佳做法？最佳做法评估的标准是什么？这一评估是具有主观色彩的，另外每种模式、每种做法都有自己的适用条件与环境。创业者在使用最佳表现法时要结合实际，不能直接照搬最佳做法来发展企业。最佳即意味着行业顶尖，每一个最佳企业都有着属于自己的核心竞争力，之所以最佳是因为有着同行业其他企业短时间内无法跨越的一道壁垒。比较之后创业者应该进行思考自身企业究竟有没有壁垒，即使有这道壁垒又是否足够坚硬呢？壁垒的打造为企业成为行业最佳提供了坚实的基础，长期竞争力，其重要性不言而喻。同样都是卖火锅为何海底捞能成为行业最佳？服务就是海底捞最好的壁垒，截至2018年全国火锅店有近40万家，每100家餐饮店中就有4家是火锅店，市场竞争激烈程度显而易见，很多火锅店都越来越注重服务，甚至将服务作为绩效考核的重要指标，但是留在人们心中的还是海底捞，店外每天排长队的还是海底捞，服务俨然已经成为海底捞的一道壁垒。创业者如果能构造属于自己的一道壁垒，那么市场竞争力不言而喻。

（三）构建进入壁垒

进入壁垒是影响市场结构的重要因素，是指产业内已经存在的企业对于潜在进入企业和刚刚进入这个产业的新企业所具有的某种优势的程度。进入壁垒既是对产业内已有企业的一种保护，也是潜在进入者成为现实进入者必须首先克服的困难。创业企业需要构建自己的进入壁垒为企业的发展保驾护航，对于壁垒的构建笔者认为实质上是一种创新，下面将从技术壁垒、工艺流程壁垒、核心配方壁垒、价值链联结壁垒四个方面进行介绍。

1. 技术壁垒

技术壁垒指的是科学技术上的关卡，技术壁垒将技术作为后盾，企业不断地投入和研发，取得未知领域的进展，发明出一项符合所属领域技术法规和技术标准要求的专利，技术法规是对企业的独特保护，一方面企业自身可以依靠技术壁垒不断进行业务拓展得到发展，另一方面其他企业想要用自己的技术获得发展就需要支付较为高昂的知识产权费用。

创业者在不断投入、打造技术壁垒的过程中需要注意以下三个方面。首先技术壁垒要

具有合理性，相关技术要符合技术法规的要求，这些法规都是相关部门强制要求、执行的，包括产品的质检、外包装、标志物等，这是企业不可触碰的一道红线；其次要符合技术的标准，区别于技术法规，技术标准是一些公认机构设置、非强制性的，但这也是行业的一个共识，创业者应努力达到相关标准；最后是评定程序，经过相关部门的全面的审查、检验得到权威机构授予的证书，这是企业能够利用技术合理获取利益的前提所在。

不可否认打造一项技术壁垒需要企业巨大的投入，这是一项高风险性工作，但高风险也意味着高回报。任正非曾经表示，华为每年的科研经费高达150亿到200亿美元，华为可以说是用金钱砸出了属于自己的技术壁垒——麒麟芯片，最终的成果诚如大家所见，华为已经成为了全球出货量位居前三的巨头，在中美贸易战中也成功承受住了各种危机和挑战。所以如果企业掌握了技术，打造出了独属于自己的技术壁垒，使之成为一种标准，那么就能很好地阻挡竞争者进入市场，竞争者短时间内无法研发出来，企业将会获得巨大的发展优势。

2. 工艺流程壁垒

工艺流程也可以称为“加工流程”或者“生产流程”，指的是企业在生产这一过程中，用生产工具将原材料或者半成品利用一定的设备、按照设定的顺序、程序进行加工，得到最终产品的一个过程。每个企业的生产设备、员工的生产效率都是有所差异的，所以生产水平也有很大的差距。一个良好的工艺流程将能极大程度的提高生产效率，生产配合全过程也是竞争对手短时间内很难模仿的。

创业者在考虑打造独属于自己的工艺流程壁垒时从整体到局部都需要好好注意。工艺流程的打造不是一蹴而就的，是一个长期磨合的过程。首先是整体，生产全过程整体运作要顺畅、合理，不能漏洞百出，在顺畅的基础上才能不断地去提高运作效率。其次是局部，局部就涉及生产的各个方面。生产资源上需要满足最终产品的质量和数量指标，资源购置是否经济合理、是否好控制、是否符合环保要求都是创业者需要好好考虑的；生产活动上需要人员的密切配合，和高效的管理体系进行管理，如何才能更高效、如何提高可操作性、如何更好地进行控制、如何更好地提高生产安全性等方方面面细节均需考虑；最终产品上需要满足顾客需求，实现产品价值。

打造工艺流程既需要金钱的大量投入，也需要大量的时间不断改造磨合。20世纪60年代的玉溪卷烟厂还是一个生产及其落后的工厂，二十年后就取得了飞速发展，靠的是什么呢？不就是对生产全工艺流程的不断改造吗？烟厂通过不断地投入大量资金购置现代化卷烟设备、对烟田进行改造保证原料质量、实行三合一的管理体制，玉溪卷烟厂才获得了巨大发展，成为了亚洲烟厂的领头羊。创业者不断地改进工艺流程，实现量变到质变的转换，打造出属于自已壁垒，一样可以成为竞争者难以超越的行业领先者。

3. 核心配方壁垒

很多企业都有属于自己的核心配方，核心配方是产品的灵魂所在，至于产品的包装、价格、服务这些都是附属。可口可乐正是凭借着自己的核心配方确保了自己的市场地位，其饮料的浓缩液是属于公司的超级秘密，一旦配方泄露，就会很轻易地被竞争者所模仿，可口可乐公司甚至将核心配方转移至了亚特兰大博物馆的保险柜之中。拥有核心配方的企业一定要注重对于配方的保密，一旦泄露相当于底牌暴露，后果会很严重，壁垒也就不复存在了，市场竞争力也将大大降低。那么创业者要如何保障核心配方的保密性呢？创业者首先可以利用制度进行保障，及时获得相关专利取得保障；其次是企业的内部管理，创业者首先要与企业员工签订保密协议，这是必不可少的。此外核心配方的人员知晓率越低越好，同时要注意人才保障，降低人员流失率，一旦相关人员离职并将核心配方泄露出去，企业将承担的风险也是很大的。核心配方是企业获得市场竞争力的一把利剑，但是如若没有好好保护，这把剑也有可能会伤了创业者自己。

4. 价值链联结壁垒

企业要生存和发展，必须为企业的股东和其他利益集团包括员工、顾客、供货商以及所在地区和相关行业等创造价值。如果把“企业”这个“黑匣子”打开，我们可以把企业创造价值的过程分解为一系列互不相同但又相互关联的经济活动，或者称之为“增值活动”，其总和即构成企业的“价值链”。每一个企业都是其产品在设计、生产、销售、交货和售后服务方面所进行的各项活动的聚合体，每一项经营管理活动就是价值链条上的一个环节，各个环节联合在一起形成一个有机整体，企业就会有很强的凝聚力，通过组织文化的培育以及资源分配机制能够构造属于企业的价值链联结壁垒。文化具有特殊性，不同地区的文化有所不同，不同的企业也有不同的文化，组织文化的培育赋予企业成员认同和归属感；合理的资源分配机制能很好地解决很多矛盾。价值链联结壁垒毫无疑问会带给企业很大的竞争优势，但是打造这样一个壁垒也需要较为漫长的过程。

三、如何获得持续性优势

壁垒的构建并不意味着企业可以一劳永逸了，行业市场的发展是动态的，新的技术、工艺流程、配方无时无刻不在涌现，企业在发展时要有忧患意识，核心竞争力可以说是企业发展的王牌，它能给企业带来发展底气的原因就在其难以模仿性，难以模仿的原因可以归结为稀缺性、复杂性以及因果模糊性，下面将从这三个方面来进行介绍。

（一）稀缺性

竞争无处不在，竞争源于稀缺性。树木盘根错节的根茎，是源于对稀缺水分养分的竞争；学区房的价格高涨，是源于对稀缺教育资源的竞争；企业开具的天价年薪，是对稀缺优秀人力资源的竞争。通常所说的稀缺性一般代指资源很少，不能满足人们对于资源的需求，换而言之，可以将企业的供给不能满足客户的需求理解为稀缺性，这种稀缺性就是自身企业相对于其他企业的优势所在而带来的。凭借自然资源的稀缺性获得先天优势的企业少之又少，更多的是没有这种先天优势的企业。创业者必须通过不断对已有的技术进行升级来提高产品价值，或者通过服务创新来提供无可比拟的服务体验，又或是其他方法来保持自身的优势，供给无法一直满足客户的需求，是自己处于稀缺地位，由此获得了持续竞争的优势和能力。

(二)复杂性

复杂性能够带来持续竞争的优势，就是在于其他企业的管理者们难以对自己进行复制或者模仿。这里的复杂性可以分为两个方面，第一方面是技术、配方还有工艺流程的复杂性，这些复杂性使得竞争者短时间内无法研发出类似的产品，从而巩固了优势地位；第二方面是社会关系的复杂性。人际关系、人力资源组织联系不可否认也是企业的优势所在，这些社会关系的复杂性使竞争对手很难复制。

(三)因果模糊性

很多企业常常不能确定竞争者的竞争优势资源究竟是什么，或者是不清楚获取资源的机制是什么，从而使得企业摸不着头脑，感到无从下手，这便是因果模糊性在起作用。这种模糊性更多的是无形资源所带来的，无形资源本身就具有模糊性，对手很难知道优势究竟来自于哪里，另外竞争企业自身的认知差异也会导致因果模糊性的出现，例如某企业的主要竞争优势来自于政府支持，但是对手可能会误认为是自身的制造实力太弱或者品牌声誉不够好所造成的。因果模糊性给竞争对手的分析判断带来干扰，使得竞争对手难以模仿自己，企业要学会利用自身的无形资源带来的因果模糊性为自己的持续竞争提供优势。

◎ 本章案例

商业模式案例分析——以B站为例

2019年，B站因为一场别具一格的跨年晚会“二零一九最美的夜”，正式走入公众视野，当晚观看人数便达到8000万之多、弹幕多达130万条、豆瓣的评分更是高达9.1分，人民网、新华网、人民日报等多家主流媒体争相报道，高收视率带来的是高回报，B站股价大涨12%，市值增长至7亿美元。B站成功背后靠的究竟是什么呢？

首先要引入介绍的就是Z世代，Z世代又称网络世代或者互联网世代，指在1995—2009年间出生受互联网时代科技产物影响很大的一代人。Z世代大多为独生子女，从小就物质条件优渥且受着良好的教育，另外出生于互联网高速发展的时代，作为网生一代，他们具备较高的人文素养，创作和表达能力较强，且付费意识也很强，这是充满活力与希望的一代人。另外需要引入介绍的就是宅文化，所谓宅文化狭义上来讲是一种随动漫和游戏机出现诞生的，由传统“御宅族”身上发展而来的追求网络世界与ACGN圈快感的文化，广义上来讲是指不拘泥于形式，追求个人感受与独立在全球化发展形势下出现的亚文化现象。近些年来经济快速发展，互联网的浪潮也是一波接着一波，社会处于一个快节奏发展的状态之中，文化也是日趋多元。这些因素就导致了虽然Z世代生活的物质条件是富足的，但同时他们的学习生活工作社交压力也是非常大的，他们需要情绪的宣泄、他们追求个人的感受和放松、他们对于多元文化的包容性也更强。在这样的背景之下宅文化被催生了，Z世代也正是生活于宅文化的文化背景之下，并且随着网络科技的不断发展，宅文化媒介种类不断增多、宅文化圈的影响力也不断地扩大，B站正是以ACGN圈为基点发展抓住了Z世代的心，抓住目标群体的心、满足了他们的需求，这也是B站能够成功的核心所在。

互联网快速发展的时代，也是竞争无处不在的时代。B站成立于2009年，这一年里优酷、土豆视频发展得如火如荼，酷6、56、爱奇艺、搜狐视频也在不断地发展之中，可以说B站成立于强者林立的环境之中，而身处这样的环境之中，B站凭借的竞争力究竟是什么呢？前文已经提到B站成功地抓住了Z世代的心、乘上了宅文化兴起的风，这是一个关键所在，除此之外很关键的一点就是B站是从内容提供者角度出发的，B站为“PUGV”(专业用户生成视频)内容社区，依靠B站UP主持续输出优质内容，已然成为互动式内容分享平台。这些内容社区为用户自发组建和养成，具备难以复制和替代的优势，这也是B站和当下一些主流视频网站的最大区别所在，以腾讯、爱奇艺为例，他们靠的无非是购买剧影版权和自制，这就导致了他们的用户黏性比较小同时可替代性也是比较强的，一旦其他视频网站有了相关影视资源，用户会选择去免费视频网页进行观看，而不会充值VIP，这也是为何众多微信视频小程序和小视频网站兴起的原因所在。

此外，B站还引进国外视频弹幕功能，弹幕成功打破了观众之间地域、时间、空间的限制，满足了年轻观众在特定时刻的及时互动与社交需求；帮助观众解决观看过程中产生的疑问，其他观众回复自己的理解，对剧情内容进行注解，起到信息补充与共享的作用；带来二次元及三次元偶像应援方式的创新融合，成为互联网时代增强观众归属感，帮其寻找同类人群的重要工具之一，弹幕所具备的共时性、共享性、共情性成功使B站成为了互动式的内容分享平台。当下许多Z世代年轻人都表示弹幕比视频还好看，这也是B站和其他视频网站的一些区别所在，虽然当下的主流视频腾讯、芒果、爱奇艺等网站也拥有弹幕功能，但是市场先机也是很重要的，谁先进入市场谁就具备一定的优势，这也是创业者需要注意的点。

随着B站的火爆，B站的发展也并没有止步不前。除了UP主分享之外，B站也乘着网红经济的风，提供了直播分享、网络带货等功能，以及其他的游戏、广告、增值服务等盈利业务。未来的B站也会进一步探索多种变现模式的内容自产性社区，向商业模式进一步转变，保持自身的竞争力。

B站的成功引人深思，创业者在创业过程中一定要抓住自己的用户群体，满足用户的需求，找到自身的核心竞争力所在，B站的成功的根本所在就是它抓住了Z世代人群的心，满足了他们的需求。最后市场处于激烈的竞争中，会不断有进入者出现，创业者需要把握机遇、不断发展，由此来保持自身的竞争力。

资料来源：陈冰，陈婉姣．Z世代，这样一群人．新民周刊，2021(27)：46-51；许熙扬，刘锦宏．基于用户需求的B站社区属性转型策略分析．今传媒，2021，29(5)：26-28；沈菲．二次元垂直视频网站商业模式的创新——以Bilibili番剧板块为例．青年记者，2020(6)：86-87.

◎ 参考文献

[1]曹德品．浅谈历史比较法及其意义[J]．科教导刊(中旬刊)，2011(11)：28-29.
[2]菲利普．科特勒．营销、管理[M]．格致出版社、上海人民出版社，2016.
[3]高炜．从行业集中度分析中国的钢铁行业市场结构及进入壁垒[J]．现代经济信息，2011(16)：264.
[4]邱长江．浅谈价值链与企业市场营销策略[J]．中小企业管理与科技(上旬刊)，2011(4)：15-16.
[5]谭亮．基于企业核心竞争力理论视角的企业战略管理研究[M]．四川大学出版社，2018.
[6]徐竞，苏卫东．试论企业价值[J]．财会月刊，2006(24)：3-4.
[7]臧传胜．企业并购与核心竞争力的培植[J]．山东省农业管理干部学院学报，2004(2)：118-127.
[8]徐阳华．企业核心竞争力研究综述与前瞻[J]．华东经济管理，2005(11)：29-35.
[9]余祖德，陈俊芳．企业竞争力来源的理论综述及评述[J]．科技管理研究，2009，29(6)：349-351.
[10]翁贵宁．质量内控体系保障下的多元化策略——以漳州片仔癀供应链为例[J]．经营与管理，2021(9)：101-105.
[11]郭家荣，何瑛．Costco商业模式创新及其价值创造分析[J]．财务与会计，2021(10)：34-37.
[12]王欣．跨界营销：品牌营销的“新宠儿”[J]．标签技术，2019(3)：28-32.
[13]苏青．神五托举蒙牛飞天[J]．企业改革与管理，2004(3)：40-41.
[14]易凌峰，欧阳硕，梁明辉．知识管理、组织学习、创新与企业核心竞争力的关系研究[J]．华东师范大学学报(哲学社会科学版)，2015，47(3)：119-124，171.
[15]李广．企业技术创新与核心竞争力的关系[J]．合作经济与科技，2014(1)：38-40.

第四编

组建创业团队
——什么是优秀的创业队伍

第八章　组建创业团队

一、团队与群体

(一) 团队的概念

“团队”一词，英文名为“Team”，在管理科学和管理实践中，人们对该词有着基本一致的看法，即一个组织在特定可操作的范围之内，为实现特定的目标而建立的相互合作、共同努力的由若干成员组成的利益共同体。创业团队则是指由共同参与企业创立过程、共同分享创业乐趣、共同解决创业困难的两个或两个以上持有公司股份、主动为公司承担风险，并能够为团队发展的各个阶段的风险作出战略决策的人所组成的特殊群体。它合理利用每个成员的知识和技能协同工作、解决问题，以达到共同的目标，具有凝聚力强、合作程度高、成员贡献意识强等特征，其本质是通过成员之间高度积极、自觉协作以实现群体统一目标的一种组织形态。

如图 8-1 所示，团队的构成要素可概括结为 5P，分别为目的(purpose)、人员(people)、团队定位(place)、职权(power)和计划(plan)。

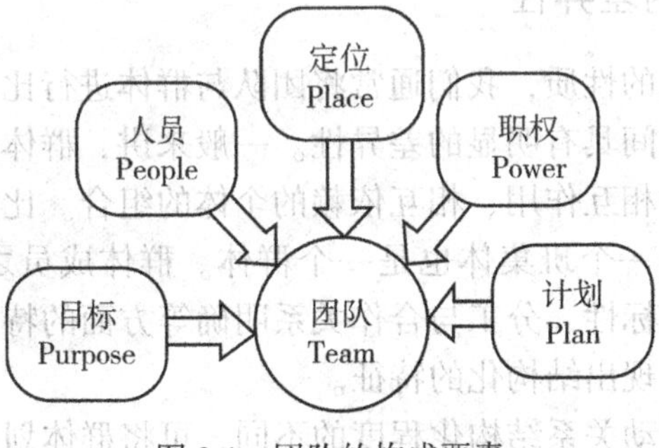

图 8-1　团队的构成要素

1. 目标

目标是团队成员行动的指南，是将团队成员的努力凝聚起来的一个重要因素。每个团队都应有一个既定目标，没有目的的团队如同一盘散沙，其部分成员成天无所事事，团队的存在就没有任何意义。

2. 人员

个人是构成团队的细胞，任何计划的执行最终都要落实到个人，团队目标也只有通过个人才能得以实现。因此，人员的选择是团队建设与管理中的一个重要组成部分。

3. 团队定位

团队定位包含两个方面的含义：一是团队在企业中处于什么位置，由谁来选择和决定团队成员，团队最终应对谁负责，团队应采取何种方式激励下属成员等；二是个体成员在团队中处于什么位置，扮演什么角色，是计划的制订者还是实施者等。

4. 职权

一般来讲，团队发展越成熟，领导者的权力就越小，往往在团队发展的初期阶段，其领导权力较为集中。团队的职权取决于两个方面：一是整个团队在组织中拥有怎样的决定权，包括财务决定权、人事任免权等；二是组织的基本特征，包括组织规模、业务类型等。

5. 计划

计划是组织工作的蓝图，是指定义组织的目标，并确定战略以实现这些目标，以及制订方案以整合和协调工作活动。如图 8-2 所示，计划是一个全面而又复杂的过程，主要表现为确立目标和明确达到目标的必要步骤的过程，包括分析环境、建立目标、预测达成目标的辅助因素和障碍、拟定行动计划、制定预算、执行计划、管理计划。

(二) 团队与群体的差异性

为了更好地理解团队的性质，我们通常将团队与群体进行比较。团队和群体是两个不同的概念和对象，两者之间具有明显的差异性。一般来讲，群体是指为了实现某一特定目标，两个或者两个以上的相互作用、相互依赖的个体的组合。比如说，经常生活在一起的几个朋友就是一个群体，一个班集体也是一个群体。群体成员之间的互动方式具有稳定性、频繁性、持续性、目标性、分工与合作关系明确等方面的特点，其成员之间的沟通具有一定深度，社会关系呈现出结构化的特征。

根据群体成员之间互动关系结构化程度的不同，可将群体划分为两种类型：正式群体与非正式群体。一般而言，在正式群体中，成员之间的互动关系化程度高于非正式群体。正式群体是指为了一个明确具体的目标而正式建立的社会关系系统，其成员之间的互动方式较为稳定和频繁，互动关系较为持久，互动目标较为明确具体，分工与合作的关系较为清晰，具有正式的职位分工和明文规定的正式的沟通渠道。例如，团队就是一个正式群体。非正式群体是指人们在社会交往的过程中，自然形成的一种社会关系系统，没有明确具体的目标，是由具有共同的兴趣爱好、共同关心的问题的人们，就经常沟通和共同参与

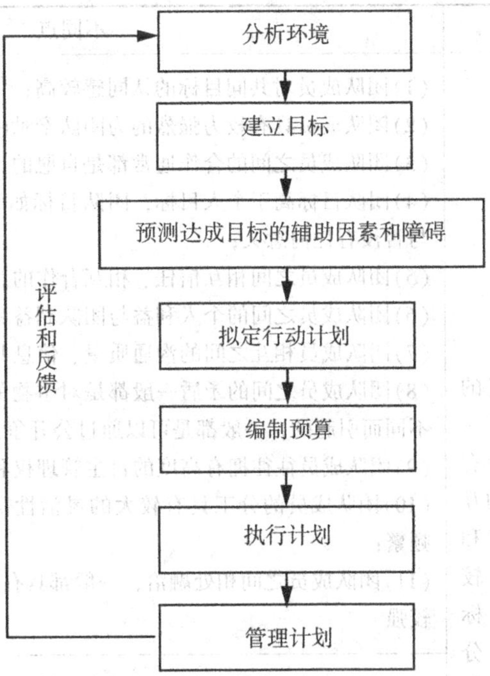

图 8-2　计划的基本框架

某些活动，而形成的一个结构较为松散的群体。其成员之间没有正式的职位分工和正式的沟通渠道，成员之间的互动方式也表现出明显的随机性和随意性。在一个团队中，因共同兴趣爱好而结合在一起的几个成员就属于一个非正式群体。

团队是一种特定的正式群体，具有一般正式群体的所有特征，与合作程度较高的群体非常类似，但与一般的工作群体又有着较为明显的区别。主要表现在目标认同、奉献意识、合作程度、评价标准、相互信任程度、个人利益与集体利益之间的一致性、沟通质量、矛盾性质、决策权的分配、分工和凝聚力等方面的不同(见表 8-1)。

一般而言，团队成员对其共同目标的认同感明显高于一般群体。团队成员具有较为强烈的为团队奉献的意识，而一般群体往往缺乏奉献意识。团队成员之间的合作程度明显高于一般群体，并且团队成员之间的合作通常都是自愿的，而一般群体成员之间的合作往往需要靠管理压力来维持。在评价标准中，团队目标高于个人目标，团队目标如果没有实现，个人目标实现与否没有任何意义；而在一般群体中，即使群体目标没有实现，个人目标的实现依然会得到认可。团队成员之间相互信任、相互合作的意识明显高于内部竞争意识，而一般群体则与之相反。团队成员之间的个人利益与团队利益具有高度一致性，而一般群体成员之间的个体利益往往会高于群体利益。由于团队成员之间的合作意识更为强烈，其相互之间的沟通质量、信息共享程度和信任程度明显高于一般群体成员。团队成员之间的矛盾一般都是对事物的看法或者处理方法的意见不同而引起的，一般是可以通过公

表 8-1　　团队与一般群体的异同

	相同点	不同点
团队	团队是一种特定的正式群体，具有一般正式群体的所有特征(成员之间的互动方式较为稳定和频繁；互动关系较为持久；互动目标较为明确具体；分工与合作的关系较为明确；具有正式的职位分工和明文规定的正式的沟通渠道)，与合作程度较高的群体非常类似	(1)团队成员对共同目标的认同感较高； (2)团队成员具有较为强烈的为团队奉献的意识； (3)团队成员之间的合作通常都是自愿的； (4)团队目标高于个人目标，团队目标如果没有实现，个人目标实现与否没有任何意义； (5)团队成员之间相互信任、相互合作的意识明显高于内部竞争意识； (6)团队成员之间的个人利益与团队利益具有高度一致性； (7)团队成员相互之间的沟通质量、信息共享程度和信任程度较高； (8)团队成员之间的矛盾一般都是对事物的看法或者处理方法的意见不同而引起的，一般都是可以通过公开争论得到解决的； (9)团队成员往往拥有高度的自主管理权和决策权力； (10)团队成员的分工具有较大的灵活性，成员之间的角色转换较为频繁； (11)团队成员之间相处融洽，一般都具有强烈的集体归属感，凝聚力较强
一般群体		(1)团队成员对共同目标的认同感较低； (2)一般群体往往缺乏奉献意识； (3)一般群体成员之间的合作往往需要靠管理压力来维持； (4)在一般群体中，即使群体目标没有实现，个人目标的实现依然会得到认可； (5)一般群体成员之间相互信任、相互合作的意识明显低于内部竞争意识； (6)一般群体成员之间的个体利益往往会高于群体利益； (7)一般成员相互之间的沟通质量、信息共享程度和信任程度较低； (8)一般群体成员之间的矛盾大多都属于人际关系紧张或者个人利益与集体利益相冲突而引起的矛盾，一般不易得到解决； (9)一般群体的领导往往将权力集中在自己手中，对其成员授权很少或者不授权； (10)一般群体成员之间的分工较少； (11)一般群体成员之间的往往关系紧张，集体归属感较弱

开争论得到解决的，而一般群体成员之间的矛盾大多属于人际关系紧张或者个人利益与集体利益相冲突而引起的矛盾，一般不易得到解决。团队成员往往拥有高度的自主管理权和决策权力，而一般群体的领导往往将权力集中在自己手中，对其成员授权很少或者不授权。团队中成员的分工具有较大的灵活性，成员之间的角色转换较为频繁，而一般群体不具备这个特点。团队成员之间相处融洽，一般具有强烈的集体归属感，凝聚力较强，而一

般群体成员之间的往往关系紧张，集体归属感较弱。

(三)团队的类型

根据团队存在的目的和拥有自主权的大小，可将团队分成四种类型(如图 8-3 所示)。

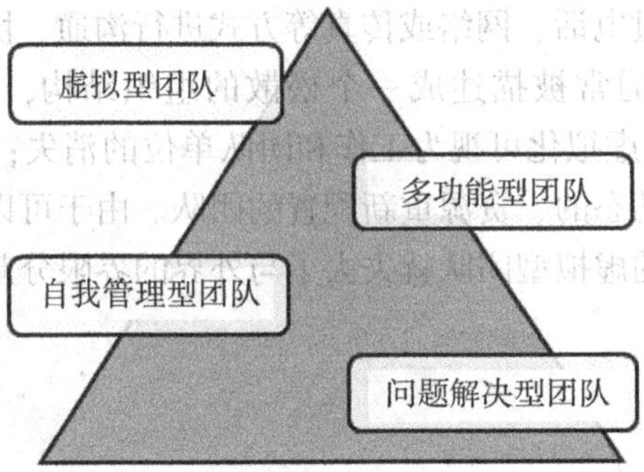

图 8-3 团队的类型

1. 问题解决型团队

问题解决型团队一般出现在团队形成初期，其核心是提高生产质量、提高生产率、改善工作环境等。但是，此种类型的团队缺乏对由成员相互讨论所得出的意见和建议单方面采取行动的决策权。“质量圈 QC”或“全面质量管理小组 TQC”是问题解决型团队中应用最为广泛的两种类型。

2. 自我管理型团队

自我管理型团队，也称自我指导型团队，最早起源于 20 世纪 50 年代的英国和瑞典，是基于问题解决型团队的成员缺乏决策权而建立的，其成员通常为 10~15 人。一般而言，自我管理型团队的责任范围主要包括控制工作节奏、决定工作任务分配等。但是，此种类型的团队并不一定能带来积极的效果，其使用范围受一定的范围限制。

3. 多功能型团队

多功能型团队又称交叉功能型团队，其团队成员通常是来源于同一等级、不同工作领域、跨越横向部门界线的员工，他们是为了完成某项特定的任务而聚集在一起。多功能型团队能有效地使组织内部或者组织之间的处于不同领域的员工之间交换信息、激发出新的观点、协调复杂的项目、解决面临的问题等。但是，此种类型的团队在形成初期，往往需要花费大量时间培训员工，使其学会处理复杂多样的工作任务，增强团队成员之间的信任感。

4. 虚拟型团队

现代信息通信技术的飞速发展，人们之间的合作与交流突破了时空的限制，虚拟型团队应运而生。虚拟型团队是一种基于通信技术，以虚拟组织形式出现的新型工作组织模式，其成员通常是由来自于一些跨地区、跨组织、通过通信技术连接、力图实现团队目标的成员组成，他们只需通过电话、网络或传真等方式进行沟通、协调，便可分工完成事先分配的工作任务。虚拟团队通常被描述成一个松散的组织结构，几乎没有控制等级。根据Sandhoff的观点，一方面，虚拟化可视为工作和团队单位的消失；另一方面，虚拟化也可使组织调整战略，演变成为动态的、资源重新配置的团队。由于可以根据外部环境的变化作出相应的调整，这种无边界的虚拟型团队就失去了与外界的界限分割和传统团队的一般特点。

二、创业型团队

(一)普通型团队与创业型团队

在经济高速发展和科技快速进步的双重推动下，越来越多的人选择创业，新创企业在促进社会资源配置中发挥着决定性作用，在创造就业机会、促进产业创新、贡献地方税收等方面都扮演着越来越重要的角色，在此过程中，创业团队发挥着不可替代的作用。

在前文，我们已经提到过，一般而言，团队是指一个组织在特定可操作的范围之内，为实现特定的目标而建立的相互合作、共同努力的由若干成员组成的利益共同体。创业型团队作为一种特殊的团队，不仅包含普通型团队的5P构成要素，还具有5个显著的特征，即凝聚力、目标感、战斗力、创造力和愉悦感(如图8-4所示)。有的学者指出，创业团队是由若干个具有共同愿景和目标，共同创办新企业或者参与新企业的管理，拥有一定股权且具有战略决策权的人组建而成的特别团队。他们共享资源，分工与合作，共同对团队和企业负责，并且不同程度地共担创业风险或共享创业收益。

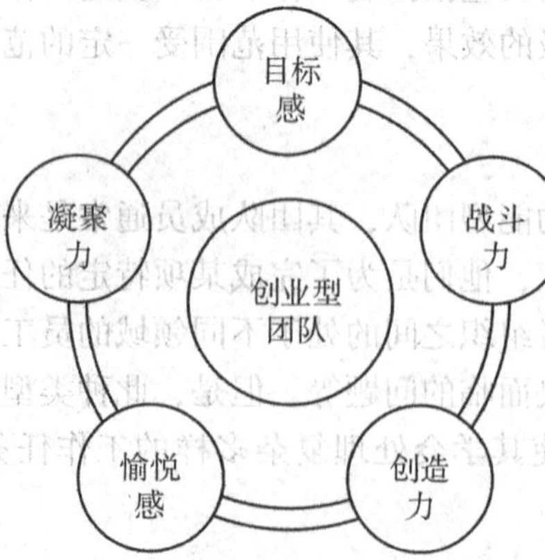

图8-4 创业型团队的特征

(二)创业型团队的构成

创业团队通常是指由参与企业创立过程，共同分享创业乐趣和困难的两个或两个以上持有公司股份、能主动为公司冒险，并在公司发展各个阶段的风险中做出战略决策的人组成的特殊群体。创业团队的构成一般包含三个部分(如图 8-5 所示)：初始合伙人团队、董事会和专业顾问。

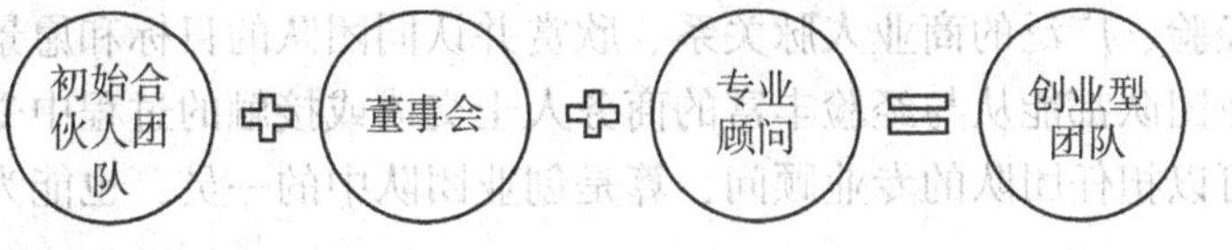

图 8-5　创业型团队的构成

1. 初始合伙人团队

一个伟大的团队是创业成功的重要前提，如果没有一个好的团队，即使你有很棒的创业想法，也是很难取得成功的。一般而言，初创企业只有通过恰当的技能组合才能推动企业的发展，这就要求团队创始人可以找到能力互补的人员加入。

团队创始人在选择初始合伙人时，首先应充分了解自身的优点和不足，弄清企业需要哪些技能、经验和人脉，考虑每一个成员所能扮演的角色和所具备的技能。通过审视自己的朋友圈，看能与谁合作，或者与行业协会、商务顾问和孵化器经理人等“社会枢纽”中的重要人士交流等方式，寻找合适的合伙人。

2. 董事会

《中华人民共和国公司法》第四章第三节规定，董事会是由董事组成的，对内掌管公司事务、对外代表公司经营决策和业务执行的机构。每个公司都应该有自己的董事会，一个好的董事会的构成，除了有公司高管和主要投资人作为董事之外，还应有能提出有用建议或警告的独立董事(独立董事是健康、成熟的董事会的重要标志，因其本身不是股东，不代表公司创始人和投资人任何一方的利益)。董事会在公司中有着举足轻重的地位，其职责几乎涵盖了生产经营决策等方方面面，如表 8-2 所示。

表 8-2　**董事会的主要职责**

董事会的主要职责	制定公司管理的政策和目标
	甄选、指定公司领导层(主要是 CEO)并提供支持和对其表现进行评估
	制订公司年度财务预算和决算方案、利润分配方案、弥补亏损方案等
	负责召集股东大会，就公司的表现向股东负责
	设定公司管理层的薪水和其他相关激励措施

对于创业团队来说，董事会在团队发展的不同阶段，其构成也不同。一般来讲，创业团队董事会的发展往往会经历三个阶段：从一人到三人董事会；从投资人介入董事会到引入独立董事；最后再到公司上市，董事会的提名和选举遵从统一的上市公司管理标准。

3. 专业顾问

专业顾问是指由一些专业人士通过各种方法对个人或团队进行专业的职业辅导，为其提供“量身定制”的发展方案，以达到实现个人或团队发展潜力最大化。他们往往具有丰富的相关业务经验、广泛的商业人脉关系、欣赏并认同团队的目标和愿景等特点。一般来讲，大多数创业团队都能从与经验丰富的商务人士交谈或接触的过程中受益良多，这类商务人士通常就可以担任团队的专业顾问，算是创业团队中的一员，也能为团队的发展作出一定贡献。

三、影响创业团队绩效的因素

(一)团队规模

一般而言，高绩效的团队，其规模都相对较小，团队成员数控制在 12 人以内较为适宜。团队成员过多，他们就难以顺利地进行沟通和展开工作，进而导致成员之间缺乏了解，难以形成团队凝聚力和相互信任感。

(二)团队能力

团队成员合理的能力结构，是团队成功运行的前提和基础。对具备不同能力的成员进行合理的搭配非常重要，一般来讲，团队的有效运作，离不开有三种不同技能类型的成员：第一，具备技术专长的成员；第二，具备解决问题和决策能力的成员；第三，善于倾听、反馈、化解冲突、处理人际关系的成员。

(三)角色互补

受成长环境、教育程度等因素的影响，团队的每一个成员都有自己的个性，如果每一个成员的工作性质都能与其个性相匹配，团队的绩效水平的提升就相对容易。因此，团队领导应主动了解每一个成员能给团队带来的贡献及其个人优势，并根据每一个成员的不同个性特点适当地分配角色。

(四)共同愿景

共同愿景，又称共同远景，是描绘组织目标、使命和核心价值观的“蓝图”，建立在团队成员共同的价值观之上，是团队成员所共有的意向和景象，具有凝聚力、向心力和感召力。

(五)信任氛围

信任，最基本的含义就是指相信而敢于托付。团队合作至关重要，而信任又是合作的前提和基础，团队成员之间相互信任是团队凝聚力形成的重要因素之一，是团队高效运行的一个基本支撑点。一般来讲，团队信任气氛的形成离不开5个基本要素——具有共同追求的目标、认同共同的核心价值观、具备实现期望的能力、诚实守信、关心同伴和团队的利益。

(六)公平的分配机制

人是很讲究公平的，公平的分配机制有助于激励团队成员更加努力地为实现团队目标而努力奋斗。一般而言，人们在意的往往不是实际的利益，而是利益分配所涉及的公平问题。实践证明，即使实际利益很小，如果涉及公平或者不公平的问题，就会对人的心理带来很大的影响。

(七)合理的股权结构

受中华民族传统文化的影响，股权或者利益分配对于中国大多数的创业者来说，都是难以启齿的，他们认为“谈钱伤感情”。然而，对于创业团队来讲，股权或者利益分配的不合理，往往是导致创业失败最主要的原因之一。

对于创业团队来讲，股权的分配方式通常有两种：一是按出资比例分配；二是平均分配。前者容易造成股东贡献与持股比例不匹配的问题，而后者则会削弱团队核心创始人的控制权，最终影响团队决策的效率。为此，在进行股权和利益的分配时，应尽量保证让每个创始人都感受到合理与公平，而后集中精力致力于团队的发展。

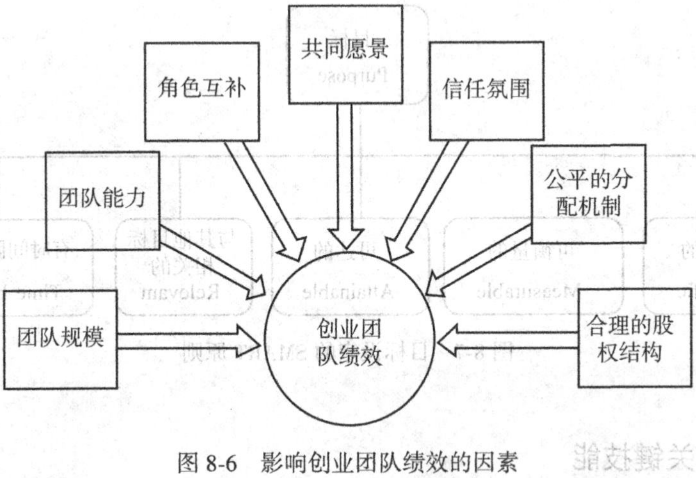

图 8-6　影响创业团队绩效的因素

四、高绩效团队的特征

(一)拥有清晰目标

1. 目标概念

目标是指所期望的结果或对象，是计划最根本的要素，它们不仅指导管理决策，还为测量工作结果提供了标准，是衡量团队的各项活动是否合理的标尺。高绩效团队通常也是拥有清晰目标的团队，在团队活动的过程中，他们往往会把团队的共同愿景转变为具体的、可衡量的、可行的绩效目标。

团队通常会设定多个目标。一般而言，如果一个团队仅有一个目标，则不能充分地说明其是一个成功的团队，因为其他可能对团队长期发展至关重要的目标就很容易会被忽视掉。此外，如果一个团队仅仅设定一个目标，则会很容易使团队成员为达到目的而采取不道德的行为，因为相对于过程，他们往往更加注重结果。

2. 目标设定原则

目标设定的过程同时也是自身能力提升的过程，团队领导只有与其成员共同设定团队的目标，团队目标才能更容易被其成员所理解和接受，才会更容易实现。为此，团队目标的设定需遵循 SMART 原则(见图 8-7)，即目标必须是明确的(specific)、可衡量的(measurable)、可达的(attainable)、与其他目标相关的(relevant)、有时间限制的(time-bound)，五者缺一不可。

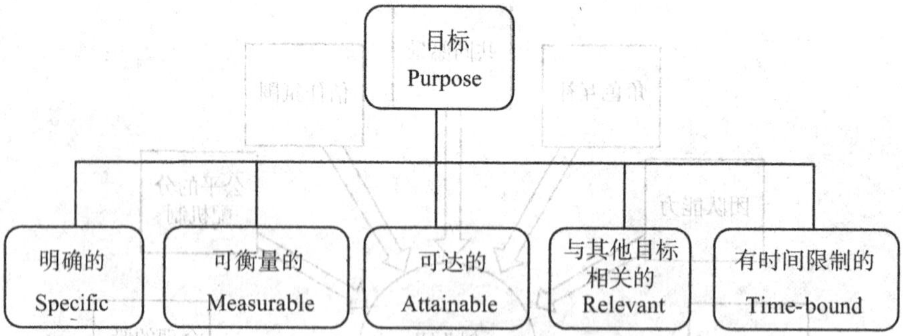

图 8-7　目标设定的 SMART 原则

(二)具备关键技能

高绩效团队通常是由两个或者两个以上能力很强的个体所组成，其团队成员往往具备进行良好合作并实现团队预期目标所需要的技术技能、人际关系技能或概念技能。一般来讲，技术技能是指掌握并运用某一专业领域内知识、技术和方法的能力，对团队中的基层管理者最为重要；人际关系技能是指能够熟练地与他人打交道的能力，对于团队中各个层次的管理者都很重要；概念技能是指对复杂情景进行抽样化和概念化的技能，对于团队中的高层管理者最为重要。此外，创业团队所处的外部环境在不断变化，这就要求团队成员具备一定的谈判技能，不断调整自身的工作任务，能够正视和化解分歧。

(三)获取必要资源

团队的发展离不开一定的资源支持，从团队内部或外部获取必要资源是高绩效团队发展的一个重要特征。在团队内部，高绩效团队应具备一套合理的基础结构，即适当的培训、明确的考评体系、合理的薪酬计划和人力资源体系，从而为对团队成员提供一定的支持，并对能实现高绩效的行为进行强化。在团队外部，高绩效团队往往能获取完成工作任务所必需的资源，包括资金支持、人际关系支持等。

新浪网之所以能取得成功，正是因为获取了资金、人际关系等必要的资源支持。新浪网作为中关村最早获得硅谷风险投资的企业之一，为硅谷模式在中关村落地开辟了先河，更代表了中关村与硅谷的第一次真正意义上的产业合作。新浪网的创始人王志东，在与贺文因在企业发展方向上产生分歧而分道扬镳之后，开始思考如何仿照硅谷的产权结构在中关村创办公司，并通过 CCDOS 的发明者严援朝结识了当时的四通总裁段永基，两人一拍即合，当即按照硅谷模式创办企业。段永基为王志东投资 500 万港币成立四通利方。

此后，王志东继续向硅谷的商业模式靠拢，对来自美国的风险投资非常渴求，并通过四通硅谷分公司负责人谈锋等人的牵引，结识了硅谷风险投资机构 Robert Stevens 的冯波。经过两年的接触，四通利方终于在 1997 年获得了由史蒂文斯牵头，华登国际投资集团、美洲银行罗世公司及艾芬豪国际集团几家风险投资企业的650 万美元风险投资，并初步建立了四通利方的公司管理架构与激励机制，使之越来越像硅谷的技术公司。

在这个过程中，王志东在硅谷初次接触互联网就被其吸引，并在回国后成立了“互联网小组”，开通了利方在线网站，并借助世界杯使得其电子公告牌系统火了起来。与此同时，王志东先后几次前往硅谷，通过投资方华登集团的副总裁茅道临的安排，参观了当时北美最大的中文网站华渊生活资讯网，拟促成两家公司的合并。虽然拥有四通利方控制权的段永基对于两者合并有所保留，但在茅道临和王志东强烈坚持之下，依然完成了合并，合并之后的网站取名“新浪”。这是中关村公司和硅谷公司的第一次结合，更代表了中关村和硅谷在互联网产业上的第一次合作。

(四)有效沟通水平

沟通也叫交流，是指信息在两个或两个以上的主体之间传递与接受的过程(见图8-8)，是把组织成员联系起来以实现组织目标的手段。它通常试图达到两个目的：一是传达的信息被对方接收；二是该信息能够被对方接受和理解。沟通对任何组织来讲都是非常重要的，没有沟通就没有彼此协调和相互了解，甚至没有一个组织赖以生存的基本要素——组织目标。因此，对创业团队来讲，建立有效的沟通机制，提高沟通水平，是确立和实现组织目标，促进企业可持续发展的重要手段。然而，受信息过滤、情绪、防卫心理、语言和民族文化等多种因素的影响，沟通的有效性往往会受到影响。因此，为达到有效的沟通水平，可从以下几个方面来努力：

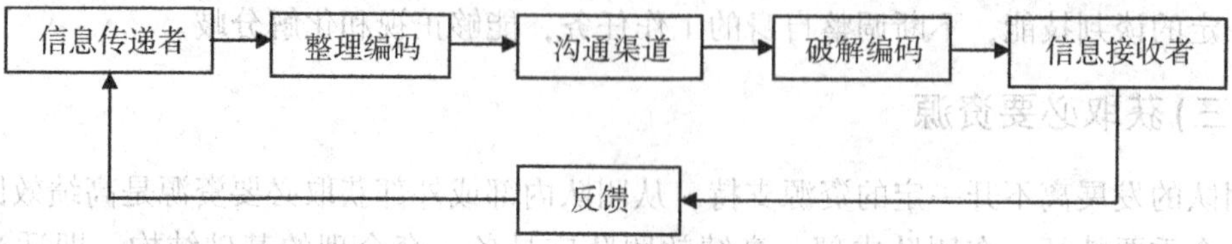

图 8-8 沟通过程

1. 运用反馈机制

信息不准确和接收者对信息的误解，是产生沟通问题最直接的原因。从沟通的过程可看出，反馈是沟通的一部分，是信息接收者对信息传递者所发出信息的总结或评价，是一种带有表态的沟通(见图 8-8)。有效的反馈是双方的共同责任，可使双方共同受益。如果信息的传递者在沟通的过程中可以获得反馈，就可以根据所得到的反馈来判断信息是否被接收者准确接收和理解，那么沟通的有效性就会大幅度提高。在反馈的过程中，应注意以下几点：

(1)反馈应主动，避免被问到时才说；

(2)反馈应准确具体，把握要害；

(3)为保证反馈的准确性，应尽量使用书面反馈；

(4)反馈要注意时机，应尽量做到及时反馈。

2. 简化语言

在团队中，语言差异、语意不明确、专业术语难以理解等，使得语言也会成为一种沟通障碍。为此，信息的传递者应根据信息接收者的不同，有针对性地调整措辞，尽量使用清晰、易懂的语言来进行沟通，在必要时还可以适当运用比喻来进行沟通，尤其是对于那些来自不同民族或国家的团队成员。如果沟通的发起者和接受者来自不同的民族或国家，那么语言和文化背景的差异将会在很大程度上制约和影响信息发出者和接受者编码和解码的工作。

3. 积极倾听

积极倾听是指信息接收者认真听取信息传递者所表达的完整意思，而不做出先入为主的判断或解读。沟通的有效性并不仅仅取决于如何表述，更多的是取决于人们如何来倾听。一般来讲，倾听是信息的接收者主动思考讲话者所传达的意思，而单纯地听则是被动的。在倾听时，信息的接收者往往也在努力地融入沟通的过程中。然而，有调查研究表明：在刚刚听完其他人士的谈话后，无论被测试者认为自己听得多么认真，也不可能记住谈话的全部内容，甚至有大部分内容可能都被错过了。这就要求我们在与他人沟通时，能够积极倾听，抓住谈话内容的中心思想，了解谈话者的主旨和意图。

4. 控制情绪

人天生就是情感动物，情感是人的活动的动力源泉，凡是与人有关的事情，都难以脱离情感的束缚。在沟通的过程中，情感起到了听觉过滤器的作用，信息传递者和接收者双方都不可能始终以一种理性的方式来进行沟通，尤其是信息的接收者。对于信息接收者来讲，他们通常会对接收到的信息进行过滤，本能地排斥所不想听到的内容或全盘接收自己想听的内容，从而降低了沟通的有效性。可见，情绪会妨碍或扭曲沟通，在沟通之前适当保持冷静并控制好自己的情绪是有效沟通的基础。

(五) 卓越应变能力

高绩效的团队通常也是具有卓越应变能力的团队。企业所处的环境是不断变化的，相对于那些面临相对稳定的、简单的和不确定性程度较低的环境的已经取得一定成果的团队，创业团队通常面临的是动态的、复杂的和不确定性程度较高的环境。这就要求创业团队具有卓越的应变能力，适时作出正确的战略决策来设法降低环境的不确定性给团队发展带来的伤害，以保证团队活动是朝着原定目标进行的。

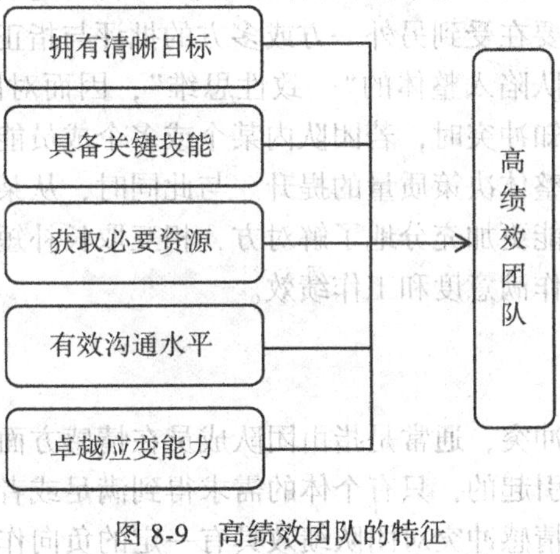

图 8-9 高绩效团队的特征

五、创业团队治理

(一) 创业团队的冲突

风险性高、资源需求量大、信息识别难度大、环境不确定性高等，使得单凭个人知识与能力的创业活动很难取得成功。由于团队创业模式在风险共担、信息共享、资源和能力互补等方面更能适应时代发展的要求，团队形式的创业已逐渐成为一种更加高效率的工作方式，且有研究表明，当前绝大多数企业都是由团队创建的。然而，在创业团队中，冲突是其发展过程中不可避免的。创业者往往是因共同创办企业而组成创业团队，而个体成员之间因性格差异、教育背景差异、认知分歧等因素而极易导致团队内部摩擦的产生，甚至爆发团队冲突。一般而言，创业团队的冲突可分为三种(见图8-10)。

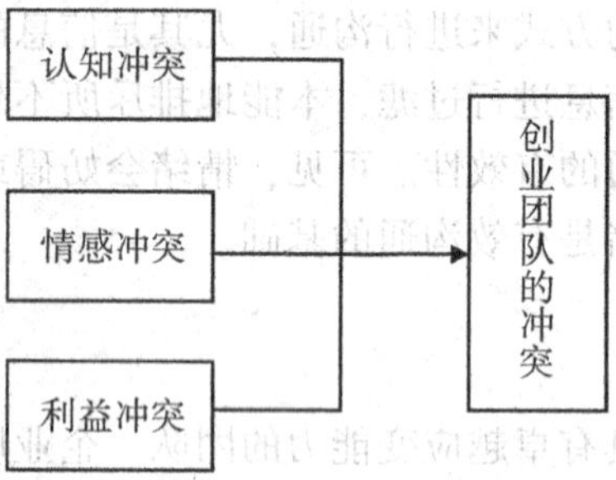

图8-10　创业团队的冲突

1. 认知冲突

认知冲突，也叫任务冲突，通常是指由团队成员对所需完成的工作任务内容看法不一致而产生的冲突，往往需要在受到另外一方或多方的批评与指正之后才会结束。许多研究表明，认知冲突不会使团队陷入整体的“一致性思维”，因而对团队产出会有一定的正向促进作用。当团队发生认知冲突时，若团队内某个或多个成员能提出不同的观点或者建设性的批评，将会促进团队整体决策质量的提升。与此同时，从某种程度上来讲，认知冲突可使得团队成员彼此之间能更加充分地了解对方，相互取长补短，增进对任务的正确理解并达成共识，从而提高工作满意度和工作绩效。

2. 情感冲突

情感冲突，也叫关系冲突，通常是指由团队成员在情感方面的对立而产生的冲突。这类冲突大多是由私人原因引起的，只有个体的需求得到满足或者受到他人的攻击，情感冲突才会结束。一般来讲，情感冲突对团队绩效具有一定的负向作用。有研究表明，适度的认知冲突在一定程度上可以促进团队成员知识水平的提升，提高团队整体的创造性，而情感冲突则往往对团队绩效具有不利影响。然而，有的学者指出，认知冲突和情感冲突之间具有很强的相关性，如果处理不当，认知冲突则很有可能转化为情感冲突，从而使团队绩效降低。

3. 利益冲突

受职位晋升、评优评先、处事方式等因素的影响，团队成员之间的利益冲突是无法避免的。对创业团队而言，创始成员之间的利益纷争是引发创业团队冲突的必要条件。这主要是因为在创业初期，创始人一般会选择关系较好的朋友组成创业团队，但在企业步入正轨之后，在股权、金钱等各种利益面前，创始成员之间往往会反目内耗。为研究创业团队成员之间的利益冲突，学者吴静和周嘉南在2020年采用定性比较分析（QCA）的方法，选取国内14个创业团队公开冲突的案例，发现一共有13个创业团队冲突的产生存在利益纷争问题，其中有9个创业团队的创始成员之间存在股权纠纷问题，有8个创业团队创始成员之间存在权力争夺问题，有5个创业团队的冲突产生是因为创始成员之间存在利益分配问题。

价值认同是达成团队治理愿景的思想基础，利益一致是调动团队成员参与的根本动力，利益整合是推进团队治理实施的重要保障。因此，为了团队的长足发展，作为领导者，应正确对待团队成员之间的利益冲突，主要可通过以下两个手段来规避或处理利益冲突：一是制定相关的规章制度，合理地规避的利益冲突的产生；二是公平、公正地处理团队成员之间已经产生的利益冲突。

（二）创业团队的冲突管理

在创业团队的发展过程中，通常会遇到各种各样的冲突。冲突在共享认知和团队凝聚力的关系中有着非常重要的作用，甚至是新创企业灵感和创新的来源，但如果处理不当，则有可能危及团队内部的和谐，降低团队绩效。

美国管理协会通过调查发现，管理者平均需要花费20%的时间和精力来处理冲突。在学术界，冲突管理对创业团队的重要性已经得到了学者们的普遍认同，并指出适度的冲突管理会给团队成员带来良好的互动效果，而过高或过低的冲突管理都不利于团队成员的有效互动。可见，对于任何一个团队来说，能否全面细致地分析冲突的性质，并建立合理有效的冲突管理机制以解决团队中的冲突问题，是其能否获得长足发展的关键。一般而言，创业团队的冲突管理方法有以下四种（见图8-11）：公平性原则、差异化管理模式、合理的激励机制、灵活的退出机制。

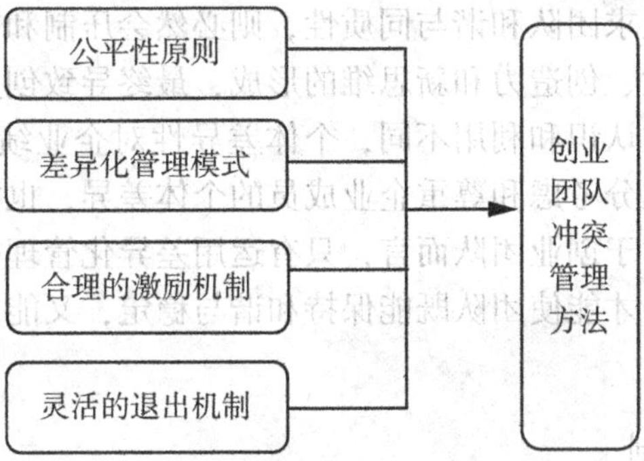

图8-11 创业团队的冲突管理方法

1. 公平性原则

公平原则是民法中的一项基本原则，它要求当事人在民事活动中以社会正义、公平的观念来指导自己的行为、平衡各方的利益，以及处理当事人之间的纠纷。对于创业团队来讲，创始成员之间包括股权纠纷、权力争夺等在内的利益纷争是引发创业团队冲突的必要条件，而股权、权力等分配的不公平则是这些利益纷争产生的根源。

股权所有权不仅代表企业家的努力和投资所获得的经济回报，还关系着他们对公司的控制权。股权分配设计通过影响团队权力结构和团队能力构成，对团队成员之间的交换产生一定影响，并进一步影响创业团队的心理所有权，而这种对于权力感知的差异通常与关系冲突有关。这也是创业团队的分裂一般发生在股权分配时的一个重要原因。

Breugst 等利用多案例研究的方法和 8 个创业团队的数据，分析了团队成员之间股权分配的结果。研究结果表明，股权分配的公平感知是影响创业团队互动和重要创业成果的关键变量，了解团队成员之间的股权分配对团队互动具有重要影响，这主要是因为一个运转良好的创业团队往往是引导正向风险发展和高绩效水平的关键。可见，公平性原则在冲突管理的过程中具有重要作用，对于创业团队而言，尤其要注重股权分配的公平性。

2. 差异化管理模式

差异化管理是指应用价值链理论，充分考虑企业各职能部门因在价值链中地位和功能的不同所引起的对企业价值增值贡献的差异，或者个人在部门中地位及贡献的差异，从而实现企业内部的有效竞争和有序管理。同一个体往往会因为所在的组织不同，所起到的作用也不相同，其性质也有可能发生变化。管理者必须面对个体的差异性所带来的组织内部的不一致，甚至冲突，而有效解决这些冲突则是塑造一个高效组织的必由之路。

对于初创企业而言，创业者往往会选择志同道合的人组成创业团队。然而，受个体差异性的影响，创业团队内部成员之间也难免会产生摩擦，甚至爆发冲突。对于这一类冲突，许多管理者将其视作破坏企业发展的力量，但这些因素往往是企业发展不可缺少的活力因素，那些看似很另类的人也有可能是具有特殊技能或战斗精神的人，甚至是组织中最有价值的人。如果过分追求团队和谐与同质性，则必然会压制和打击团队内部的不同意见者，从而阻碍团队多样性、创造力和新思维的形成，最终导致创业失败。

企业对个体差异性的认识和利用不同，个体差异性对企业绩效产生的影响也就不同。差异化管理模式不仅能充分考虑和尊重企业成员的个体差异，也能积极看待个体差异所带来的冲突并加以利用。对于创业团队而言，只有运用差异化管理模式，充分认识并有效利用团队成员的个体差异，才能使团队既能保持和谐与稳定，又能富有生机与活力，从而促进企业的可持续发展。

3. 合理的激励机制

激励机制是指通过特定的方法与管理体系，将员工对组织和工作的承诺最大化的过程，是企业将远大理想转化为具体事实的连接手段。激励理论认为，激励通过作用于人们的内心活动，激发、驱动和强化当事人的行为。一般来讲，激励方式包括工资、奖金、股权激励、晋升、培训、福利以及良好工作环境等，而不同激励方式的激励导向和效果也是不同的，公司需要根据不同的情况设计相应的激励组合。科学合理的激励机制不仅有利于处理需要、动机、目标和行为之间的关系，还能充分调动当事人的积极性和创造性。

创业者因共同创办企业而组成创业团队，而个体成员之间的背景特征往往存在着诸多差异，这些差异也极易导致团队内部摩擦的产生，甚至引发团队冲突。然而，虽然成员背景特征不同，但是通过建立合理的激励机制，团队成员在处理个体需要、动机、目标和行为的关系时，便可根据自身的需要产生行为动机，并合理地选择行为，从而促进个体目标乃至团队目标的实现，团队成员之间的冲突也会大大减少。也就是说，建立合理的激励机制是创业团队冲突管理的一个重要方法。

4. 灵活的退出机制

创业者往往因共同创办企业而组成创业团队。然而，受性格差异、教育背景差异、认知分歧等因素的影响，团队成员之间存在着个体差异性。虽然这种个体差异性在一定程度上有助于企业获取所需的各种资源，但同时也会增加团队内部冲突的可能性，降低团队凝聚力，并最终导致原有成员的退出团队。

创业团队原有成员的退出是一个不容忽视的问题。这主要是因为新成员的加入可实现资源和能力的提升，解决的是企业的发展问题，而如何妥善处理原有重要成员退出团队，则关系到企业的生存问题，如果处理不当，很有可能会导致团队出现大的分裂和混乱。Beckman 和 Burton 运用生命周期和路径依赖理论，解释了创业团队成员退出对企业的影响。他们认为创业团队成员在企业发展的早期阶段所带来的重要经验和行为模式会在企业留下深刻的印记，并塑造和形成企业的文化与惯例。一旦这些重要的团队成员退出企业，且企业在短期内无法找到合适的替代人选，这些成员的退出就会对企业的后续发展造成极大的损害。这也进一步说明，原有团队成员选择合适的退出时机和退出方式对企业的发展非常关键。因此，建立灵活的退出机制，对于创业团队的冲突管理和长远发展必不可少。

(三)创业型团队治理

随着团队创业现象日渐普遍，创业型团队治理问题也越来越受到国内外学术界的关注。有的学者基于新制度经济学理论，提出创业团队合作的重要基础是团队制度，只有通过合适的团队治理机制安排，建立团队成员共同认可的合作制度框架，才能在一定程度上降低合作不确定性，为创业团队成员之间的有效合作提供保障。

制度作为人们相互交往的行为规则，可以起到限制参与人能做什么、该怎么做和不该怎么做的作用，能有效约束人的机会主义行为。与此同时，制度还能成为一种协调的机制，使复杂的人际交往变得相对容易理解和具有可预见性，使参与人之间的协调变得相对容易。同样地，创业团队通过建立合适的团队治理机制，发挥约束和协调功能，在一定程度上可减少合作过程中不确定性，保障创业团队的有效合作，以有效提高创业团队绩效。

创业型团队的治理机制可分为正式的治理机制和非正式的治理机制。其中，正式的治理机制是指有意识地建立起来，并通过正式方式加以确定的制度，包括正式契约、股权安排以及董事会等。非正式的治理机制是指在合作的过程中逐渐形成的、非明文规定的行动准则，是团队成员共同认可和遵循的行为规范，包括建立团队建设性争论的行为规范、形成团队成员开明地讨论不同观点的行为模式等。

◎ **本章案例**

去哪儿网的创业故事

去哪儿网创立于2005年2月，是中国领先的旅游搜索引擎，也是全球最大的中文在线旅行网站，总部在北京。它不仅为消费者提供机票、酒店、会场、度假产品等的实时搜索，也提供旅游产品团购和其他旅游信息服务，为旅游行业的合作伙伴提供在线技术、移动技术等的解决方案。

在去哪儿网的创始人中，美国人戴福瑞(Fritz Demopoulos)是一位成功的连续创业者，庄辰超则是一位偏重产品和技术的超级程序员。2004年，谷歌上市后，美国人戴福瑞从其财务数据中发现，汽车、金融、医疗和旅游这几大类的搜索信息占谷歌关键词收入的80%左右，便动了做中文垂直搜索网站的念头。在与庄辰超和马来西亚人道格拉斯(Douglas Khoo)分析之后，认为中国的旅游市场大环境较好，特别适合做在线营销。同年年底，在戴福瑞、庄辰超和道格拉斯讨论出旅游搜索垂直网站的创业计划之后，庄辰超便联系北京的彭笑玫帮忙招聘员工。后来去哪儿网市场高级总监的周强，便是其招来的第一个员工。

2005年2月，戴福瑞、庄辰超和道格拉斯三人正式合伙成立蛇猴龙(亚洲)投资有限公司(去哪儿网的前称)。戴福瑞作为这个创业团队的火车头，被不少员工视为精神领袖，庄辰超更偏重产品和技术，道格拉斯则长驻我国香港地区，负责海外市场开拓和英文版产品开发(在公司成立一两年后，便因打理其投资的其他公司而渐渐淡出去哪儿网)。戴福瑞有经验，成熟稳重；庄辰超有激情，比较有闯劲，也愿意快速试错。

对于创业团队来讲，戴福瑞和庄辰超的结合是一个非常好的平衡。庄辰超曾表示，如果戴福瑞不是他的合作伙伴，去哪儿网就很难取得成功。同时，戴福瑞也认为自己选对了伙伴，作为一个外国人，他认为自己很难参与到具体的运营层面，于是通过寻找好的合作伙伴，来弥补自身的不足，而庄辰超便是一个很好的选择。此外，作为核心团队中的唯一女性，彭笑玫给人的印象是亲和、执行力强，在团队中常常起到润滑剂的作用。

2006年3月，曾任当当网市场总监、新浪网UI项目总监和中国互动媒体集团副总裁的戴政加入去哪儿网的创业团队，成为去哪儿网负责市场营销的副总裁。戴政非常精通市场、媒体方面的业务，他的加入为去哪儿网后来与携程持续打公关战埋下了伏笔，并通过“划线门”事件，大大提升了去哪儿网的知名度和竞争力。可以说，去哪儿网有今天的名气，在很大程度上是拜携程所赐。

近年来，去哪儿网内部发生了较大变化，包括2015年与携程网合并、2016年创始人兼CEO庄辰超离职等，但去哪儿网的创立无疑是成功的。2019年，去哪儿网现任CEO陈刚表示，去哪儿网已积累6亿用户，GMV(成交总额)达1600亿元，主营业务继续保持两位数增速。到2020年，去哪儿网交易用户数量同比2019年增长数千万，并且在新增用户中，三线以下城市的用户占比达到46%，“95后”群体占比高达40%。

一个伟大的团队是创业成功的重要前提。去哪儿网的成功，离不开其优秀的创业团队，是团队成员共同努力的结果。在去哪儿网的初始创业团队中，戴福瑞作为精神领袖，有经验且成熟稳重；庄辰超技术过硬，并且有激情、有闯劲，也愿意快速试错；道格拉斯有较强的市场开拓能力；彭笑玫能在团队中起到润滑剂的作用；戴政具有较强的公关能力。团队成员各有所长，形成了明显的角色互补，且都愿意为将去哪儿网做大做强的共同目标而努力奋斗，这也正是去哪儿网取得成功的原因所在。

资料来源：去哪儿网上线“会场”业务. 网易新闻，2015-12-16；去哪儿CEO陈刚首披公司业绩：2019年GMV为1600亿保持两位数增长. 新浪财经. 2019-10-29；去哪儿网预计2020年实现盈利，国内旅游市场有望在明年爆发. 新京报. 2020-12-02；朱曼亚. 携程去哪儿并购成因和绩效研究. 北京理工大学，2016；去哪儿网的创业故事. 中国经营网，2013-02-01，http://www.cb.com.cn/index/show/sd/cv/cv135182771317/p/s.html；去哪儿. 百度百科，https://baike.baidu.com/item/去哪儿/3441357? fr=aladdin.

◎ 参考文献

[1]边舫，孟琳. 创业团队中的冲突管理研究回顾与展望[J]. 生产力研究，2017(5)：117-121+135+161.

[2]陈辉才，唐良耀. 浅谈管理者如何进行有效沟通[J]. 人民论坛，2010(8)：133-134.

[3]陈璐，杨白寅，井润田. 家长式领导、冲突与高管团队战略决策效果的关系研究[J]. 南开管理评论，2010(5)：4-11.

[4]崔浩. 多治理主体价值和利益冲突的整合思路[J]. 领导科学，2020(10)：101-103.

[5]龚辉锋，茅宁. 咨询董事、监督董事与董事会治理有效性[J]. 管理科学学报，2014(2)：81-94.

[6]李端生，王晓燕：高管团队异质性、激励机制与企业研发投资行为——来自创业板上市公司的经验数据[J]. 经济问题，2019(2)：58-68.

[7]刘璇，张向前. 团队冲突理论分析与展望[J]. 软科学，2016(4)：80-84.

[8]刘学. “空降兵”与原管理团队的冲突及对企业绩效的影响[J]. 管理世界，2003，(6)：105-113.

[9][美]劳伦斯·霍普. 管理团队[M]. 企业管理出版社，2001.

[10]史金平. 管理学[M]. 高等教育出版社，2006.

[11]石书德，张帏，高建. 新企业创业团队的治理机制与团队绩效的关系[J]. 管理科学

学报，2016(5)：14-27.
[12]斯蒂芬·P. 罗宾斯．管理学[M]．中国人民大学出版社，2012.
[13]孙继伟，邓莉华．创业团队冲突导致创业失败的探索性研究[J]．科技进步与对策，2021(7)：1-10.
[14]王利明．民法(第五版)[M]．中国人民大学出版社，2010.
[15]王正攀．组织成员利益冲突的心理表现及化解之策[J]．领导科学，2017(21)：13-14.
[16]王天力，周立华．创业学[M]．清华大学出版社，2013.
[17]吴静，周嘉南．"中国合伙人"为何"分手"：创业团队冲突演化路径分析[J]．管理评论，2020(10)：181-193.
[18]杨小丽．大众创业当老板：创业思路与团队组建[M]．中国铁道出版社，2016.
[19]姚裕群．团队建设与管理[M]．首都经济贸易大学出版社，2006.
[20]于静静，蒋守芬，赵曙明．冲突管理方式与团队学习行为对员工创新行为的交互效应研究[J]．科技进步与对策，2015(11)：143-148.
[21]于晓宇，蔡莉．失败学习行为、战略决策与创业企业创新绩效[J]．管理科学学报，2013(12)：37-56.
[22]阮平南，刘晓冬，张勇．差异化管理模式在薪酬政策中的应用研究[J]．科技进步与对策，2006(8)：42-44.
[23]曾楚宏，王钊，官志华．创业团队成员变更：研究述评与展望[J]．管理评论，2020(12)：112-124.
[24]张国才．团队建设与领导[M]．厦门大学出版社，2005.
[25]张广琦，陈忠卫，李宏贵．什么样的创业团队才有助于降低离职倾向？——基于人际信任的视角[J]．管理评论，2016(12)：128-145.
[26]郑晓明，陈昊，龚洋冉．创业型企业股权分配设计与创业团队心理所有权的动态关系研究——基于中国创业型企业的双案例比较分析[J]．管理评论，2017，29(3)：244-262.
[27]朱仁宏，曾楚宏，代吉林．创业团队研究述评与展望[J]．外国经济与管理，2012(11)：11-18.
[28]朱仁宏，周琦，张书军．创业团队关系治理与新创企业绩效倒U型关系及敌对环境的调节作用[J]．南开管理评论，2020(5)：202-212.
[29]Beckman C. M.，Burton M. D. Founding the Future：Path Dependence in the Evolution of Top Management Teams from Founding to IPO[J]. Organization Science，2008，19(1)：3-24.
[30]Breugst N.，Patzelt H.，Rathgeber P. How Should We Divide the Pie? Equity Distribution and Its Impact on Entrepreneurial Teams[J]. Journal of Business Venturing，2015，30(1)：66-94.
[31]DeDreu C K，Weingart L R. Task Versus Relationship Conflict，Team Performance，and

Team Member Satisfaction: A Mata analysis[J]. Journal of Applied Psychology, 2003, 88(4): 741-749.

[32]De Wit F R, Greer L L, Jehn K A. The Paradox of Intragroup Conflict: A Meta-analysis[J]. Journal of Applied Psychology, 2012(2): 360-390.

[33]Dianez- Gonzalez J. P., Camelo-Ordaz C. How Management Team Composition Affects Academic Spin-offs' Entrepreneurial Orientation: The Mediating Role of Conflict[J]. Journal of Technology Transfer, 2016, 41(3): 1-28.

[34] Elfenbein D. W., Knott A. M., Croson R. Equity Stakes and Exit: An Experimental Approach to Decomposing Exit Dela[J]. Strategic Management Journal, 2017, 38(2): 278-299.

[35] HallR. E., Woodward S. E. The Burden of the Nondiversifiable Risk of Entrepreneurship[J]. American Economic Review, 2010(3): 1163-1194.

[36] Hellmann T., Wasserman N. The First Deal: The Division of Founder Equity in New Ventures[J]. Management Science, 2017(8): 2647-2666.

[37]Huang J. Unbundling Task Conflict and Relationship Conflict: The Moderating Role of Team Goal Orientation and Conflict Management[J]. International Journal of Conflict Management, 2010(3): 334-355.

[38]Khan M. S., Breitenecker R. J., Gustafsson V., et al. Innovative Entrepreneurial Teams: The Give and Take of Trust and Conflict[J]. Creativity & Innovation Management, 2015, 24(4): 558-573.

[39]Klotz A. C., Hmieleski K. M., Bradley B. H., et al. New Venture Teams: A Review of the Literature and Roadmap for Future Research[J]. Journal of Management, 2014(1): 226-255.

[40]Nelson T. The Persistence of Founder Influence: Management, Ownership, and Performance Effects at Initial Public Offering[J]. Strategic Management Journal, 2010(8): 707-724.

[41] Shalley C, Glison L. What Leaders Need to Know: A Review of Social and Contextual Factors that can Foster or Hinder Creativity[J]. Leadership Quarterly, 2004(1): 33-53.

[42]Troyer L, Youngreen R. Conflict and Creativity in Groups[J]. Journal of Social Issues, 2009, 65(2): 409-427.

[43]Wagner W., Pfeffer J., O'Reilly III C. A. Organizational Demography and Turnover in Top Management Groups[J]. Administrative Science Quarterly, 1983(1): 74-92.

第九章　创业团队的领导行为

一、领导与领导力

（一）领导的概念

一般来讲，领导者是指能够影响他人，并且拥有管理职权的人员，其基本任务是建立一支高度自觉、高产出的工作团队。在创业团队中，领导者作为拥有正式权力和控制关键资源的核心人物，在团队成长和可持续发展的过程中发挥着重要作用。

领导，即指引、指导，是领导者要做的事情，它是指领导者带领团队成员，并对其施加影响，以实现团队目标的过程。领导力的本质是一种影响力，是领导者凭借其个人魅力在一定条件下对特定个人或组织所产生的人格凝聚力和感召力，是指领导者在职权范围内以最小的人力和物力成本办成所需的事，以提高整个团体的办事效率的能力。在社会高速发展的时代，领导力还意味着能有效地应对组织外部环境的变化。

（二）领导的作用

1. 指挥引导

指挥引导功能是领导功能的重点，它是指在团队成员的集体活动中，需要有可以运筹帷幄、高瞻远瞩的领导者帮助团队成员认清所处的环境，指明前进的方向。指挥引导功能是确保团队各项决策得以执行的重要条件。

2. 沟通协调

沟通协调是做好团队工作的重要保障，是领导者工作的主要内容，它是指为实现团队的战略目标而对领导活动中出现的各种矛盾和问题做出调整的过程。要使组织的运转状态达到高度有效与和谐，就必须借助于组织内卓有成效的领导活动，领导者只有全面发挥自己的沟通协调作用，才能将团队成员较好地组织起来，朝着共同的目标努力奋斗。

3. 激励鼓舞

激励鼓舞作用是领导的主要作用之一，是指领导者通过各种激励方法调动团队成员的积极性、创造性，使之能热心地、情愿地为实现团队目标而努力奋斗。领导者的根本任务是实现团队目标，但这个任务仅仅依靠领导者一个人的力量是很难完成的。因此，领导者应在组织的基础上，通过激励鼓舞的作用，调动团队成员的积极性，共同努力。

4. 管控分歧

管控分歧功能是指领导者在领导的过程中，对团队成员和团队活动的驾驭和支配功能。在实现团队目标的过程中，受组织结构、规章制度等影响，偏差(即偏离原定计划)的产生是不可避免的，这就要求领导者在领导的过程中，能够管控好分歧，纠正偏差，以保证团队活动是朝着原定计划进行的。

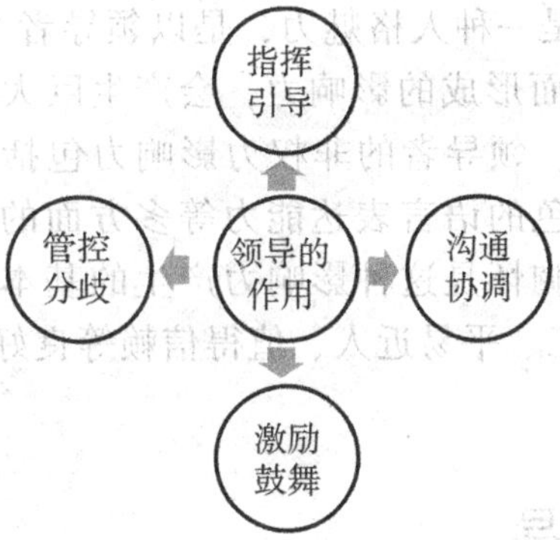

图 9-1　领导的作用

(三)领导的影响力

影响(influence)是指最广泛意义上的权力，往往与领导力相关。广义上的影响是指以间接或无形的方式来作用或改变他人的行为或思想。领导的实质就是影响别人。影响力(influence power)是指一个人影响另一个人的能力，是在社会交互过程中改变他人信仰、态度或预期状态的能力。这种能力往往使后者能够并且愿意按照前者的意愿来做事。美国管理学家哈罗德·孔茨指出，领导是一种影响力，或者叫作对人们施加影响的艺术过程，从而使人们热心地、情愿地为实现组织目标而努力奋斗。

领导的影响力分为两种：一种是来源于职位的影响力，即权力影响力；另一种是来源于领导者个人的影响力，即非权力影响力。权力影响力是领导的基础，没有权力影响力，就不可能实行领导；非权力影响力是领导的关键，没有非权力影响力，就不可能有高效的领导。领导者只有同时运用权力影响力和非权力影响力，才能激发下属的敬畏之心，进而达到令行禁止的预期目的和效果。

1. 权力影响力

领导者的权力影响力是一种带有法定性、强制性和不可抗拒性的影响力，来源于领导者对组织内部物质资源、精神资源和社会资源等的控制与支配的权力，是由领导所具有的法定职权而产生的，为领导者所仅有。职权是领导的必要条件，没有职权就无所谓领导。领导的职权一般表现为三种形式：法定权、奖惩权和强制权。其中，法定权来源于组织授予领导者的法定地位，包括责、权、利三个因素；奖惩权是指领导者采用“软”和“硬”两种手段来调动下属的积极性，这种权力形式贯穿于领导活动的全过程，服从法定权运行的需要，是法定权的派生形式；强制权是指领导者以其所具有的权力对下属实施强制性影响，以改变下属的心理和行为，这种权力形式是由领导者的法定地位所带来的，是为实现法定权服务的。

2. 非权力影响力

领导者的非权力影响力是一种人格魅力，是以领导者个人的品德修养、生活态度、知识水平和情感魅力为基础而形成的影响力，会产生巨大的吸引力和凝聚力，进而让周围的人自觉、自愿地追随。领导者的非权力影响力包括外表的威慑力、良好的身心素质、独特的领袖气质和出色的语言表达能力等多方面的内容，丰富的经验、渊博的知识、优良的品格和宽宏的胸怀是这种影响力产生的基本条件。比如，赫伯·凯莱赫(Herb Kelleher)因其关注员工、平易近人、值得信赖等良好品德而成为我们这个时代最受爱戴的领导者之一。

二、创业团队的领导

(一)什么是创业型领导

随着科技与经济的高速发展，创新创业已逐步成为驱动经济发展的重要动力，创业型领导对企业创新创业的推动作用也越来越受到重视。创业型领导是由创业精神与领导力相互融合而逐步形成的，是创业者与领导者的交叉点，强调的是领导者在应对多变的环境时所表现出来的创业行为和能力。创业型领导往往能够有效应对具有高度不确定性的商业环境，充分调动团队知识创新的积极性、激发团队的创造力，是一种新型领导力，存在于诸多组织中，比如初创企业、大型组织等，其核心特质在于探索和开发机会，强调对不确定性环境的动态适应、资源整合与变革创新。

1. 创业型领导的内涵

创业型领导是由创业精神与领导力相互融合而形成的，国内外学者主要基于领导力视角和创业视角对创业型领导的概念进行剖析，但还尚未形成统一的概念。基于领导力视角的创业型领导，通常强调的是发生在特定环境下的领导力，比如，在初创企业中的领导力；基于创业视角的创业型领导，往往强调创业是领导的关键，比如能够识别和发现创业机会、确立目标并号召拥有关键资源的人实现目标或创造价值。创业型领导的概念，最具代表性的是 Gupta 等人在 2004 年提出的，他们认为创业型领导是通过构建一个具有价值的愿景，并利用自身的创业行为和承担风险的精神来动员和号召忠于此愿景的下属，进而营造创业氛围，实施创业活动以增强组织的实力，并最终构建企业的竞争优势和实现企业可持续发展的领导行为。这一定义强调了创业型领导者在创造组织价值的过程中所面临的构建愿景、整合资源和凝聚人心等方面的挑战。

2. 创业型领导的特征

Covin 和 Slevin 在 2002 年将创业型领导的特征概括为六个方面：具有培育创业能力、保护针对现行商业模式的破坏性创新、有效识别和开发创业机会、挑战主流商业逻辑、反思看似简单的问题、把创业与战略管理相联系。其中，有效识别和开发创业机会是创业型领导的主要特征。

创新创业作为当今时代的主题，创业机会的识别、开发和利用不仅成为小企业成功创业的法宝，也是大企业可持续发展的永恒课题。由于市场竞争环境的多样性和不确定性给企业的发展带来了诸多机遇和挑战，因此，如何应对市场竞争环境变化，以及如何在变化中把握机遇、创造价值，已经成为企业领导者和管理者亟待解决的问题之一。创业型领导能够有效应对具有高度不确定性的商业环境，充分调动团队知识创新的积极性、激发团队的创造力、有效识别和开发创业机会成为其主要特征。

(二)创业型领导与变革型领导的异同

随着中国的经济发展进入新常态，创新已经成为推动经济发展的第一动力。领导作为影响团队绩效的重要因素，创新型领导和变革型领导对提高团队创新绩效的作用日益凸显。变革型领导作为最能持续预测个人、团队和组织绩效的领导行为，具有主动性强、热爱挑战、喜好社交和影响他人等特征。变革型领导善于鼓舞团队的士气、建立社交网络、体验和传达积极情绪以影响他人，可以在变动的环境中充分发挥自己的能量，进而发挥其提高团队创新绩效的优势，有效地促使团队成员努力工作，推进团队目标的实现。

创业型领导与变革型领导具有一定的相似之处，两者都是通过构建愿景来感召下属，也都注重组织的变革与创新。但是，两者也存在着显著的区别(见表 9-1)：第一，创新的侧重点不同。创业型领导强调的是利用变化和创新寻找创业机会，并最终将其转化为价值创造，比较侧重于组织的战略发展；而变革型领导则是通过智力激发提出新的构想或观点，以激励下属以新的方式解决问题，从而能更好地把握机遇以应对变化，比较侧重于组织的内部完善。第二，指引和激励下属的方式不同。创业型领导通过自身成功的创业思想和行为，来增强下属对领导者的创业能力和创业技术的信心，从而激发下属的创新热情和创业行为，比较倾向于通过自身行为来进行激励；而变革型领导则更多的是通过表现自身的魅力或者鼓舞人心的特质来指引下属追求更高的目标，比较倾向于通过自身特质来进行激励。第三，核心内容不同。创业型领导的核心在于探索和开发机会，强调对不确定环境的动态适应、资源整合和变革创新；而变革型领导的核心则是个性化的关怀，是基于马斯洛的需求层次理论，与下属建立一对一的关系，进而发现其独特的需求和能力，以针对性地提供支持和帮助。

表 9-1　　　　创业型领导与变革型领导异同

<table>
<tr><th></th><th>相同点</th><th>不同点</th></tr>
<tr><td>创业型领导</td><td rowspan="2">(1)两者都是通过构建愿景来感召下属；
(2)两者都注重组织的变革与创新</td><td>(1)创新的侧重点在于组织的战略发展；
(2)指引和激励下属的方式比较倾向于通过自身行为来进行激励；
(3)创业型领导的核心在于探索和开发机会，强调对不确定环境的动态适应、资源整合和变革创新</td></tr>
<tr><td>变革型领导</td><td>(1)创新的侧重点在于组织的内部完善；
(2)指引和激励下属的方式比较倾向于通过自身特质来进行激励；
(3)变革型领导的核心是个性化的关怀，是基于马斯洛的需求层次理论，与下属建立一对一的关系，进而发现其独特的需求和能力，以针对性地提供支持和帮助</td></tr>
</table>

三、创业型领导的作用

创业型领导(entrepreneurial leadership)融合了初创企业管理者的创业精神和领导力，是创业者积极寻求创业机会、激励员工创新、迅速调整组织结构和流程，以应对不确定商业环境中变化的领导能力的重要体现，在促进企业成长和可持续发展的过程中发挥着重要作用，其作用主要表现在以下 5 个方面(见图 9-2)：

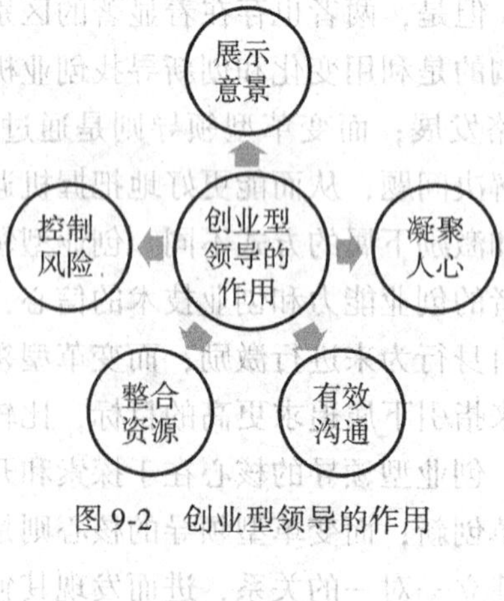

图 9-2　创业型领导的作用

(一)展示愿景

“愿景目标”是企业发展方向，是领导者引领组织成员“做正确的事”。创业型领导通过设定挑战和建立承诺来创造具有建设性和吸引力的愿景，并感召组织成员认可和追随，同时积极发挥风险承担精神，注重预测市场变化趋势并及时洞察先机，以此来营造组织的创新氛围，并且构建清晰的路径、阐明相关约束以使成员深刻认识组织的发展现状和方向，为发掘机会与创造价值提供一定的支持条件和有利环境，从而为组织变革创新与机会开发奠定重要基础。

(二)凝聚人心

团队凝聚力不仅是团队本身对成员的吸引力，也是成员对团队的向心力，是团队存在的必要条件。创业型领导通过设置激励性的共同目标，增强团队成员之间的凝聚力，增进团队成员之间的合作，从而使企业的绩效得以持续改善。由于个体通常会有意识或无意识地受到他人情绪状态、行为态度的影响，并且这种影响具有一定的溢出效应，能有效影响个体的态度和行为，因此，创业型领导强烈的创新创业热情往往能够在组织中蔓延并调动员工的积极性，激发个体的内在动机，增强成员之间的凝聚力，促使其从事挑战性工作并积极进行变革创新。

(三)有效沟通

创业型领导通过与外部关系主体进行有效沟通，可在一定程度上减少甚至消除影响企业发展的潜在阻力，获得关键性的知识信息与重要资源支持。另外，创业型领导阐明组织的战略方向与发展路线，可以使员工明确目标的实现路径，赋予员工清晰的工作动机和意义，进而激发员工主观能动性，促使其积极变革创新以及实现自我价值。

(四)整合资源

创业型领导通常善于分析影响组织成长的资源限制和能力桎梏，并且能够通过人力和物力资源的有机整合，进行资源的高效利用和优化重组，以创造新价值。团队知识涌现的过程导向理论认为，团队要实现知识创造，仅依靠其原有的知识基础是不够的，还需要汲取外部的新知识，即在原有知识体系不断更新的基础上，通过内外部知识的有机融合与一体化开展创造性活动。

(五)控制风险

创业型领导具有风险承担精神，通过充分授权、营造创新氛围，调动员工的创新积极性并树立信心，激发个体的创新行为，并且能在不确定性环境中审时度势、顺势而为，即利用敏锐的洞察力和准确的预测分析能力把握市场新机遇、降低风险，通过建构关系网络获取最新的信息和资源，将机会转化为组织价值，从而增强组织的创新能力、改善组织的创新绩效。

◎ 本章案例

诠释领导力：沪江网是如何在伏彩瑞的带领下走向成功的

沪江网诞生于2001年，历经5年公益化运营之后，自2006年开始公司化运营，是全国最大的互联网学习平台。沪江通过经营综合性互联网教育平台，向广大用户提供多元化、具备高度互动特质的优秀互联网教育产品和服务(见图1)。沪江网现已是影响力辐射2亿学者、8000万用户、300万学员的大型互联网教育企业，2018年8月，CB Insights公布2018年全球独角兽企业榜单，沪江排名第63位。

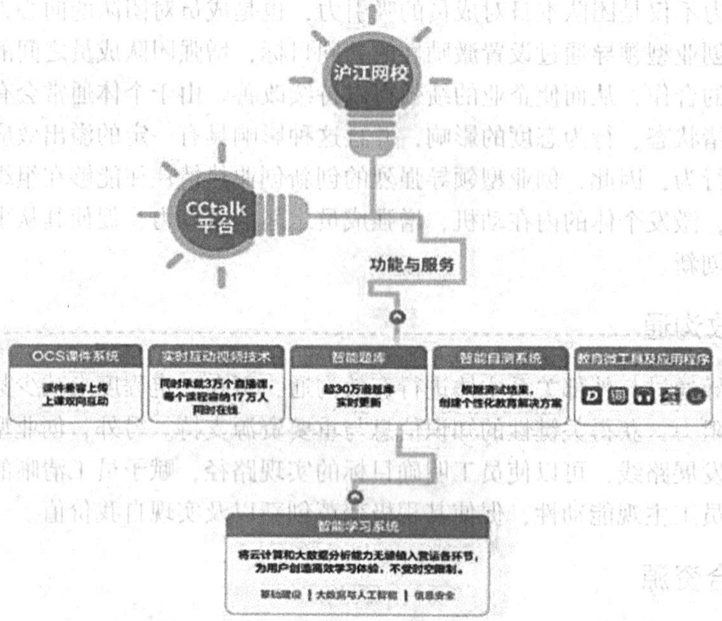

图1 沪江网产品和服务

在创业初期，沪江网的商业模式主要是向用户提供免费服务、做互联网教育细分品类广告。同时，沪江网还做一些与教育有关的电商尝试，如图书销售等。2007年，沪江网拿到苏州创投的天使投资。在伏彩瑞毕业的第三年，沪江网便开始盈利，实现收入一千多万元，还有几百万元的利润。但伏彩瑞很快就意识到公司遇到了瓶颈。由于创业突然，沪江网没有明确的发展目标，在业绩和速度上更无追求。小有成就后，公司上下开始弥漫小富即安的情绪，而外部环境的恶化也使得危机开始一步步逼近。

2008年全球金融危机爆发，伏彩瑞发现，以往合作很顺畅的客户也开始犹豫，合作费用不能及时到账。伏彩瑞意识到不能再"盲目"下去了，现有模式没有未来，只会在温暾中死去。当他认为转型迫在眉睫时，员工并不积极，甚至不认同。在伏彩瑞的反复说服和努力之下，2009年沪江网开始“自我革命”，砍掉了占收入90%以上的广告业务，创立以外语培训为主的沪江网校，并开始向客户收费，转型成纯粹为C端服务的在线学习平台。同年，沪江网拿到了涌金集团千万元人民币的A轮融资。这次转型用了三年时间。到2011年，沪江网用户突破600万元，利润突破1000万元。相应地，沪江网的员工人数也扩张至两三百人，开始搬到张江高科技园区办公。

在大部分人看来，沪江网朝着线上培训学校的模式继续发展下去，每年营收翻倍不是问题。正是此时，伏彩瑞却认为在移动互联网时代下，沪江网应向平台转型，而建立平台最关键的则是用户规模，如果能够较快积累2亿~3亿用户并且留存下来，平台就算建成了。从网校模式到平台战略，很多人难以理解，在内外部都存在如何定位和分类的质疑，甚至当时加入沪江一年多的副总裁李骏也没有看懂平台。但是，让伏彩瑞可以稍微松口气的是，不到两年时间，伏彩瑞搭建的平台雏形初现，并逐渐实现盈利。

从2013年开始，面对快速发展的移动互联网，伏彩瑞忧心忡忡，他发现整个互联网进入了人人互联的时代，沪江原有的“线上新东方”模式已经不适合当时的发展。团队成员讨论之后，便决定再次转型做人人可以在沪江平台上共享资源的教育创业平台，将教的人和学的人联系在一起。于是，伏彩瑞和团队另辟蹊径，决定让沪江转型为一个移动互联网教育平台。这个平台既不是“线上新东方”，也不是“教育界的淘宝”。在很长一段时间，沪江将更像是“教育界的京东”。伏彩瑞设想，未来平台将兼容教育的各个领域，沪江要做好底层服务，开门合作，吸引专业教育机构、学校入驻，资源共享，到最后自营内容可能只占一小部分。

2013年12月，伏彩瑞经真格基金创始人徐小平介绍参加欧美同学会在北京举办的一个论坛。作为演讲嘉宾，伏彩瑞谈了沪江的模式和对互联网教育的看法。令伏彩瑞没有想到的是，百度董事长兼CEO李彦宏正好也参加了这个论坛，并对他讲的东西很感兴趣，私底下又约他详细谈了谈后，当场表示要对沪江网进行战略投资。于是，在2014年，沪江网获得了百度1亿美元的C轮战略投资，公司估值超过8亿美元。

融资对沪江转型至关重要，但要实现转型成功，伏彩瑞要面对的挑战还有很多。特别是向移动端转型的困难之大，远远超过了伏彩瑞的想象。原来的标准、后台适用于PC端，跟移动端的兼容性不高，新标准的建立也并非一朝一夕可以实现。人才、战略、内容等方面的储备，被死死地捆绑在PC端，更为重要的是PC端业务还是公司收入的重要来源。然而，在伏彩瑞看来，PC端和移动端并不是一个二选一的问题，也不认为PC端的多年积累是包袱和错误，而应想办法整理其精华，并将其转移到移动端。因此，伏彩瑞努力寻找二者的黄金分割点，一面大力发展原有业务，一面进行新的布局。2015年10月28日，伏彩瑞向外界宣布，沪江获得了超过10亿元人民币的D轮融资，汉能投资、软银麟毅、皖新传媒、中民投等参与投资，目前沪江估值70亿元。

沪江网一步步走向成功，得益于伏彩瑞的卓越领导。作为一个创业型领导，伏彩瑞不仅能够确立清晰的组织目标，在必要时进行团队的"自我革新"，有效应对商业环境的高度不确定性所带来的冲击，还能充分调动团队的积极性和创造力。此外，伏彩瑞较强的沟通能力也在一定程度上避免了团队冲突的产生，增强了团队成员之间的凝聚力。同时，也为团队的发展获得了必要的资源支持。

资料来源：伏彩瑞创业故事．中国企业家杂志，2020-02-07，https：//zhuanlan．zhihu．com/p/94815608；郭朝飞，郭紜记．伏彩瑞：独角兽如何炼成．中国企业家，2015(22)：67-70；沪江网伏彩瑞：琢磨把学习这件事弄简单．新浪财经，2014-08-20；沪江网校．百度百科，https：//baike．baidu．com/item/沪江网校/10204437？fr＝aladdin．

◎ 参考文献

[1]陈晶，鲁欣怡．领导力理论研究的窘境与出路——兼谈领导力六维框架构想[J]．管理现代化，2021(2)：82-86．

[2]陈忠卫，史振兴．创业机会的识别与开发研究——以微软与谷歌的案例比较[J]．管理案例研究与评论，2010(4)：273-284．

[3]郭衍宏，高英，李思志．创业型领导对追随者创造力的影响——工作情境与非工作情境双路径研究[J]．科技进步与对策，2019(19)：145-152．

[4]柯江林，孙健敏，石金涛．变革型领导对R&D团队创新绩效的影响机制研究[J]．南开管理评论，2009(6)：19-26．

[5]林芹，易凌峰．创业型领导对团队创造力的跨层次影响研究[J]．外国经济与管理，2020(9)：107-120．

[6]史金平．管理学[M]．高等教育出版社，2006．

[7]王弘钰，刘伯龙．创业型领导研究述评与展望[J]．外国经济与管理，2018(4)：84-95．

[8]谢正臣．领导者的影响力及提升[J]．领导科学，2008(23)：38-39．

[9]杨静．创业型领导研究述评[J]．中国人力资源开发，2012(8)：5-9．

[10]杨娟，官振中，蒲波．创业型领导的概念、维度与影响机制综述[J]．领导科学，2019(11)：62-64．

[11]于晓宇，蔡莉．失败学习行为、战略决策与创业企业创新绩效[J]．管理科学学报，2013(12)：37-56．

[12]张君，王国洪．变革型领导对团队创新绩效的影响机制分析[J]．企业经济，2020(9)：37-43．

[13]赵思嘉，易凌峰，连燕玲．创业型领导、组织韧性与新创企业绩效[J]．外国经济与管理，2021(3)：42-56．

[14] ANDRIOPOULOSC，LEWISM W. Managing innovation paradoxes：ambidexterity lessons from leading product design companies[J]．Long Range Planning，2010(1)：104-122．

[15] BAGHERI A. The impact of entrepreneurial leadership on innovation work behavior and

opportunity recognition in high-technologySMEs [J]. Journal of High Technology Management Research, 2017(2): 159-166.

[16] Bono J E, T A. Personality and Transformational and Transactional Leadership: A Meta-analysis[J]. Journal of Applied Psychology, 2004(5): 901.

[17] COVIN J G, SLEVIN D P. The entrepreneurial imperatives of strategicleadership [A]. HITT M A, IRELAND RD, CAMPS M & SEXTON DL. Strategic entrepreneurship: creating a new mindset[M]. Oxford: Blackwell Publishers, 2002.

[18] Dvir T, Eden D, Avolio B J, et al. Impact of Transformational Leadership on Follower Development and Performance: A Field Experiment[J]. Academy of Management Journal, 2002(4): 735-744.

[19] Grand J A, Braun M T, Kuljanin G, et al. The dynamics of team cognition: A process-oriented theory of knowledge emergence in teams[J]. Journal of Applied Psychology, 2016(10): 1353-1385.

[20] Gupta V, MacMillan I C, Surie G. Entrepreneurial leadership: Developing and measuring a cross-cultural construct[J]. Journal of Business Venturing, 2004(2): 241-260.

[21] HASFORD J, HARDESTY D M, KIDWELL B. More than a feeling: emotional contagion effects in persuasive communication [J]. Journal of Marketing Research, 2015 (6): 836-847.

[22] HUANG S, DING D, CHENZ. Entrepreneurial leadership and performance in Chinese new ventures: a moderated mediation model of exploratory innovation, exploitative innovation and environmental dynamism [J]. Creativity and Innovation Management, 2014 (4): 453-471.

[23] PRIETO L C. Proactive personality and entrepreneurial leadership: exploring the moderating role of organizational identification and political skill [J]. Academy of Entrepreneurship Journal, 2010(2): 107-121.

[24] Renko M, El Tarabishy A, Carsrud A L, et al. Understanding and measuring entrepreneurial leadership style [J]. Journal of Small Business Management, 2015(1): 54-74.

第五编

整合创业资源
——如何有效地进行融资与股权激励

第十章　整合创业资源

一、资源的本质

（一）资源的概念

资源是任何一个主体，在向社会提供产品和服务的过程中，所拥有或者所能够支配的能够实现自己目标的各种要素以及要素组合。对于创业者而言，凡是对创业有所帮助的要素，都可以归为创业资源的范畴。因此创业资源是指新创企业在创立和成长过程中需要的可获取的各种要素的总称。

我们经常说，“巧妇难为无米之炊”，同样的，要是没有资源，尽管创业者们手中攥着种种商机，也只能是纸上谈兵。因而，创业资源是新创企业创立和运营的必要条件，是创业企业开展生产经营活动的核心要素之一。创业者获取创业资源的最终目的是为了组织这些资源追逐并实现创业机会提高创业绩效和获得创业的成功。可以看到，创业过程的实质是各类创业资源重新整合、获取竞争优势的过程。

创业资源按其来源可以分为自有资源和外部资源，按其存在形态可以分为有形资源和无形资源，按其性质可主要分为实物资源、人力资源、财务资源和智力资源。此部分在第三章已进行详细阐述，这里不再赘述。

（二）资源基础理论

资源基础理论认为，企业是各种资源的集合体。由于各种不同的原因，企业拥有的资源各不相同，具有异质性，这种异质性决定了企业竞争力的差异。概括地讲，资源基础理论主要包括以下三个方面的内容：

1. 企业竞争优势的来源：独特资源

资源基础论认为，各种资源具有多种用途，其中又以货币资金为最。企业的经营决策就是指定各种资源的特定用途，且决策一旦实施就不可还原。因此，在任何一个时点上，企业都会拥有基于先前资源配置基础上进行决策后带来的资源储备，这种资源储备将限制、影响企业下一步的决策，即资源的开发过程倾向于降低企业灵活性。例如，拥有1亿元货币金的企业几乎可能涉足任何产业，但它一旦将这1亿元资金用来购买了化工设备及化工原料，它就只可能从事特定的化工生产。尽管如此，企业仍然热衷于资源的开发利用，因为资源的开发增加了资源的专用性，有可能提高产出效率及资源的价值。如果决策得当，上面那家只能从事化工生产的企业也许会从化工生产中赚回2个亿。

资源基础理论认为企业在资源方面的差异是企业获利能力不同的重要原因，也是拥有优势资源的企业能够获取经济租金的原因。作为竞争优势源泉的资源应当具备以下5个条件：①有价值；②稀缺；③不能完全被仿制；④其他资源无法替代；⑤以低于价值的价格为企业所取得。

2. 竞争优势的持续性：资源的不可模仿性

企业竞争优势根源于企业的特殊资源，这种特殊资源能够给企业带来经济租金。在经济利益的驱动下，没有获得经济租金的企业肯定会模仿优势企业，其结果则是企业趋同，租金消散。因此，企业竞争优势及经济租金的存在说明优势企业的特殊资源肯定能被其他企业模仿。资源基础理论的研究者们对这一问题进行了广泛的探讨，他们认为至少有三大因素阻碍了企业之间的互相模仿：

(1)因果关系模糊。企业面临的环境变化具有不确定性，企业的日常活动具有高度的复性，而企业的租金是企业所有活动的综合结果，即使是专业的研究人员也很难说出各项活动与企业租金的关系，劣势企业更是不知该模仿什么，不该模仿什么。并且，劣势企业对优势企业的观察是有成本的，劣势企业观察得越全面、越仔细，观察成本就越高，劣势企业即使能够通过模仿获得少量收入，也可能被观察成本所抵消。

(2)路径依赖性。企业可能因为远见或者偶然拥有某种资源，占据某种优势，但这种资源或优势的价值在事前或当时并不被大家所认识，也没有人去模仿。后来环境发生变化，形势日渐明朗，资源或优势的价值日渐显露出来，成为企业追逐的对象。然而，由于时过境迁，其他企业再也不可能获得那种资源或优势，或者再也不可能以那么低的成本获得那种资源或优势，拥有那种资源或优势的企业则可稳定地获得租金。

(3)模仿成本。企业的模仿行为存在成本，模仿成本主要包括时间成本和资金成本。如果企业的模仿行为需要花费较长的时间才能达到预期的目标，在这段时间内完全可能因为环境的变化而使优势资源丧失价值，使企业的模仿行为毫无意义。在这样一种威慑下，很多企业选择放弃模仿。即使模仿时间较短，优势资源不会丧失价值，企业的模仿行为也会耗费大量的资金，且资金的消耗量具有不确定性，如果模仿行为带来的收益不足以补偿成本，企业也不会选择模仿行为。

3. 特殊资源的获取与管理

资源基础理论为企业的长远发展指明了方向，即培育、获取能给企业带来竞争优势的特殊资源。由于资源基础理论还处于发展之中，企业决策总是面临着诸多不确定性和复杂性，资源基础理论不可能给企业提供一套获取特殊资源的具体操作方法，仅能提供一些方向性的建议。具体来说，企业可从以下几方面着手发展企业独特的优势资源。

(1)组织学习。资源基础理论的研究人员几乎毫不例外地把企业特殊的资源指向了企业的知识和能力，而获取知识和能力的基本途径是学习。由于企业的知识和能力不是每一个员工知识和能力的简单加总，而是员工知识和能力的有机结合，通过有组织的学习不仅可以提高个人的知识和能力，而且可以促进个人知识和能力向组织的知识和能力转化，使知识和能力聚焦，产生更大的合力。

(2)知识管理。知识只有被特定工作岗位上的人掌握才能发挥相应的作用，企业的知识最终只有通过员工的活动才能体现出来。企业在经营活动中需要不断地从外界吸收知识，需要不断地对员工创造的知识进行加工整理，需要将特定的知识传递给特定工作岗位的人，企业处置知识的效率和速度将影响企业的竞争优势。因此，企业对知识微观活动过程进行管理，有助于企业获取特殊的资源，增强竞争优势。

(3)建立外部网络。对于弱势企业来说，仅仅依靠自己的力量来发展他们需要的全部知识和能力是一件花费大、效果差的事情，通过建立战略联盟、知识联盟来学习优势企业的知识和技能则要便捷得多。来自不同公司的员工在一起工作、学习还可激发员工的创造力，促进知识的创造和能力的培养。

(三)最低资源与独特资源

最低资源即初创企业在创立发展过程中满足客户的最低需求并因此继续存在所需要的资源。我们这里要把最低资源和可能帮助企业获得竞争优势的资源区分开来。最低资源讲的是初创企业在特定市场中竞争所必需的资源。若一家初创企业没有这种资源，那它将无法满足客户的最低需求，因此就不可能在市场上生存下来。另外值得注意的时，在企业经营发展过程中，创业者若不在意初创企业的最低资源情况可能会给企业带来以下问题：

首先，企业最低资源的门槛要求会发生改变，通常会随着企业的关键成功因素的改变而上升，并且竞争者和新进入者的活动也会影响到门槛要求。由于竞争过程使资源需求日益成为难以达到的障碍，一些行业或部门的供应商逐渐被淘汰。因此，为了保持业务正常开展，有必要不断检讨和改进这一资源基础。

其次，企业为了满足不同类型的客户需求需要达到不同的最低资源水平，这时创业者可能需要做出权衡。例如，许多公司发现很难在需要大量标准产品的细分市场和需要增值专业产品的细分市场中竞争。第一种可能需要高产能、快速生产的工厂、标准化的高效系统和低成本的劳动力。第二种可能需要熟练的劳动力、灵活的工厂和更强的创新能力。企业若是在这方面不做出选择，很有可能无法实现任何一个部门所需的最低资源。

最后，我们要认识到，企业所需的最低资源可能涉及一些其他互补的资源和能力。如果在能力方面没有达到最低要求水平，就资源而言达到最低要求水平就没有什么意义。例如，一家企业拥有一个优秀的无形资源，比如一个历史上强大的品牌，如果没有营销能力去开发经营它，就没有多大用处。

虽然最低资源至关重要，但它们本身并不能创造竞争优势。如果企业具有竞争对手无法模仿的独特资源，那么企业就更有可能形成自身的竞争优势。独特资源的概念来自于上文所提到的资源基础理论。该理论认为，在公司之间可能存在着一种异质或差异，正是这些差异保持着企业的竞争优势。那么独特资源是指能够巩固竞争优势，竞争对手难以模仿或获取的资源。也可以说是对竞争优势起决定性作用的资源，是其他人无法模仿或获得的资源。它具有价值性、稀缺性、不可模仿性和不可替代性的特征。其中，价值指有价值的资源，它是公司实施构想和发展战略，提高运营效率和效能的基础；稀缺指资源的稀缺，资源即使再有价值，一旦为大多数公司所拥有，它也是不能为企业形成自身优势的；不可模仿是指无法仿制的资源，一般需要具备因果模糊性和发展路径依赖性等特点；不可替代性指难以替代的资源，不能够存在一种既可复制又不稀缺的替代品。当企业资源同时具备价值、稀缺、难以被模仿和难以替代这四大特征时，该资源就成为企业形成和保持竞争优势的有力武器。例如一项专业技术、一个强大的品牌，或寻找提供服务或与供应商建立关系的方式竞争对手很难模仿等都可以形成自身的独特资源。同时，企业光是拥有这些资源是不够的，还需要有整合管理利用这些资源的能力，才能保证有效的服务水平。

二、创业者的资源获取

(一)创业者需要什么样的资源

创业资源对于初创企业的成长具有很好的支撑作用，人才与技术、创业资金、社会资本在创业中更是发挥着极其重要的作用。

人才与技术是基础资源。人才资源及其所附属的技术资源在创业中起到基础作用。在创业阶段，企业的资源是极其匮乏的。初始阶段唯一的资源往往只有创业者本身，其他资源往往都需要创业者去主动获取、开发整合。而技术资源是附属人力资源而存在的，在任何行业开展业务都需要一定的专业技术资源。

资金是重要资源。资金及其背后的财务管理在创业中起到重要作用。初创企业资金一般是极度匮乏的，而初创企业开展生产经营活动需要资金的维持，工作室、厂房的租赁、原材料的采购和运输、雇用人力等各个环节都需要资金的支持。然而很多创业者往往对自己的项目充满信心，认为一旦投入经营就能够迅速实现盈利以弥补前期创业过程中的资金短缺，但事与愿违，很多时候初创企业在初创期的很长一段时间是不会实现盈利的，或者说收入不会像预计那样可观。因此，创业之前必须要做好思想上和资金上的准备。

社会资本是关键资源。社会资本是人与人之间发生交际而产生的价值。它与人与人之间的社会关系有关，而不是单个人的资源。另外，它是外部的，但又可以被初创企业所获取、开发、利用。创业成功的关键是获得社会资本的支持，包括客户、上游供应商和下游渠道商。利用社会资本，有利于通过人与人之间的关系网，加强创业者与外部的合作和信任，降低创业的潜在风险和交易成本。

(二)创业者所处的资源困境

1. 初始资源匮乏

初始资源匮乏是初创企业的最大短板之一，也是影响创业者获取创业资源的重要因素。初创企业规模小、资金少、人才缺，发展时间短，底子薄，发展前景难以预测。因此，如何在初创企业资源奇缺情况下吸引投资者，获取更多资源与外界支持，是提高成功概率的关键。

2. 创业企业影响创业资源获取的因素

创业企业所处行业、发展方向、经营业务、产品服务、差异化优势、创业团队特征等都会影响到创业资源的获取。如果创业企业的主要项目技术领先、竞争对手少、具有极大的差异化优势和发展潜力、创业团队分工明确、执行力高，企业制度也比较完善，那创业者极有可能得到天使投资者、专业 VC 的大力支持。

3. 资金获取渠道狭窄

创业者往往筹资渠道狭窄，筹资难度大，对金融知识了解不够深入，不了解资本市场的各种筹资方式、筹资条件、优缺点及使适用条件，不懂得筹资相关知识，没有正确的筹资意识，不知道该如何准备项目材料和说服投资者投资。

三、如何获取创业资源

(一)创业资源获取途径

在这里我们将获取创业资源的途径分为市场交易途径和非市场交易途径。

1. 通过市场交易途径获取资源

(1)创业基金的政策和企业孵化器。在很多城市的政府机构、创业园区都有为创业者提供创业基金的政策和企业孵化器，为初创企业提供办公场所和初始资金；一些知名创业扶植服务机构、基金也会定期举办创业大赛、Demo 活动。用赢取创业基金的方式筹集创业的“第一桶金”，不失为一个高效、可行的办法。但同时也要求创业者具备足够的实力，从众多申请者中脱颖而出。如创业邦推出的“创新中国孵化计划”，由创业邦天使基金会为每家入孵企业提供50万~200万元的启动资全，帮助创业企业度过早期最艰难的时刻。创业者应该多参加同行业的创业者活动，这些创业活动不仅是给予创业者激励，也创造了很多交流创业经验，进行思想碰撞的机会。

(2)申请银行贷款。很多银行都设有小额担保贷款，虽然金额不大，但在必要时也可以满足企业日常运营的资金周转，有助于维持初创企业的日常生产经营。

(3)寻找天使投资人。天使投资主要面向于初创期和种子期的企业，投资资金的数量较少，一般在几万到几十万元不等。目前我国天使投资人主要有两大类：一类以成功企业家、成功创业者、风险投资机构高管等为主，他们了解企业的难处，并能给予创业企业帮助，往往积极为公司提供一些增值服务，比如战略规划、人才引进、公关、人脉资源、后续融资等，在带来资金的同时也带来关系网络，是早期创业和创新的重要支柱；另一类是专业人士，比如律师、会计师、大型企业的高管以及一些行业专家，他们虽然没有太多创业经验和投资经验，但拥有闲置可投资金，以及相关行业资源。我们在第十一章有专门做这方面的以及如何获得天使投资人的青睐的介绍，在此不赘述。

(4)众筹募资。创业者可以把自己的产品原型或创意提交到众筹平台，发起募集资金，由感兴趣的人来捐献指定数目的资金(捐助者可以在项目完成后，得到一定的回馈，如这个项目制造出来的产品)。有了这种平台的帮助，任何想法的人都可以启动一个新产品的设计生产。

(5)其他途径。典当贷款：典当期限短则5天，长则半年，到期还可以延期；典当金额少则几百元，多则上百万、上千万元，这些都可以双方协商约定。小企业的扩张发展选择典当贷款，不失为一种有效的融资方式。

2. 通过非市场交易途径获取资源

(1)创业者自身的积蓄。对于大部分的创业者而言，从萌生创业想法到最终付诸实践，在这中间总有机会让你攒下一些积蓄。“先打工挣钱，再出来创业”也成了许多创业者的路径规划。

(2)寻找合伙人。不少人选择合伙创业的方式来减轻创业初期资金短缺的压力。一开始最好是两个人合伙，这样的合伙只需要考虑两个人的创业匹配度：首先两人的能力是不是互补，互补组合才能更好发挥作用。否则容易造成内耗和浪费。短板没人能补上，整体能力就会大打折扣。其次两人的价值观是否统一。最后，有没有容错能力，是否会出现问题相互指责、推诿，所以现在好多合伙创业最后以好友绝交收场。

(二)创业资源获取技巧

为了及时足额并以较低的成本获得创业所需要的资源，创业者需要掌握一定的创业资源获取技巧。

1. 充分重视人力资源的获取

人力资本在创业资源中的决定性作用要求创业者必须充分重视人力资源的获取。创业者一方面应努力增强自身能力的培养，另一方面应充分重视创业团队的建设。一支知己知彼、才华各异、能力互补、目标一致和彼此信任的团队是创业资源中最为重要的资源，也是创业成功必不可少的保证。

2. 以能用和够用为原则

创业者在筹集资源时应坚持能用的原则，只有满足自己需求的，自己可以支配并使其充分发挥作用的资源，才是需要筹集的资源。另外，资源的使用是有代价的，因此，在筹集创业资源时应该本着够用的原则，而不是多多益善。一方面资源的有限性使创业者难以筹集过多的资源；另一方面，当使用资源的收益不能弥补其成本时，资源的使用并不能给企业带来效益。

3. 尽可能筹集多用途资源和杠杆资源

资源自身的特性决定了其用途的不同，有的资源可能在不同场合具有不同的用途，筹集具有多种用途的资源可以帮助创业者应付创业过程中出现的意外；在知识社会，具有独特创造性的知识是现代社会的高杠杆资源，对于杠杆资源的合理利用，有助于创业者取得一定的杠杆收益，达到事半功倍的效果。

四、建立外部资源机制

(一)了解利益和利益相关者

利益相关者是那些依赖于一个企业来实现他们自己的目标的个人或团体，反过来，企业也依赖于他们来实现自身的经营发展。

我们认为，可以将利益相关者分为直接利益相关者和间接利益相关者。直接利益相关者在这里我们认为是那些对公司投入了专用性资产而这些资产又在企业中处于风险状态的自然人或法人，没有他们，公司就不能作为一个经营主体存在下去，如股东、经营者、职工、债权人、客户、供应商等；间接利益相关者是指虽然不与公司发生直接商事关系，但客观上影响公司或受到公司影响，公司必须对其承担一定社会责任的利益主体，如社区、政府、社会团体、新闻媒介等。

由于利益相关者群体的期望不同，在战略的许多方面的重要性或可取性方面存在冲突是很正常的。在大多数情况下，在不可能同时实现的期望的情况下，需要达成妥协。创业者也需要尽可能多地找到利益相关者，识别利益相关者的利益所在，寻找他们的共同利益。

(二)建立共利互赢机制

在了解利益和利益相关者的基础之上，构建与利益相关者的互利共赢机制，有利于企业形成自身的核心能力。共同利益的实现需要共赢机制作为保证。共赢多数情况下难以同时赢，更多的是先后赢，创业者要设计出让利益相关者感觉到赢，而且是优先赢的机制。

有了共同的利益点，以及良好的资源整合机制，并不意味着就可以开展合作了，到目前为止，只是具备了合作的前提条件。要于外部的资源所有者进行有效合作，创业者还需要构建一个能使利益各方都获利的机制，创业者在给自己项目带来新收益的同时，给资源拥有者也给予一定回报，并能使对方合理规避风险。

(三)建立信任维系关系

在了解利益相关者和构建互利共赢机制的基础上，建立信任维系关系，维持信任长期合作，有利于创业者获得更多帮助，提高资源整合的程度。创业者在初创企业时面对资源缺乏是很正常的，是绝大多数创业者都会面临的问题。关键是看创业者能否在资源约束情况下寻找突破口，而与利益相关者信任关系的建立就有助于得到他们的帮助，加强资源整合，减少资源束缚的压力，降低风险，扩大收益。

五、外部资源整合过程

（一）建立资源前的准备

1. 建立个人信用

建立良好的个人信用有助于企业生存和发展。建立个人信用也可以说是创业者的诚信品质。创业者的品质和行为作风将会反映到他所创立的企业上面来，形成企业的特质。创业者良好的信用，对内有利于诚信这一企业文化的形成，有利于将企业在长期奋斗中形成的优良品质、顽强作风挖掘和提炼出来，成为大家认同和遵从的价值规范。对外有利于提升信誉度，获得投资人的信任和青睐，同时也更容易获得银行信贷支持，为创业和发展赢得机遇。

创业者建立良好的个人信用有利于促进企业内外有效沟通。对企业管理来说，管理的主体是人，人的因素是企业成功的关键因素，所有的管理问题归根结底都是沟通的问题。创业者信用好，一个企业就更可能有乐于沟通的良好的信用文化环境，人与人之间相互尊重就多，友情就多，心气就顺，人气就旺，就有利于克服部门之间的本位主义，培养和激发员工的主人翁精神，增强企业的凝聚力和向心力。

建立良好的个人信用是企业获得最大利润的基础。企业的生存与发展是以经济利益最大化为目标，而真正持久的经济效益来自于诚信经营。而诚信经营更能够提高客户对企业的满意度和忠诚度，这有利于企业在日趋激烈的市场竞争中更快地开拓市场，保证企业经济效益平稳、健康、可持续增长，在更长远的时间跨度上获得最大利润。

2. 积累人脉

人在交往的过程中，很多时候是想通过交往的对象实现自己在精神或物质上的需求。人是群体动物，人的成功只能来自于他所处的人群及所在的社会，只有在这个社会中游刃有余，才可能为事业的成功开拓道路。若是没有非凡的交际能力，免不了处处碰壁。一个创业者如果不能在最短时间内建立自己最广泛的人际网络，那么他的创业一定会很艰难，即使其初期能够依靠领先技术或者自身素质，比如吃苦耐劳精打细算，获得某种程度上的成功，我们也可以断言他的事业是做不大的。

而人脉的意义不在于你认识谁，而在于你能吸引谁，吸引谁的根本在于能给对方提供什么价值。这种价值并非只是那种相互勾结利用的商业价值、任何情感价值、娱乐价值、信用价值、学术价值都可以。在一些交际中，我们经常听到一些人抱怨朋友不讲交情，不够义气。其实，引起这种抱怨的主要原因就是自己的某种需求没有得到满足。在这过程中，我们不必抱怨别人是多么势利，而应该多想一想，自己对别人有什么价值。

相信我们在生活中会接触形形色色的人，而这些人就是我们的资源。例如在读的大学生就要善于建立良好的同学关系和师生关系，勤于参加社团活动和社会实践，建立健康有益的人脉关系，创造和积累基于同事关系、师生关系和亲友关系的社会资本。我为人人用，人人为我用，我们要善用人与人彼此的资源。

(二)初创企业发展阶段资源需求情况

初创企业通常需要经历种子期、萌芽期、初创期、发展期、扩展期、成熟期、Pre-IPO和IPO八个阶段，每个阶段都会有鲜明特征以及资金需求。

1. 种子期

种子期是创业的第一个阶段。在这个阶段，创业者仅有一个好的点子或创意而已。创业者突发奇想有了创业的想法，但是没有创业相关知识和能力，对创业具体要做什么一无所知。这时候创业者会找一些有经验的人进行交流，通过查阅资料、市场调研，通过周边朋友、家人、老师等进行研讨论证，不断丰富完善自己的想法。

种子期有下列特点：①尚未注册企业或刚刚注册了企业；②尚未或正在进行市场调研；③尚未或正在制订商业计划；④尚未形成核心创业团队，没有产品或服务，没有销售和利润。

在种子期，主要是创业想法的完善，资金需求较少，主要是调研、验证想法方面的支出，例如购买书籍、电子资料、走访差旅费等。这一阶段投资成功率最低，但成功后投资回报率很高。这一阶段需要进行种子融资，即提供给企业用于验证某项方案或者某项产品的资金。

2. 萌芽期

企业逐渐走向资深，对项目的了解加深，有了更多的想法，知道创业大概要怎么做，需要些什么资源。创业者这时候会做两件事：第一，开始创建核心团队，通过各种途径认识志同道合的人，拉拢成为团队成员，并围绕项目开始行动，努力把想法做一个快速的原型实现。第二，拼凑启动资金，研发最简单的产品，把想法从土地里萌芽出头，长出产品原型。在这个阶段，创业者需要进行较深入的市场调研，理清自己的想法，制订初始阶段的计划、目标，制订商业计划书，详细说明发展计划、资金需求、预期成果。

萌芽期通常持续3个月到1年。这一阶段需要进行萌芽融资，即提供给企业用于产品开发及开展早期营销的资金。对于正处于组建阶段或创建时间不到1年的企业，帮助其在市场上出售产品，配备核心领导团队，制定商业计划。这一阶段可以通过自己的存款、来自亲戚朋友等的借款、团队成员的合伙筹措资金等筹集资金。

3. 初创期

初创期即产品或服务开发期。经过种子期和萌芽期后，企业需进行产品或服务的开发。该时期的特点有：企业已经注册；商业计划已确定；核心团队正式形成并开始运作，可能还会对外招收少量兼职工作人员。由于创业核心团队是初步形成的，需要建立精益的管理模式、基本的日常制度、有效的团队例行沟通方式。风险投资企业会持续观察创业团队的执行力，会需要创业团队提供市场调查结果，以决定是否进行持续投资、是否需要提出调整管理团队和发展策略的建议等。这个阶段以产品开发为主，阶段结束时产品被快速迭代开发、全面测试，完善功能特性和数据内容，持续提升客户体验，提炼核心目标和用户价值。在某些情况下，产品在被推向市场，进行适度营销和销售。但是基本没有销售和利润，处于亏损状态。这一阶段需要向投资人解释清楚理念的价值所在。投资人则会关注于理念的技术和市场可行性研究，确认其是否具备现实的投资价值。如果理念或产品中存在部分的价值，那么投资人会帮助进行价值提取、聚焦或延伸扩展，投入更多时间进行观察和考量。这个阶段，由于产品已经进行了有限和局部的市场检验，产品价值变得为清晰，不确定性得以减少，可以有一个基本的收入预测，便于投资人更好地确认是否具备足够的商业价值和发展空间，投资损失风险开始缩小。

创业者在初创期需要早期产品或服务的开发资金，以进行产品或服务的开发，进一步完善核心团队，建立和发展销售渠道，寻求商业合作伙伴等。风险投资常把萌芽期和初创期资金称为第一轮融资，即提供给初期资本业已支出且急需资金用于开展商业生产和销售的企业。

4. 发展期

发展期，又称成长期，即企业生产出产品，正常运营，并逐步量产，将产品或服务推向市场，并对资金的需求把握得更加准确。其特点有：①已有开发完成的产品和服务，且服务或服务已推向市场；②已有销售收入；③尚未盈利或已有少量利润。

在发展期，企业需要发展资金，以进行规模化生产，维持迅速增加的库存和应收账款，以及促销产品和服务，而此时从销售收回的现金流量还不足以支持发展所需的资金。所以企业还需进行第二轮的融资。即提供给应收账款和库存双增长的企业，帮助其实施早期扩张的营运资金。尽管该类企业已经有所发展，但可能仍未赢利。

5. 扩展期

在扩展期创业企业将扩大规模、开发新产品、占领市场，需要花大量的钱来快速发展和扩张。这一阶段企业面临主要的两个关键要素：市场竞争和运营成本。这两个方面的执行和控制将决定企业能否持续健康成长，在这个阶段，产品形态、业务模式可能会根据市场竞争情况做出较大的调整，投资人将观察该阶段创业团队的管理、规划和应变能力；产品开发成本将减少，运营成本比重将大幅提高需要关注分析、优化营销效果和用户反馈。伴随创业团队的成长，投资损失的风险在这个阶段进一步下降。这个阶段，运营、市场、营销、运维管理、人事、财务各方面的人才都需要补充进来，产品开发人员比例降低到30%左右。企业还需要进行第三轮的融资。到扩展期结束，企业应有利润并占领了一定的市场份额。企业的扩展期要2~3年。

处于扩展期的企业会出现严重的“资金饥渴症”，导致企业进入融资的怪圈中，不断地从各种渠道募集资金。此时的企业尽管盈利能力很高，但企业的利润都用于扩大生产规模，包括新产品的设计以及生产工艺的更新，因而企业的资金始终短缺，企业的融资需求十分巨大。

6. 成熟期

成熟期是企业扩展期的延伸。进入这一阶段，企业的特点有：已获得可观的销售收入；已拥有一定的市场份额。

在这个时期，企业需要开发新产品或新服务，扩大规模，以进一步占领市场和领导市场。有时企业需要进行第四、甚至第五轮的融资。到晚期结束，企业应已赢利和有正的现金流量，并已占领了相当的市场份额。这个时期通常持续 2~3 年。

7. Pre-IPO

预上市阶段，创业者需要确定企业未来的发展方向：上市、被并购或继续独立(以私有形式)发展。为了使风险投资价值化，获得高额回报，风险投资企业通常促成所投资的创业企业走上市和被并购之路。如果上市，由于此时企业的股份仍然相对集中，为了满足上市的要求，企业需要获得夹层资金以调整股本结构等。如果被并购，企业可能被兼并和收购(并购可分为吸收并购、新设并购和购售控股权三种形式)。收购方有可能采取杠杆收购的形式。在杠杆收购的情况下，企业可能被该企业的经理人员或其他收购方所收购。收购方可以目标企业的资产或未来的现金做抵押向银行(主要是投资银行)以优先债形式获得 60%左右的收购所需的资金，从风险投资企业以可转化债券和优先股形式获得 30%左右的夹层资金，以及自己投入 10%左右的资金来完成杠杆收购。所以上市或被并购通常会涉及夹层资金，因此，这段的融资通常称为夹层资金。夹层融资，即提供给企业，帮助其实施大规模扩张的资金。此时，企业的销售有所增长，企业经营保持不盈不亏。此种追加资本只对企业进一步扩张以及改良产品的营销或开发提供资金支持。

8. IPO

IPO 为 Initial Public Offering 的简写，释义为首次公开募股，指一家企业或股份有限公司第一次将其股份向公众发售，以期募集用于企业发展的资金。Pre-IPO 则是指企业上市 IPO 前的最后一轮融资，即对有上市预期且上市条件成熟的企业进行投资，是预上市阶段。

(三) 创业资金测算

企业运营之前，为了保证企业在成立后的业务活动能顺利运转，创业者要对开展企业经营的所需资金有一个大致的估算。企业投入运营之后很难保证能够立刻实现盈利，因而在企业达到收支平衡之前，创业者需要有足够的资金来维持企业的正常运转，我们认为初创企业在刚起步阶段至少需要备足 6 个月的各种预期费用。创业者需要列出企业启动的各种费用支出，例如：

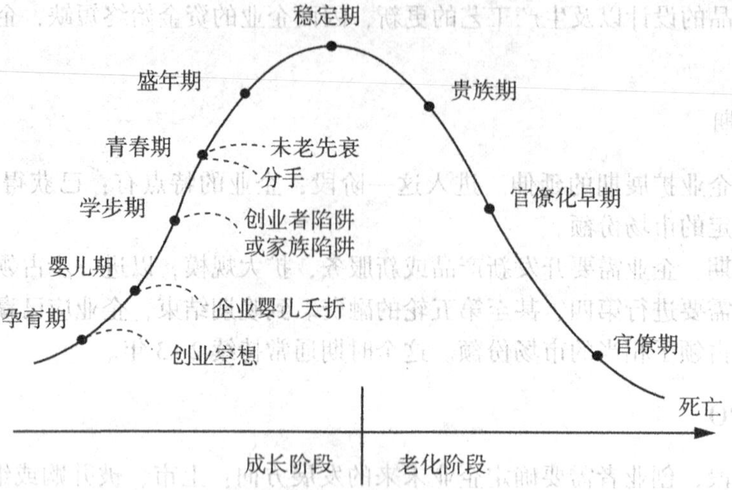

图 10-1　企业生命周期

资料来源：伊查克·爱迪思．企业生命周期．北京：华夏出版社，2004.

(1)列出企业运营所需的设备、家具、办公用品以及人员配备。

(2)将启动费用按项目进行细致分类，包括：库存费用、企业标志制作费用、销售和营销印刷品或工具费用、产品研发费用、营业执照申请费用、相关许可证办理费用、流动资金、法律与专业服务费用等。

(3)计算每月应支付的房租、办公用品、设施、商业和健康保险、税金、网络接入、运输及其他服务的费用。

(4)各种费用开支还要包括：创业者个人工资、员工工资或外包商的费用。

不同行业的企业在启动阶段可能会产生不同的附加成本。因此，为了确保费用估算的准确度，创业者可以将每项实际费用多估算出一部分，从而将估算费用控制在安全范围之内。然后，在开始撰写商业计划书和寻找启动资金之前，对所估算的费用进行合计复查。

根据资金投入企业的时间，可以把创业资金分为投资资金和运营资金。下面我们对测算这两项资金做一个介绍。

1. 测算投资资金

对投资资金进行估算，有助于我们研究、分析、计算参与项目的经济效果。对进行项目决策有很好的参考作用。在估算投资资金时，大部分创业者都会考虑到员工、购置厂房、设备及材料等支出，但往往忽视了设备的安装维护、创业者的工资支出等。这里我们将投资资金的项目以表格形式一一列举，方便初创者更合理的估算创业所需资金(见表 10-1)。

表 10-1　　　　　　　　　　　　投资资金估算表　　　　　　　　　　　单位：万元

行次	项目	数量	金额
1	房屋、建筑物		
2	机器设备		
3	办公家具		
4	办公用品		
5	员工工资		
6	创业者工资		
7	业务拓展费		
8	房屋租金		
9	存货的购置支出		
10	广告费		
11	水电费		
12	电话费		
13	保险费		
14	设备维护费		
15	营业税费		
16	开办费		
17	应急费用		
18	…		

2. 测算运营资金

营运资金的估算需要根据财务预测的方式确定企业未来的销售收入、成本和利润。

(1)编制预计利润表。

利润表是反映企业在一定会计期间经营成果的报表。例如，反映某年 1 月 1 日至 12 月 31 日经营成果的利润表，由于其反映的是某一期间的情况，又称为动态报表。我们通过编制预计利润表，有助于对企业预算期的盈利水平有大致的掌握，同时也将利于各项预算的检查和修订，使之更趋于合理。当出现预算利润与最初编制方针中的目标利润有较大偏差，此时就需要调整预算，设法达到目标，或者企业创始人修改目标利润。

因此，我们建议初创企业在初期做好营业收入、营业成本和各项费用估算(见表10-2、表 10-3)，并按期预估企业的利润变化(见表 10-4、表 10-5)。

表 10-2　　**总成本费用估算表**　　单位：万元

项目	第一年金额	第二年金额	第三年金额	第四年金额	第五年金额
1. 原材料					
2. 燃料和动力					
3. 工资及福利费					
4. 折旧费					
5. 其他制造费用					
6. 摊销费					
7. 其他管理费用					
8. 销售费用					
9. 财务费用					
10. 总成本费用					
11. 经营成本					
12. 固定成本					
13. 变动成本					

表 10-3　　**销售收入及税金估算表**　　单位：万元

项目	2020 年	2021 年	2022 年	2023 年	2024 年
一、单价(不含税)					
二、销售量					
三、销售额					
四、增值税销项税额					
减：增值税进项税额					
五、应交增值税					
六、应交营业税					
加、应交城建税(7%)					
加、应交教育附加(5%)					
七、销售税金及附加合计					

表 10-4　**预测损益表**　单位：万元

项目	2020 年	2021 年	2022 年	2023 年	2024 年
年产销量					
一、产品销售收入					
减：销售税金及附加					
总成本费用					
二、利润总额					
减：所得税(25%)					
三、净利润					

表 10-5　**利润表**　单位：万元

项目	本期金额	上期金额
一、营业收入		
减：营业成本		
营业税金及附加		
销售费用		
管理费用		
财务费用		
资产减值损失		
加：公允价值变动损益(损失以"-"号填列)		
投资价值		
其中：对联营企业和合营企业的投资收益		
二、营业利润		
加：营业外收入		
减：营业外支出		
其中：非流动资产处置损失		
三、利润总数		
减：所得税费用		
四、净利润		
五、每股收益：		
(一)基本每股收益		
(二)稀释每股收益		

（2）编制预计资产负债表。

预计资产负债表（见表10-6）是依据当前的实际资产负债表和其他预算所提供的资料编制而成。可以为企业管理当局提供会计期末企业预期财务状况的信息，它有助于创业者预测未来期间的经营状况，并采取适当的改进措施。

表10-6　**预计资产负债表**　单位：万元

资产	期初数	期末数	负债及所有者权益	期初数	期末数
流动资产			流动负债		
货币资金			短期借款		
短期投资			应付票据		
应收票据			应付账款		
应收账款			预收账款		
减：坏账准备			其他应收款		
应收账款净值			应付工资		
预付账款			应付福利费		
应收补贴款			未交税金		
其他应收款			未付利润		
存货			其他未交款		
待摊费用			预提费用		
待处理流动资产净值			一年内到期的长期负债		
一年内到期的长期债券投资			其他流动负债		
其他流动资产					
			流动负债合计		
流动资产合计			长期负债		
长期投资			长期借款		
长期投资			应付债券		
固定资产			长期应付款		
固定资产原价			其他长期应付款		
减：累计折旧			其中：住房周转金		

续表

资产	期初数	期末数	负债及所有者权益	期初数	期末数
固定资产净值					
固定资产清理			长期负债合计		
在建工程			递延税项		
待处理固定资产净损失			递延税项贷项		
固定资产合计					
无形资产及递延资产			负债合计		
无形资产			所有者权益		
递延资产			实收资本		
			资本公积		
无形资产及递延资产合计			盈余公积		
其他长期资产			其中：公积金		
其他长期资产			未分配利润		
递延税项			所有者权益合计		
递延税项借款					
资产总计			负债及所有者权益总计		

(四)确定资金来源

创业者们在计划新创一家企业时都会面临这样的问题：创业的资金哪里来？筹资渠道有哪些？哪种融资方式更加有利于本企业的发展？此时，了解并确定资金来源尤为重要。如果不考虑通过将留存收益转化为投资这种内源性融资方式，企业融资的基本方式可以概括为只有债务融资和股权融资两种。

1. 债权融资

债券融资是大部分创业者们的主要融资渠道。他们通常将短期借款(一年或一年以内)用作营运资本，通过销售收入进行偿还。长期债务(1~5 年的中期贷款或五年以上的长期贷款)常用于资产或设备采购，所购置的资产同样作为贷款的抵押。债权融资来源包括：商业银行、社交借贷或众筹、其他债权融资来源(商业信用、应收账款融资、金融公司、保理公司、租赁公司、互助储蓄银行、储蓄贷款协会、保险公司)，其中商业银行是债权融资最常见来源。表 10-7 对各种融资来源、企业类型、融资期限进行了汇总。

表 10-7 **最常见的债权融资来源**

来源	获得融资的企业类型		融资期限		
	初创企业	发展中企业	短期	中期	长期
商业银行	较多，但仅对拥有雄厚资本者或抵押	可以	频繁	较多	补偿提供
商业信用	可以	可以	可以	不提供	不提供
金融公司	不常提供	可以	非常频繁	可以	不常提供
保理公司	不常提供	可以	非常频繁	不常提供	不提供
租赁公司	不常提供	可以	不提供	非常频繁	偶尔
互助储蓄银行 储蓄贷款协会	不常提供	仅提供给不动产企业	不提供	不提供	仅提供给不动产企业
保险公司	很少	可以	不提供	不提供	可以

2. 股权融资

股权融资是无需创业者偿还本金或利息的融资方式。由于无需偿还债务，因而这种方式对于新创企业而言比债权融资更加安全。股权融资要求分享企业所有权与利润，企业放弃部分所有权换回相应资金。通俗来说就是，一个创业项目的创业者把该项目的部分股权拿出来，让投资者出一定的钱来购买他的股权。当然购买股权可能有两种情况，一种是你出让股权，投资者付给你钱，你拿到的是股权转让价款。另一种是投资者向你的项目投入一笔钱，然后获得公司一定比例的股权。

3. 融资方式比较

创业者在选择融资方式时，要熟悉二者利弊，结合自身情况，考虑不同情形之下的融资成本，做出较为科学的决策。股权融资和债权融资各有利弊，如表 10-8 所示。

表 10-8 **融资方式的比较**

比较项目	债权融资	股权融资
本金	到期归还本金	永久性资本，无需还本付息
资本成本	利息固定，资本成本较低	根据企业经营情况变动，资本成本相对较高
风险承担	高风险	低风险

续表

比较项目	债权融资	股权融资
企业控制权	企业控制权得到维护	分散企业控制权
资金使用限制	限制较多	限制条款少

(五)寻找合作伙伴

1. 编撰商业计划书

一份缜密、可行的商业计划书可以将一个不错的创意转变成为一个成功的企业。商业计划书是获取风险投资的敲门砖，也是一份全方位的公司计划，是对公司或拟建立公司进行宣传、分析和融资的文件。具体来说，商业计划书是为新项目、新技术、新创意寻找资金的工具和文件，其目的是使投资者了解公司的运行状况、市场地位和市场前景，吸引投资者把风险资金投入公司。

无论是把新技术转变成新产品，把新创意发展成新公司，还是对现有公司进行重组和变革，这些活动都离不开商业计划书。在创业之初，一份完善的商业计划书不仅可以帮助创业者分析创业过程中的主要影响因素，还可以成为创业者在创业过程中的行动指南和风险监控手段。

2. 参加路演

路演最初是国际上广泛采用的证券发行推广方式，后来被广泛应用于初创企业融资环节中，即创业团队在台上向台下众多的投资方讲解自己的企业产品、发展规划、融资计划。项目路演分为线上项目路演和线下项目路演。线上项目路演主要是通过 QQ 群、微信群，或者在线视频等互联网方式对项目进行讲解；线下项目路演主要通过活动专场对投资人进行面对面的演讲以及交流。路演不仅仅是演讲，更是初创项目的全方位展示，一般有三个目的：使人理解，吸引关注，促使行动。

路演之前要组织好参加路演的管理团队成员，演讲上场时创业项目团队应一起亮相。一个路演项目团队项目最好有 2 名以上但也最好不要超过 4 名成员参加。团队成员需分工协作完成路演 PPT 的制作、现场演讲和答辩，以及路演现场的辅助和应急工作。一般来说，创业团队的负责人应亲自担任路演团队的负责人，组织路演和参与所有工作，并在路演现场发挥主导作用。

路演中所讲解的内容应该以商业计划书为蓝本，但也应避免过于程序化。在演讲过程中首先说清楚你是做什么的，突出你带来的产品痛点，围绕痛点来谈论据。其次，解释你的商业模式及其盈利方式。最后，分析现在该初创企业面对的市场和环境，搞明白接下来会遇到什么问题，并知道这些问题该如何让处理。

3. 寻找投资人

在创业初期，创始人们往往对投资人并不挑剔。但是当汇集到很多投资人和投资机构，获得他们关注的时候，就可能会面临一些选择。因为如果创业的项目好，那投资人们的钱给的都会差不多。这就要考虑到他可以为你提供怎样的资源和帮助，他背后的资源能不能帮助你的创业团队，以及投资人战略等。于企业发展而言，寻找到合适的投资人是很重要的。

(六)资源整合沟通

在获取到一些创业资源后，企业需要进行有效的开发，包括创造性地使用和有策略地推进，这样才有可能为企业带来更大的价值。但企业和外部资源是在不断变化的，那么各种资源如何协调配合，一起发力助力企业发展，企业又应该如何和外部环境合作呢？这时，就需要创业企业培养自身的资源整合能力。我们在这里介绍一下资源整合的主要两大方面：

1. 内部资源整合：整体大于个体，个体服从整体

企业整合内部资源应该遵循整体大于个体、个体服从整体的原则。“整体大于个体”是指企业在整合各项内部资源时，要实现 1+1>2 的效果。如何实现呢？这就需要创业者通过有效的计划、组织、领导和控制，做到人尽其才、才尽其力、无尽其用，让社会信息和政策资源都能被企业有效吸收消化，让企业像一个有机体一样，有序运转，茁壮成长。

“个体服从整体”是指企业的每一个局部资源的配置和利用都要服从整体的利益，要以是否有利于政体为决策判断依据，而不能只考虑局部个体或小集体的利益。当局部利益和整体利益发生冲突时，企业应优先考虑整体利益。当企业的某个局部不能为企业创造价值，甚至带来“负收益”时，企业也应该当断则断，找出问题局部，加以改造甚至摒弃。

2. 外部资源整合：合作大于竞争，竞争谋求共赢

企业整合外部资源应该遵循合作大于竞争，竞争谋求共赢的原则。“合作大于竞争，竞争谋求共赢”是说，企业要想整合外部资源就要正确处理合作与竞争的关系。外部环境中各种有资源的拥有者都有可能和企业存在合作或者竞争的关系，且这两种关系还存在着隐蔽性。例如渠道商一般来说是企业的合作者，但渠道商一家独大时，会出现“店大欺客”，让企业承担经营风险和现金流的压力，压榨企业。反而公开的竞争者不仅有竞争，其实也可以合作，通过打造区域品牌共同做大蛋糕。因此创业企业需要转变思维，既要竞争也要合作，总体上实现双赢，而不是做一些损人不利己，恶性竞争的行为。

企业所面临的外部环境中，各种资源利用者都是利益相关者，创业者在整合外部资源时，一定要设计好有助于资源整合互利共赢的利益分配机制，借助供应利益机制把潜在的和非直接的资源供给者都整合起来，实现接力发展。

◎ 本章案例

蒙牛集团初创期财务资源整合

创业资源整合是一个复杂的动态过程，不同创业阶段的企业一般需要应对资源整合的挑战。在创业过程中，每一位创始人都会遇到资源缺乏的问题，但是他们又是怎样在有限的资源中发掘出更大价值资源的呢？那就是对资源进行整合。没有工厂，可以借别人的工厂生产，没有品牌，就先做别人的品牌，积累了一定基础后，做自己的品牌，同时也可以整合其他品牌资源。

蒙牛集团的创始人牛根生在整合资源方面就是一个典型例子，牛根生刚开始只是伊利的一个洗碗工，凭着自己的勤奋和聪明做到生产部门的总经理。后来因各种原因辞职了，此时已经四十多岁的他邀请了原来的几个同事，一起出来创业。人有了，但是现在面对的是，没有奶源，没有工厂，没有品牌，更没有资金，每一项都是致命的。牛根生此时清楚地认识到其自身所处的阶段，他在财务战略上，尤其是筹资、投资方面，采用了内部调整式财务资源整合模式。

筹资方面，我们知道企业战略的实现需要财务战略提供财务支持，它根据企业各业务单元战略的选择与企业总体战略的选择，对财务的各个主要方面作出决策。销售高增长通常会引起存货和应收账款等流动资产的增加，那么高成长企业就会面临极度的资金饥渴。销售增长的张力越大，资金饥渴就会越严重。

为解决资金饥渴问题，蒙牛集团走出了一条其他企业想也不敢想的资本线路：民间资本—— 风险资本—— 公众资本—— 产业资本。面世不到半年，资金饥渴成为蒙牛集团发展的巨大瓶颈。与此同时，蒙牛集团开始走向民间资本融资，经历了一场有惊无险的“非法集资”风波。蒙牛集团牢牢地掌握着自己的主动权，并不是盲目地接受注资，而是针对自身尚处在初创期的特点，将企业自身内部的财务资源进行整合，对自身的财务资源进行协调配置，使自身的财务运作进入一个良性循环，同时也为在成长期中进行融资注入式财务资源整合奠定基础。蒙牛集团在初创期采用内部调整式财务资源整合，从而根本性地优化了企业自身的财务资源，为企业后阶段更好地发展提供了财务保障；同时，也避免了过度接受外来注资，丧失控制权的风险。

投资方面，1999 年蒙牛集团创立之时，注册资本只有 100 万元，面临着“一无工厂、二无奶源、三无市场”的窘境。在这种窘境下，蒙牛集团搞“虚拟联合”的战略，与中科院联合，走产学研相结合的道路，开发新产品，塑造品牌形象；与中间商联合，开辟全国大市场；蒙牛集团的贴牌加工车间是由自治区内外的八家乳品企业组成。在有了企业自己的工厂后，“虚拟联合”炼金术在制造环节不断收缩，但在产业链的其他环节却在进一步延伸。虚拟联合让蒙牛集团把传统的“体内循环”变作“体外循环”，把传统的“企业办社会”变作“社会办企业”，整合了大量的社会和民间资源，从而实现财务资源的顺畅运转，解决初创期资金短缺的财务危机。同时，又开发自身的产品，提高了自身品牌的知名度，从而提升了企业的核心竞争力。

牛根生在初创期采用的内部调整式财务资源整合模式，在筹资上，避免了盲目接受注资从而丧失控制决策权；在投资上，又将财务资源整合与营销战略结合起来，重产品质量，树品牌形象，从而有效地提升了企业的核心竞争力。

资料来源：梅胜军，沈聪，肖化群，江俞霏．创业资源整合模式的阶段性特征及其影响因素——基于制造型创业企业的纵向案例分析．经营与管理，2017(3)；郭小金．企业生命周期理论视角下的财务资源整合途径．江西社会科学，2011，31(4)；郭小金．资源整合下的企业核心竞争力．江西高校出版社，2010.

◎ 参考文献

[1]Gerry Johnso，Kevan Scholes，Richard Whittington. Exploring Corporate Strategy[M]. FT Prentice Hall，Pearson Education Ltd.，2005.

[2]R. Zachary Finney，Noel D. Campbell，C. Michael Powell. Strategies and resources: Pathways to success[J]. Journal of Business Research，2005(12).

[3]伊查克·爱迪思．企业生命周期[M]．华夏出版社，2004.

[4]林嵩．创业资源的获取与整合——创业过程的一个解读视角[J]．经济问题探索，2007(6).

[5]李凯．创业资源整合与创业企业核心竞争力[J]．现代商业，2008(9).

[6]易朝辉．资源整合能力、创业导向与创业绩效的关系研究[J]．科学学研究，2010(5).

[7]张玉利．创业管理[M]．机械工业出版社，2011.

[8]秦志华，刘传友．基于异质性资源整合的创业资源获取[J]．中国人民大学学报，2011，25(6).

[9]马鸿佳，董保宝，葛宝山．资源整合过程、能力与企业绩效关系研究[J]．吉林大学社会科学学报，2011(4).

[10]王志敬，梁纯金，杨早晴．大学生创业资源整合与管理模式刍议[J]．科技视界，2013(31).

[11]蔡剑．创业基础与创新实践[M]．北京大学出版社，2015.

[12]张玉臣，叶明海，陈松．创业基础[M]．清华大学出版社，2015.

[13]李时椿．创新与创业管理[M]．南京大学出版社，2017.

[14]张秀娥．创业管理[M]．清华大学出版社，2017.

[15]赵玲，田增瑞，常焙筌．创业资源整合对公司创业的影响机制研究[J]．科技进步与对策，2020，37(6)：27-36.

第十一章 创业融资

一、融资概述

我们知道创业者普遍面临的一个问题就是资金短缺，因此初创企业进行融资对于该企业来说尤为重要，下面我们将对融资进行介绍。

(一)何谓融资

融资是一个企业的资金筹集的行为与过程，即公司根据自身的生产经营状况、资金拥有状况，以及公司未来经营发展需要投入的资金状况，通过科学的预测和决策，采用一定的方式，从一定的渠道向企业的投资者和债权人去筹集货币资金，组织货币资金的供应，以保证企业正常生产、经营管理活动需要的财务管理行为。

当一项融资交易发生时，通常会涉及两个交易主体，一个是资金盈余方，一个是资金赤字方。无论采用哪一种方式开展融资交易，交易的实质内容都是盈余方将其对一笔货币资金的使用权或是所有权让渡给赤字方，以换取赤字方在未来对盈余方以某种形式支付现金流。

(二)融资的重要性

企业在其经营管理过程中，需要不断组织生产来生产向社会提供产品或服务。根据生产的四要素理论(four factors of production)，企业的生产实际上是将土地、劳动、资本和企业家精神四种生产要素进行组合的过程。在这个过程中，货币资金发挥着重要的作用。因为货币资金是以货币形式存在的，而货币在经济社会生活中扮演着一般等价物的角色，具有价值尺度、交换媒介、支付手段和价值贮藏等货币职能。拥有货币资金可以使得企业以很低的交易成本来购买或雇佣上述四种生产要素，提高企业组织生产的效率。

在融资交易中，资金赤字方的根本目的是通过某种方式融入货币资金。理解了货币资金对于企业组织生产的重要性，也就不难理解融资对于企业经营管理的重要性了。

(三)融资的基本方式

我们在任何一个时点去考察一家企业资产负债表，都可以观察到“资产=负债+所有者权益”现象，在会计学中，我们将这一现象概括为“第一会计恒等式”。我们可以将等式左边的“资产”视为企业“资金运用”的结果，而将等式右边的“负债+所有者权益”视为企业获得的“资金来源”，那么这个第一会计恒等式表明的是，静态来看，企业的“资金运用=

资金来源”。

我们不妨将企业的“资金来源”都看作企业融资的结果，这意味着企业融资的基本方式有两种：其一，通过负债方式，也就是我们通常所说的借钱，包括向上下游企业通过赊销或延迟付款借钱、向银行借钱、向公众发行债券借钱等具体负债方式；其二，通过所有者权益方式，在不考虑当期损益的情况下，所有者权益主要由所有者投入的资本和企业历年经营成果的累积构成。通过所有者权益方式融资，意味着企业要么通过将留存收益转化为投资，要么通过增发股票扩大所有者投入资本规模来实现。

(四)融资方式中的风险分摊

如果不考虑通过将留存收益转化为投资这种内源性融资方式，企业融资的基本方式可以概括为只有债务融资和股权融资两种。例如，一家企业为了扩大产能而计划新建一条生产线或一个项目需要筹集资金，它可以考虑债务融资，即向银行借款或在债券市场上发行公司债券，也可以考虑股权融资，即在股票市场上发行股票。

在共性上，无论是债务融资还是股权融资，都涉及资金赤字方和资金盈余方两个当事人，盈余方将自己的资金的使用权或所有权以某种约定让渡给赤字方，而赤字方发行某种融资工具，如债券、票据、借贷协议或者股票，给盈余方持有，作为未来向其索取约定现金流的法律凭证。

那么，这两种融资方式有何区别呢？我们可以从多个角度观察到这两种融资方式的区别。比如，从融资业务涉及的当事人的法律关系角度看，债务融资中，盈余方是债权人，而融入资金的赤字方是债务人，而在股权融资中，当盈余方投资了赤字方发行的股票之后，他与赤字方形成的是权益关系，是发行股票企业资产的所有权人；再比如，从融资业务涉及的融资工具角度看，在债务融资中，通常使用的融资工具包括银行借款、票据、债券等多种工具，而在股权融资中，企业发行的股票要么是普通股，要么是优先股。又比如，从盈余方未来获取的现金形式角度看，在债务融资中，债务到期时，赤字方需要按约定向盈余方支付利息和偿还本金，而在股权融资中，盈余方获得的现金主要来自于赤字方支付的股息或红利，此外，他可以将股票转让，但无法要求赤字方退还本金。除此之外，两种融资方式下，盈余方对于企业的控制权有很大区别。以下，我们以表11-1大致归纳两种融资方式的几点区别。

表11-1 **债务融资与股权融资区别**

比较项目	债务融资	股权融资
本金	到期从企业收回	不能从企业抽回，可以向第三方转让
未来偿付现金流	事先约定的固定金额的利息	在企业有利润的情况下偿付，股息或红利
法律关系	债权债务关系	权益关系
对企业的控制权	企业正常履约下，无控制权	企业未对债权人违约情况下，有控制权

除了上述区别之外，我们还需要认识到不同融资方式涉及不同的风险分摊。在融资交易过程中，存在着各种风险，包括信用风险、流动性风险、市场风险，等等。其中，最基本也是最重要的风险是信用风险(default risk)，即当盈余方凭借赤字方发行的融资工具向赤字方索取事先约定的现金流时，赤字方有可能无法支付。导致赤字方在未来无法按约定支付现金流的原因很复杂，可能是由于赤字方自身不愿意付，也可能是因为市场因素或其他原因导致赤字方新建的项目未能按计划产生收益，进而导致赤字方丧失支付能力。无论是何种原因，信用风险都意味着，在盈余方将自己的资金的使用权或所有权以某种约定让渡给资金赤字方时，他承担着未来遭受损失的风险。

盈余方当然不愿意完全独立承担这种风险，于是，在洽商某种融资方式的具体安排时，盈余方一定会与赤字方具体商议如何在两者之间进行风险分摊。从现实世界的融资实践活动来看，最终形成了两种典型的、与融资方式对应的风险分摊模式：

负债融资方式中的风险分摊：(1)在赤字方项目成功，能按约定支付的情况下，盈余方收取事先约定的利息，不干预赤字方的经营；(2)在赤字方项目失败，不能按约定支付的情况下，盈余方有权对其资产主张权利；

股权融资方式中的风险分摊：(1)在赤字方项目成功的情况下，盈余方有权参与利润的分配；(2)在赤字方项目失败的情况下，盈余方与赤字方一同承担亏损。

通过比较两种融资方式的风险分摊情况，我们应该能够认识到，债务融资中的资金盈余方只愿意承担有限度的风险，他们对风险的厌恶程度较高；而股权融资的资金盈余方相对而言更加愿意承担风险，他们愿意与赤字方同气连枝，共荣共损。理解这两种融资方式在风险分摊上的区别，有助于我们更好地理解初创企业在不同发展阶段为何选择特定的融资方式。

二、创业融资的特性

(一)创业融资的定义

在了解融资的基本含义之后，可以很容易给创业融资(entrepreneurial finance)一个较为宽泛的定义，即企业在处于创业阶段的融资行为。这个定义说明，创业融资的行为主体是处于创业阶段的企业，而不是已经发展成熟的企业。创业融资的主体决定了其特性与成熟企业的融资在诸多方面存在明显的区别。在此，我们将两者的区别归纳如表 11-2 所示。

表 11-2 成熟企业与创业企业的区别

	成熟企业	创业企业
资金来源	资金来源较多，可以和成熟的资本市场直接对接	资金来源较少，很难借助直接的资本市场

续表

	成熟企业	创业企业
资金用途	用于企业持续、快速发展的一般问题	用于解决威胁企业生存的问题
资金数量	一般较大	一般较小
资金风险	一般较小	一般较大
资金回报率	适中	较高
融资方式	方式较多，可以组合	方式单一
融资难易程度	融资相对容易	融资较难

(二)创业融资难的理论分析

有很多创业者会以切身经历直白地告诉你，在创业过程中，提出一个创新构思不难，研发一个创新技术雏形也不是最困难的事情，创业企业真正面对的难题有两点，排在第一位的是做出市场需要的产品，而第二难的事情则是融资。

到底是什么导致了创业融资难呢？

创业者或许会更进一步给出如下理由：

(1)投资人(即前文所说的资金盈余方)的总数少，作为一家创业公司，你很难同时找超过10个投资人对你感兴趣。所以每一个投资人的任何行为都有可能影响到你接下来的发展。

(2)投资人每天要面对诸多的创业融资请求，而这些请求背后所涉及的大多数创新项目，无论是创新思路还是技术，往往超出他们的知识和经验范围，更不用说对未来市场前景做出精确预判。这意味着，在创业融资过程中，投资人需要频繁地对他们不理解的事物做出决策，他们犯错的概率很大。

(3)投资人之间彼此都很熟悉，他们当中任何一个人对某个创业者产生了某种“意见”，即便他们自己不愿意承认，这个“意见”也会迅速成为所有他圈子里投资人的“意见”。

从经济学的角度进一步深入分析创业融资难的原因，我们大致可以从以下两个方面展开分析：

(1)资金盈余方与赤字方之间存在严重的信息不对称。通俗地讲，投资人不了解初创企业。这种不了解不但涉及初创企业的创新思路、创新技术，还包括创业者的真实创业目的、品行、管理能力，等等。

(2)创业过程存在巨大的不确定性。初创企业或许有很好的创新思路、创新技术，但是否符合市场需要还需检验；即使符合市场需要，创业企业能否有效率地组织生产，做出市场需要的产品，也存在很大的不确定性。无数失败的案例表明，好的创新思路、创新技术并不必然获得市场的青睐。此外，大多数企业创业在成长过程中，很难雇用到优秀的管理者，而企业家精神却是形成一家企业应对环境不确定性和组织竞争能力的关键生产要素。

当信息不对称和不确定性两个因素交织在一起时，在创业融资中，就导致了融资交易的风险。事实上，在所有的融资交易中，都存在着由信息不对称和不确定性因素导致的风险。但是，不同于创业融资，成熟企业在开展融资时，一方面，信息不对称和不确定性的严重程度要低很多，另一方面，资金盈余方和赤字方可以通过很多方法来合理分摊风险、管理风险。例如，当一家成熟企业开展债务融资时，它可以通过提供详细的财务报表以及以往的信用记录向资金盈余方提供信息，降低它与盈余方的信息不对称，还可以通过其管理能力、产品市场占有率、新产品新技术研发能力来降低不确定性，还可以通过抵押其资产有效降低盈余方承担的信用风险。当成熟企业试图在股票市场上开展股权融资时，出于保护投资者的目的，证券监管部门往往会对其提出资本规模、盈利能力、信息披露等多方面的监管要求。与成熟企业不同，创业企业往往缺少可抵押的资产，商业模式、盈利模式往往不清晰，通常都未建立完备的会计制度，市场前景不明，管理能力大多薄弱，在这种情况下，对于资金盈余方而言，风险很有可能会导致其贷放或投资的资金血本无归。于是，出于避免损失的考虑，盈余方理所当然地会采取非常审慎的态度来面对任何创业融资请求。

理解了创业融资难的原因，就很容易理解在现实生活中，为什么绝大多数创业者是依靠个人储蓄和亲戚朋友的借款开始最初的创业，因为银行通常根本不会理睬你的贷款申请；为什么很多风险投资家行为不可预测，头一天还激动不已准备立刻给你写支票，第二天却连电话都不会回复；以及，为什么风险投资家有"圈子"，并且这个圈子里的人大多没有主见。

(三)初创企业在不同发展阶段的融资需求特征

根据前面的分析，我们知道了，初创企业与成熟企业在融资的特性、难易程度、适合采取的融资方式都有很大的不同。实际上，即使只考察初创企业，对于处于不同发展阶段的初创企业而言，这样的规律也是存在着的。一般来说，我们可以根据初创企业的成熟度，将其所处发展阶段划分为种子期、起步期、成长期和成熟期四个阶段。在不同的发展阶段，初创企业的融资需求目标和对应的适合采取的融资方式也有显著的区别。

在种子期发展阶段，初创企业刚刚建立，需要融入一定的资金，购置必要的机器设备形成生产能力，雇用技术人员完成创新技术的进一步研发，或是将管理者创新的商业思路落实。此时，初创企业需要的资本规模一般比较小，但由于信息不对称性和不确定性程度非常高，创业融资交易中的资金盈余方需要承担巨大的风险。由于在种子阶段创业融资的风险过大，基于正常商业考量的创业融资活动很难开展，因此，这一阶段的创业融资通常只能依赖创业者自身的储蓄或亲朋好友的借款。政府为了鼓励创新创业，可能会建立国家创业基金，主动通过财政资助、补贴、税收优惠、财政担保、建立创业园区以及资本金投入等方式，替创业者分摊一部分风险。除此之外，还有些投资者，不完全基于商业考量，愿意在种子期承担风险，给初创企业提供权益资本投资。对于创业者而言，这些投资者就像是天使一样，因而被称为天使投资人。

进入起步期的初创企业会将其经营管理的重点放在两件事情上，一是做产品，二是探索合适的商业模式将产品营销出去。在这个阶段，大多数初创企业处于入不敷出的状态，在种子期筹集的资金大多损耗殆尽，不足以支撑做产品和探索商业模式所需的资金投入，因此，能否顺利地再次开展创业融资就成为决定初创企业能否继续存活并发展的关键所在。据统计，超过70%的初创企业是无法熬过种子期的，失败的原因多种多样，但大多数都是死于钱花光了却又无法继续融资。在起步期阶段，初创企业虽然通过做产品和探索商业模式，一定程度上能向市场释放信息、揭示企业发展前景，但信息不对称和不确定性问题仍然很严重，加上缺少足够的可抵押的资产，出售产品赚取的现金也较少，债务融资很难开展。此时，只有部分更愿意承担风险的盈余方愿意以股权融资方式参与进来，除了天使投资人之外，可能会有一些投资机构会投入小额的资金，这些机构一般被称为风险投资机构。

在成长期，初创企业初步确定了合适的商业模式，业务进入快速发展阶段，早期开发出来的单一产品占据了一定的市场份额，能够为企业带来较为稳定的现金流，企业开始推进多个产品线的研发，以其保持企业发展的增速。在这个阶段，企业员工数量大幅度增加，新成立的部门也随之增加，对跨部门协调的需求也日益提升，企业管理的复杂性和难度也大幅度提升。如何让组织协调发展，制定和实行科学有效的管理制度，是这个时期决定企业生死存亡的关键所在。在这个时期，初创企业虽然已经具备一定的自我造血能力，也能提供其发展历程的商务和财务数据，向市场释放信息，但是由于在这个阶段，初创企业在业务快速发展的同时，对资金需求的规模也大幅度增长，并且初创企业创业者的管理能力有限，可能导致其无法驾驭企业快速成长之后带来的各种管理问题，企业发展仍然存在着重大不确定性。因此，在这个发展阶段，商业银行、债券投资者等各类债务融资的资金盈余方通常仍然不会大规模介入到创业融资交易中，企业仍然需要依赖那些愿意承担高风险的股权融资的资金盈余方，主要是风险投资机构。从引入天使投资直至初创企业发展成熟，最终成功上市发行股票，初创企业可能会开展很多轮次引入风险投资机构的融资活动，我们通常会用A轮、B轮、C轮等标签来标识这些轮次。

发展到成熟阶段，初创企业通常具有两条以上的产品线，每条产品线在细分领域都具有很高的行业地位，具有很高的市场美誉度和市场占有率，能够为企业带来稳定、丰厚的现金流。在这个时期，企业开始积极对外投资，致力于建设自已的生态系统，在产业链的上下游布局并积极向未来可能介入的领域拓展，以确保企业可持续发展。在这个阶段，企业的股权价值通常会被市场充分认识，甚至可能会被高估，继续以股权方式融资显然是不划算的，并且，由于此时信息不对称、不确定性问题的严重程度大幅度降低，因此，企业通常会根据它所需资金的目的、性质，分别选择采用最有利于企业的融资方式，包括银行贷款、发行债券以及股票上市发行等。在这个阶段，部分愿意承担较高风险的投资机构看好企业后续上市公开发行股票的前景，愿意在企业首次公开发行股票(Initial Public Offering，IPO)之前，以相对低的价格投资企业的部分尚未上市的股权。通常，我们把这一轮次的融资称为Pre-IPO轮融资，主要的投资者包括风险投资机构和私募股权基金

(Private Equity，PE)。

通过前面的分析，我们知道了，创业企业发展到成熟阶段之后，它才能摆脱创业融资难困境，针对不同的资金需求，采取多种融资方式实现融资目的，而在此之前，从种子期到成长期，创业企业的主要资本性融资需求往往只能借助于股权融资方式才能相对容易地获得资金支持。在股权融资过程中，创业者大多需要通过多个轮次的融资，分批次地将他持有的创业企业股份转让给对初创企业进行权益投资的个人或机构投资者。而投资者则为企业注入股本，成为企业的股东。在此基础上，资金盈余方完全分摊创业企业的风险。

由于处于成熟期的创业企业利用债务融资时，无论是银行借款、发行债券还是上下游企业通过赊销或延期付款方式提供商业信用，或者是寻求担保、租赁，与一般正常经营的成熟企业的债务融资活动没有区别，以后文中，我们在介绍创业融资方式时，就不再介绍这些债务融资方式了，而将注意力主要放在创业企业在种子期到成长期主要采取的几种典型的股权融资方式。

三、天使投资

(一)天使投资的含义与天使投资人

在种子期，由于创业企业融资的风险非常大，此时，除开政府为鼓励创业提供的融资等特例，企业适合采用的创业融资方式主要是依赖私人资本融资。此处，私人资本是相对于机构资本而言的，即资金盈余方是自然人个体而非专业投资机构。这类自然人个体包括创业者自身及其家人亲友，还有可能吸引到天使投资人的权益投资。创业者自身和家人亲友无需赘述，他们通常以自己的储蓄作为资金来源，愿意承担创业完全失败的风险。以下我们重点介绍天使投资。

天使投资一词源于美国纽约百老汇历史上出现的部分富人为艺术家们创作演出予以捐助的高风险投资活动。今天，我们将天使投资定义为自由投资者或非正式风险投资机构对原创项目构思或小型初创企业进行的一种前期投资，是一种非组织化的创业投资形式。在创业企业处于种子期，创业者可能仅仅只拥有一个充满创意的设想，一些个体投资者愿意投入资金来培养这个创业萌芽，对创业者而言，这些人无异于长着翅膀的天使。

(二)天使投资的特性

典型的天使投资通常具有如下特性：

(1)天使投资一般只提供“第一轮”的小额投资。天使投资一般由个人投资，属于个体或者小型的商业行为，因此金额一般较小。“天使”只是利用了自己的积蓄，不足以支持较大规模的资金需要，因此那些处于最初发展阶段、资金需求规模小的创业计划能够得到他们的青睐。

(2)天使投资往往带有较强的感情色彩。创业者说服“天使”的过程常常需要一定的感情基础，创业者与“天使”之间大多是志同道合的亲朋好友，或者得到了熟悉人士的介绍等。

(3)天使投资的融资程序既简单又迅捷。由于“天使”只是代表自己进行投资，投资行为带有偶然性和随意性，没有复杂而烦琐的投资决策程序，投资决策主要基于对人的投资，因此投资决策是非常快的。

(4)“天使”在对待投资项目上具有短期行为。“天使”使用自己的资金进行投资，对投资回报的期望较高。这种形式的投资抗风险的能力不如那些能够通过投资组合分散风险的大型投资公司，所以“天使”对亏损的忍耐力不强，目光较为短浅。

对于处于种子期的创业企业而言，天使投资无疑是一种较好的创业融资方式。它拓展了创业企业在种子期依赖创业者及其家人亲友自身储蓄之外的融资渠道，加快了科技成果的转化，为创业企业度过艰难的种子期生存下来奠定了基础，为其后续发展赢得了时间和空间。此外，天使投资者通过提供增值服务，可以为初创企业提供成功的经验和有益的指导。

(三)天使投资的发展趋势

近年来，随着创业融资的发展，天使投资领域也呈现出多种发展趋势，包括：

(1)天使+孵化器模式。该模式就是指天使投资人通过聚拢一批创业者，然后聘请非常懂行业的人给他们提供3到4个月的战略指导，让这一批人在一起创业。

(2)超级天使崛起。超级天使以连续创业者和职业经理人为代表。他们的回报率远远高于其他的天使，因为他们有产品经验、人脉，还有足够的时间帮助创业者。所以越来越多的创业者宁愿在早期拿他们的钱，而不是风险投资的钱。

(3)天使机构化。近两年来，伴随着独立天使投资群体的日趋庞大，以及每年迅速增长的投资额，这个群体开始尝试更大限度地聚拢资源，从过去的个人行为逐渐向规模化、机构化转型。

(4)天使组成联盟。天使投资人组成联盟，经常开展与创业者见面的活动，每次活动组织一批创业者介绍各自的项目，天使投资人聚集在一起对项目进行评审和讨论，并发表意见，决定是否跟投以及跟投的比例。

(四)如何获得天使投资的青睐

要想得到天使投资的融资，首先必须要寻找到能作为“天使”的投资者。一般而言，创业者可通过以下方法寻找天使融资的“ 天使”。一是通过朋友介绍；二是参加诸如民营企业家聚会、财经论坛、主题研讨会、沙龙活动等类似“天使”聚会的活动；三是利用自己的财务顾问、法律顾问或者有关的金融咨询机构等中介组织；四是通过诸如工商联商会、行业协会、投资公司等各种行业组织搜寻“天使”名录。

在初步接触之后，如果投资天使有意愿与创业者开展进一步谈判，创业者就需要充分做好准备，主要涉及撰写《创业计划书》，逐条阐明以下内容：

(1)投资建议。概要描述初创企业的管理状况、利润情况、战略地位等。

(2)业务发展计划。对风险企业的业务发展战略、市场推广计划、财务状况和竞争地位等做出详细描述。

(3)尽职调查报告。即对风险企业的背景情况和财务稳健程度、管理队伍和行业做出深入细致调研后形成的书面文件。

(4)营销材料。包括任何直接或间接与企业产品或服务销售有关的文件材料。

除了资料准备之外，创业者应该明白，自己的目标和天使投资人的目标不可能完全相同，因此，在正式谈判前，创业者要做好充分的心理准备，主要包括：(1)对天使投资人可能考查的投资项目的潜在收益和风险做好陈述准备；(2)准备应对天使投资人对管理的查验；(3)做好放弃部分业务的思想准备；(4)做好在必要条件下妥协的准备。

在与投资天使谈判过程中，创业者应该准许必要的行为准则，包括：

(1)要对本企业和本企业的产品或服务持肯定态度并充满热情；

(2)要明了自己的交易底线，如果有必要甚至可以放弃会谈；

(3)要记住和创业投资人建立一种长期合作关系；

(4)要对尚能接受的交易进行协商和讨价还价；

(5)要提前做一些了解如何应对创业投资人的功课；

(6)了解创业投资人以前投资过的项目及其目前投资组合的构成。

在谈判过程中，创业者应同时做到以下“六不要”，包括：

(1)不要逃避天使投资人的提问；

(2)回答天使投资人的问题不要模棱两可；

(3)不要对天使投资人隐瞒重要问题；

(4)不要希望或要求天使投资人立刻就是否投资做出决定；

(5)在交易定价问题上不要过于僵化；

(6)不要带律师去参加会议。

在谈判过程中，创业者尤其需要注意以下几个问题：

(1)要尽可能让天使投资者认识、了解本企业的产品或服务。创业者要提供一份思路清晰、论证充分、观点鲜明的《创业计划书》，并能给出10~20倍回报或在5年内提供5倍回报的亮点，吸引天使投资者的“眼球”。

(2)要始终把注意力放在《创业计划书》上。在谈判过程中，不要过多地畅谈关于未来的宏伟计划，或者《创业计划书》中并未提及的产品。否则，会让天使投资者认为你是一个幻想者或是一个急于求成的人而产生对你的不信任。

(3)要发挥个人的能力来“动之以情”。天使投资更看重创业者个人的素质和品质，带有强烈的感情色彩，因此创业者要说服天使投资，不仅仅需要以好项目、好方案、好产品、好技术来“晓之以理”，更要发挥自己个人的能力来“动之以情”。

四、风险投资

(一)风险投资的特点

风险投资是指由战略性投资者为了获得高额的回报，愿意冒一定风险将资本以股权形式投入到新兴的、迅速成长的、有巨大潜力的企业中，并参与创业企业经验管理，以期获得高资本增值的投资行为，它具有如下特点：

(1)高风险与高收益并存。由于风险投资的主要投向是高新科技初创企业，该类企业在技术、市场、管理等方面都存在较大的不确定性，企业经营失败导致股权价值损失的可能性非常大，因此，风险投资机构通常承担着巨大的风险。然而，一旦初创企业取得成功，它所产生的经济效益远远大于一般传统产业投资，风险投资机构最初投入的资本会随着企业股票价值的大幅度上涨而获得几十倍、数百倍甚至上千倍的增值，因此，风险投资在具有高风险的同时，也具有高预期收益的特性。通常，风险投资者会采用分散化投资原理来管理投资风险，这一原理，通俗地讲，也就是我们通常所说的“不要把鸡蛋放在同一个篮子里”。

(2)长期投资。一般从投资一个项目到收回投资需要3~7年，在这期间，有前景的初创个业为了有足够的资金发展，通常还会经过多轮地创业融资，不断引入新的风险投资者的资金。在这段时期内，由于投入资金变现退出困难，资本的流动性较差。

(3)权益投资。由于风险投资者承担巨大的风险，因此，只有股权融资方式才能实现它与创业者之间的有效风险分摊。这决定了风险投资投入的资金为初创企业的权益资本，投资者获得初创企业的部分股权。风险投资者看中的是高新科技初创企业的成长性和潜在高收益性，一般不要求初创企业分发股利，而是注重企业未来能否上市，企业上市后股票价格能否大幅度增长。

(4)专业投资。风险投资者不仅向创业企业提供资金，还向企业提供包括发展战略、市场营销、企业管理、资本运作等各方面的管理建议以及咨询策划、中介等服务，使得企业得以快速发展和壮大，从而提升企业价值，为风险投资者的投资创造增值撤出的条件。

(5)循环性。风险投资机构采取“风险投资—增值—退出—再风险投资”的经营模式，它以权益投资方式对初创企业投入资本，获得股票，但其投资目的不是为了获得企业所有权，不是为了控股，更不是为了经营企业。一旦创业企业发展到成熟期，成功地上市或是被并购，风险投资机构就会以出售股权、将股票变现的方式退出，并将收回的资本和高额增值再投入其他风险项目，如此循环往复。

(二)获得风险投资的六个步骤

在创业者寻求创业融资的同时，风险投资机构也会在其日常工作中，大量寻找、筛选具有投资价值的创新创业项目。因此，利用各种平台、渠道接触到风险投资机构并不困难，但想要获得风险投资机构的青睐，乃至获得其最终决定开展投资，则是很难的。一般来说，获得风险投资通常需要六个步骤。

第一步，创业者需要对创业企业盈利能力进行科学估价，了解自身需求。

创业者往往会过分高估其创意或技术的作用和商业价值，低估运作过程中的风险，对于创业融资的资金规模、用途缺乏清晰的规划，总是希望出让较少的股份就能换取风险投资机构尽可能多的权益资本投入。在这种情况下，风险投资机构一般都不会再进一步接触创业者。

我们在这里介绍一下评估创业项目盈利能力，反映项目盈利能力的指标有静态和动态两大类。

1. 静态指标

(1)投资利润率。投资利润率是指项目正常生产期年利润总额与总投资之比。

$$投资利润率 = \frac{年利润总额}{总投资} \times 100\% \tag{11-1}$$

若年利润总额波动较大，可取其生产期中的平均值；总投资为建设投资、建设期利息和流动资金之和。计算出的投资利润率要与行业的标准投资利润率或行业平均投资利润率进行比较，若大于或等于标准投资利润率或行业平均投资利润率，则认为项目是可行的，否则不可行。

(2)投资利税率。投资利税率是指项目正常生产期年利税之和与总投资之比。

$$投资利税率 = \frac{年利税之和}{总投资} \times 100\% \tag{11-2}$$

式中：年利税之和=年利润总额+年销售税金及附加。若年利税之和波动较大，取其生产年份的平均值。计算出的投资利税率若大于或等于行业平均投资利税率，则认为项目是可行的，否则认为项目不可行。

(3)资本金利润率。资本金利润率是项目正常生产期税后年利润额与项目资本金之比。

$$资本金利润率 = \frac{税后年利润额}{资本金} \times 100\% \tag{11-3}$$

资本家利润率越高，表明项目资本金盈利能力越强，投资效益越好。计算出的资本金利润率大于行业平均资本金利润率，则项目可行，否则项目不可行。

2. 动态指标

(1)财务净现值。财务净现值 FNPV 是指按行业基准收益率 i 将项目经济寿命期 n 年内各年净现金流量折现到建设初期的现值之和，其表达式如下。

$$\mathrm{FNPV} = \sum_{1}^{n} (\mathrm{CI} - \mathrm{CO})_t (1 + i)^{-t} \tag{11-4}$$

当 $\mathrm{FNPV} > 0$，表明项目的盈利能力高于基准收益率，付息后尚有盈余，项目是可行的。当 $\mathrm{FNPV} = 0$，表明项目的盈利能力刚好满足基准收益率，项目也是可行的。当 $\mathrm{FNPV} < 0$，表明项目的盈利能力低于基准收益率，付息不足，项目是不可行的。

(2)财务内部收益率。财务内部收益率 FIRR 是指项目在整个经济寿命期内各年净现值累计为零时的折现率，其表达式如下。

$$\sum_{1}^{n} (\mathrm{CI} - \mathrm{CO})_t (1 + \mathrm{FIRR})^{-t} = 0 \tag{11-5}$$

(11-5)式表明：使用财务内部收益率作为折现率，所计算出来的项目逐年现金流入量的现值总额等于现金流出量的现值总额，即财务内部收益率就是使项目财务净现值等于零时的折现率。FIRR 之所以被称为内部收益率，完全是根据项目本身自己所反映出来的获利能力。其经济实质乃是被占用的。尚未回收投资的收益率，不能理解为初投资的收益率。

与行业基准收益率或设定的基准折现率 i 相比较，当 FIRR>i，那么就认为创业项目盈利能力已满足最低要求。从财务上可以考虑接受该项目。

第二步，分析风险投资市场，寻求目标投资者。

不同的风险投资机构再投资理念和标准上有明显的区别。比如，有些风险投资机构常常在初创企业处于种子期后期时就愿意介入创业融资交易之中，愿意承担较大的风险，但有些风险投资机构则只会在企业进入较成熟发展阶段时，才愿意介入。此外，不同的风险投资机构对于创业企业所属行业、所在地域、所需投资规模的偏好也存在明显的差异。这种情况下，创业者需要做足功课，应该根据自己的创业企业所属行业、发展阶段、地域、所需资本规模等因素，有选择性地接触到目标风险投资机构。

第三步，准备商业计划书，接洽目标投资者。

在接洽目标风险投资机构之前，创业者应该准备一份好的商业计划书，尽可能主动释放与创业企业相关的各方面的信息，降低创业者与风险投资机构之间的信息不对称。商业计划书应该包括对创意和技术的描述，对市场的分析，对战略规划、实施能力和条件的介绍，对预期高回报率的计算以及可能的风险的分析，等等。

第四步，确定最终的风险投资机构，接受尽职调查。

经过创业者和风险投资机构反复的接洽和双向选择，创业者最终应该选择最合适的风险投资机构，接受投资者的尽职调查。风险投资机构开展尽职调查，主要涉及对初创企业的管理水平、技术、财务、市场及其前景等多方面，比对创业者在商业计划书中的相关陈述，最终做出综合评价。尽职调查结果是风险投资机构做出投资决策的重要依据，因此，创业者应该做好充分的前期准备工作，真诚、如实地公布企业的相关情况。如果在风险投资机构的尽职调查环节中，创业者出现欺骗、隐瞒等问题，融资通常会以失败收场。

第五步，协商谈判，签署投资协议。

一旦风险投资机构最终决定投资，创业者就需要与投资者进行正式的协商谈判，拟定出一份责权清晰的投资协议。

第六步，获得资金，投资者参与经营管理。

创业者和风险投资企业达成投资协议之后，投资者向初创企业注入资金，获得股份。在此之后，投资者将参与到企业的经营管理中，为企业提供相应的增值服务。

(三)风险投资与天使投资的异同

从形式上看，天使投资与风险投资有很多共同之处，都是对新兴的具有巨大增长潜力的企业进行权益资本投资，都是对高风险、高收益项目的早期投资。但是，天使投资是广义的风险投资，是非正规风险投资。天使投资与狭义的风险投资，即机构风险投资有显著区别：

（1）就资金来源而言，风险投资资金主要来源于外部投资者，天使投资人则是用自己的资金投资于企业。

（2）就所有权与管理权的分离程度而言，天使投资由投资者自己管理投资，风险投资则由专业经理人管理投资。

（3）在投资阶段、投资规模、投资成本等方面，天使投资与风险投资有所不同。与风险投资相比，天使投资一般投资于企业的种子期，投资规模相对较小，投资决策快、费用低。

（四）创业者在获得风险投资过程中应注意的事项

在与风险投资机构接洽的过程中，创业者经常会犯错，导致创业融资失败。因此，创业者需要在创业融资过程中注意以下容易犯错之处。

首先，要对企业进行科学的估值和合理地预测。要争取风险投资机构提供理想的权益资本投资，创业者必须先立足于对企业价值进行科学、合理地评估，包括对企业未来增长的合理预测，对运营成本、费用的合理预估，对企业发展的风险的合理揭示。创业者如果高估计自己初创企业价值，对企业发展前景盲目乐观，忽视风险，对尚不成熟的创意或技术动辄开出天价，风险投资机构通常对他是敬而远之的。在与风险投资机构进行接洽时，创业者应该尽可能用风险投资机构认同的企业估值方法，以确保双方的洽商是有意义的。当风险投资机构对企业的估值和预测与创业者的看法不一致时，创业者要尽可能了解投资者的想法，共同探讨双方的重合点，尽力去补充和完善自己的估值和预测，做到有理有据，让风险投资机构信服。

其次，要正确认识风险投资机构的作用。不少创业者错误地将创业融资理解为争取有人为其出资，供其"烧钱"，并把风险投资戏称为"疯投"。这样的创业者在创业融资过程中，把筹集到资金视为接触风险投资机构的唯一目的，忽视了风险投资机构在其创业过程中发挥的其他重要作用，也忽视了对风险投资机构的选择。事实上，在某种程度上讲，选择合适的风险投资机构是决定创业企业成功的关键，与获得的资金相比较，合适的风险投资机构更加重要。理由如下：其一，合适的风险投资机构在观点与理念上与创业者一致，在创业企业的发展过程中，与创业者在企业经营的日常沟通上、重大发展决策上不会发生严重摩擦，能够保证创业企业的持续、稳定发展；其二，合适的风险投资机构本身通常具有良好的声誉，它对某家创业企业的权益投资行为本身会被创业企业的潜在客户以及其他潜在投资者当作一种信号，从而有助于降低创业企业与外界的信息不对称，也有助于降低市场对企业发展不确定性的担忧，这不仅能够提升企业的声誉，降低其拓展市场的交易成本，也能帮助企业更容易吸引到后续的创业融资；其三，合适的风险投资机构在提供权益资本的同时，还能提供各种增值咨询服务和网络关系资源，能为创业企业的公司治理结构、经营管理水平和市场拓展提供大量实质性的帮助，尤其是在规范财务、并购重组和资本运作等方面，合适的风险投资机构能帮助初创企业发现很多影响企业发展的外部不可控因素，此外，经验丰富的风险投资机构往往能帮助管理层更好地挖掘其在解决企业问题和洞察行业发展方向上的潜力；其四，合适的风险投资机构有助于企业获得下一轮的融资。

合适的风险投资机构不仅可以凭借自己的声誉降低后续投资者对创业企业风险的过度担忧，还可以凭借自己的网络关系直接帮助创业企业直接接洽其他合适的潜在风险投资机构，使得创业企业可以更加专注于产品研发和市场拓展。

再次，在洽商中对单位股份的价格采取灵活的态度。创业者与风险投资机构通常会在需要投入多少资金来换取一单位股份这一定价问题上产生分歧，难以很快达成一致意向。这个问题的根源还是在于双方对于创业企业估值和预测上未达成一致。从心理价位调整的趋势看，风险投资机构对创业企业单位股权的报价会随着他对企业看好程度的提升而提高；而另一方面，创业者对于企业的单位股权的定价会随着融资屡次遭受挫败和公司资金日渐枯竭而不断下调。因此，创业者和风险投资机构在单位股权定价存在分歧时，可以采取一些灵活的做法，要在理解对方立场的基础上，尽可能寻求替代方案和变通的交易结构，为单位股权设定弹性价格区间。例如，创业者在首轮引入风险投资时，因为企业经营尚处在风险较高的发展阶段，对企业而言，成功筹集到支持其下一阶段发展的资金非常重要，而引入一个合适的风险投资机构，充分利用它所提供的增值服务和资源网络也至关重要，此时，创业者可以适当调低单位股权的定价，使得价格更有利于风险投资机构，以降低其风险承担；等到未来企业需要进一步引入后续轮次的风险投资时，如果创业企业已经走上正轨，经营前景也较为明朗了，此次则可以适当调高单位股权售价。

最后，高度重视股权结构变动的风险。在创业融资过程中，创业者往往会忽视股权结构变动的风险。有的创业者由于急需资金支持，为了尽快成功获得融资，往往不考虑股权结构变动带来的影响。股权结构变动主要是因为风险投资企业开展权益投资之后，持有部分创业企业的股权，从而导致持股人的结构发生变化。股权结构发生变化通常都会涉及创业者、创业者团队核心成员(如联合创始人)以及风险投资机构。股权结构变化对企业后续发展的影响主要通过两个途径呈现出来：其一，影响激励机制。当股权结构发生变化之后，意味着不同比例持有人对于未来企业发展的成果的分配格局也随之发生变化，如果创始人、联合创始人在引入风险投资机构的权益投资之后，所持有的股权过早被稀释，那么，企业未来的成败与他们的关联度也随之降低了，这可能会导致创始人、联合创始人丧失继续创业的热情，开始更多地计较自己个人的利益得失，甚至有可能引发创始人或联合创始人出走，给企业后续发展带来严重问题。其二，影响企业经营管理的控制权。股权同时意味着经营管理权，当初创企业的股权结构发生变化之后，企业经营管理的控制权分配结构也随之发生变化了。风险投资机构进入后，往往会安排相应的人员进入公司管理层，这可能会导致企业在发展方向上形成不同的经营策略，造成管理层的矛盾。在极端的情况下，风险投资机构有可能会通过主导改组管理层，将创业者"踢出局"，致其完全丧失对企业经营管理的控制权。因此，在引进风险投资过程中，创业者在与风险投资机构洽商、谈判和签订合作协议时，必须要对风险投资机构的参股形式、股权分配、技术折股价值的确定、主要管理人员的股份数量、股权激励办法、董事会和监事会席位的分配、总经理的任命、重大资本预算的审核和决策等方面作出明确的规定。

至此，我们大致介绍了初创企业在创业过程中，如何开展创业融资。除了我们已经重点介绍的天使投资和风险投资之外，随着金融业对创新创业的金融支持力度不断加强，新的创业融资方式也在不断被创造出来。比如，在初创企业进入到成熟期，在经历过几轮风险投资机构的权益投资之后，私募股权投资基金(PE)可能会参与进来。此后，初创企业有可能通过申请IPO将自己转变为公开上市公司。从这个阶段开始，初创企业面临的融资难的程度逐步降低，也开始越来越频繁地通过各种债务融资方式筹措资金采取的融资方式，对外投资活动也日渐活跃。由于在这个阶段，初创企业的融资行为越来越多地脱离创业融资的范畴，向成熟企业融资行为靠拢，在此，我们就不再做过多介绍了，感兴趣的同学可以通过学习《公司金融》来了解相关知识。

◎ 本章案例

小米公司上市前，总共经历了6轮融资。

2010年4月，小米公司成立，同年9月小米便启动了第一轮融资。初创期的小米和其他新设公司一样，首轮融资的主要目的在于产品研发。此次投资方主要有晨兴资本和顺为资本等投资结构，共筹集到资金1025万美元。

2010年12月，小米乘胜追击，很快便开启第二轮融资，主要投资者有IDG资本、启明创投、顺为资本、晨兴资本等，累计融资4100万美元，公司估值达2. 5亿美元。小米公司融资过程情况如下表所示。

小米公司的融资过程情况

轮次	时间	金额(美元)	主要投资方	估值(美元)
A	2010.09—2011.05	1025万	启明创投、顺为资本、晨兴资本	
B	2011.12—2012.09	4100万	IDG资本、启明创投、顺为资本、晨兴资本	2.5亿
C	2011.09—2011.11	9000万	IDG资本、启明创投、高通、淡马锡、晨兴资本	10亿
D	2012.06—2012.12	2.16亿	DST/Yuri Mi lner(中国投资)、淡马锡、Apoletto	40亿
E	2013.08	1亿	DST/Yuri Mi lner(中国投资)、全明星投资、晨兴资本	100亿
F	2014.12—2017.08	11亿	新加坡政府投资公司、厚朴、全明星投资、云锋基金、DST/Yuri Mi lner(中国投资)	450亿

数据来源：小米公司招股说明书。

小米公司作为一家创新型互联网科技企业，采用的是在创业阶段采取多轮融资的方式来促进业务快速扩张的一个典型发展模式，如今有诸多互联网科技企业走的都是这样的路径。

然而，我们也应当意识到，在多轮的融资过程中，有越来越多的投资者进入，小米创始人的持股比例也在不断降低。正是这一实际情况，迫使小米公司在上市融资过程中不得不重新考虑自己的股权结构。

2018年4月，香港地区允许双层股权企业上市融资，这对于小米公司则是一个机遇。双层股权结构对于小米公司高管团队而言，不但能够增强其对公司的掌控力，还能有效防止其在上市后出现被恶意收购的情况。因此，港交所允许企业采用双层股权结构公司上市的政策，也就成为了小米公司主要创始人雷军同意上市的一个重要原因。

资料来源：池昭梅，陈炳均. 双重股权结构对企业创始人控制权的影响——以小米集团赴港上市为例. 财会月刊，2020；齐悦. 双重股权结构上市公司分析——小米范例. 商业经济，2019(4)；王宏利，张耀杰. 基于创新融资与战略布局解剖“风口上的小米”. 产业创新研究，2020(9).

◎ 参考文献

[1] Allen N. Berger, Gregory F. Udell. The economics of small business finance: The roles of private equity and debt markets in the financial growth cycle[J]. Journal of Banking and Finance, 1998 (6).

[2] 杨华初. 创业投资理论与应用[M]. 科学出版社，2003.

[3] 高正平. 中小企业融资新论[M]. 中国金融出版社，2004.

[4] 谢科范，等. 风险投资管理[M]. 中央编译出版社，2004.

[5] Donald F. Kuratko, Harold P. Welsch. 创业成长战略[M]. 清华大学出版社，2005.

[6] Drucker. 创新与企业家精神[M]. 机械工业出版社，2007.

[7] 蒋屏. 公司财务管理[M]. 对外经济贸易大学出版社，2009.

[8] 梁巧转，赵文红. 创业管理[M]. 机械工业出版社，2009.

[9] 汤谷良. 高级财务管理学[M]. 清华大学出版社，2010.

[10] Di Guo, Kun Jiang. Venture capital investment and the performance of entrepreneurial firms: Evidence from China[J]. Journal of Corporate Finance, 2013, 9.

[11] 丁长瑶. 我国天使投资退出机制研究[J]. 现代商业，2013(18).

[12] 褚彩华. 大学生创业融资渠道与对策[J]. 中外企业家，2014(9)：171.

[13] 刘刚，王泽宇. 创业团队文化多样性与互联网创业融资——基于产品众筹数据的实证分析[J]. 财贸经济，2016(6)：113-128.

[14] 穆瑞章，耿天成. 文化距离、社会网络中心性与互联网创业融资——来自众筹数据的实证研究[J]. 北京工商大学学报(社会科学版)，2017，32(3).

[15] 朱斌. 技术创新与资本市场[M]. 南京大学出版社，2019.

[16] 赵馨燕，丁凌. 风险投资异质性对企业债务融资影响的述评与展望[J]. 财会通讯，2019(24).

[17] 朱叶. 公司金融[M]. 北京大学出版社，2020.

第十二章　创业公司的股权激励

一、股权结构的重要性

(一)股权结构与利益分配

股权是基于对初创企业投资获得股东资格的人员可以享受的经营管理权利(投票权)、经济权益(分红权)，股权结构是企业中不同类型的股东所占的股权比例及相互之间的关系。在这种情况下，股权结构的划分往往涉及创业者们以及与获得股东资格的投资者的利益分配问题。

1. 创始股东相互之间的利益分配

成立初创企业的初始股东们，往往因为志同道合、资源互补而聚集在一起。他们有的持有专业技术，有的拥有好的想法，有的有着资金或渠道等，这些资源对于初创企业的发展都是不可或缺的。然而这些资源在初创企业发展的不同阶段中发挥的作用又是不一的，此时在股权的分配上就需要体现出来。若是没有一个科学良好的股权结构设计，股东之间很有可能在后期发展中因为表决权、话语权以及利益分配不平衡而产生分歧和矛盾，从而导致企业运营发展陷入僵局。为避免这种情况，我们可以事先分别对不同资源进行价值评估，以此来确定拥有不同资源的股东们所占的股权比例。

2. 创始股东与员工之间的利益分配

人才在当今科技进步、互联网兴起的时代下对于企业发展尤为重要。员工也想在为企业创造价值的过程中，实现自己的价值。为了吸引和留住人才，培养员工对企业的忠诚度，提高员工的积极创造性，实现企业与员工共成长，企业通常将股权在股东、企业高管和核心员工之间进行科学合理的分配，实施股权激励机制。

3. 创始股东和投资者的利益分配

创业者在创业时的资源是极其匮乏的，单凭创业者的一己之力是很难实现初创企业的经营成长发展的。此时，股权融资极其重要。创始股东需要释放多少股权比例，股权应该如何定价，企业在发展过程中因为融资需要使得股权逐步被分散，创始股东如何把握企业的控制权等这些问题，都需要合理的股权结构设计来解决。

(二)股权结构设计与创业失败

股权结构设计不合理是创业者创业失败的重要原因。下面列出常见的几种问题股权模拟情况进行弊端分析见(见表12-1、表12-2、表12-3)。

表12-1　**两位创始人的股权模拟分配情况**

类型	股份结构	弊端分析
1	50%；50%	均分股权，权责不清，容易牵扯
2	65%；35%	都拥有一票否决权，造成博弈，决策效率低
3	98%；2%	创始人一股独大，起不到激励效果

表12-2　**三位创始人的股权模拟分配情况**

类型	股份结构	弊端分析
1	33.3%；33.3%；33.3%	均分股权，权责不清，容易牵扯
2	40%；40%；20% 48%；45%；7%	两大股东都拥有一票否决权，但是重大事情都需要三个人都同意才能执行，决策缓慢 虽然7%的股份数额不大，但因为两大股东的表决权都未过半，容易成为他们的拉拢对象，决策效率低
3	98%；6%；4%	创始人一股独大，起不到激励效果

表12-3　**四位创始人的股权模拟分配情况**

类型	股份结构	弊端分析
1	25%；25%；25%；25%	均分股权，权责不清，容易牵扯
2	90%；4%；3%；3%	创始人一股独大，起不到激励效果

从上面几种模拟情况中可以归纳出初创企业股权结构的几个常见问题：

1. 平均分配股权比例

初创企业创立初期，创始股东们出于开始的信任选择平均分配股权的股权结构模式，然而这种模式很大可能会为企业今后的发展埋下隐患和问题。

◎ 小案例

真功夫，是我国知名的快餐品牌，同时也是规模最大、发展最快的中式快餐企业。不过，近几年，其股权之争的知名度恐怕早已超出其品牌的知名度。在2010年之前，真功夫以其独特的商业模式和发展前景，吸引了众多股权投资基金的青睐。

2007 年 10 月，真功夫获得了今日资本和联动投资两家 PE 的大额投资。基于如此强劲的发展势头，企业和资本方都决定在 2010 年上市。然而，谁也没有料到的是，真功夫会在接下来的股权之争中走向滑铁卢，上市之路也愈发遥不可及。下面，我们一起来回顾一下真功夫的案例，或许能够让我们对股权分配给初创企业影响进行深入的思考。

真功夫的前身是潘宇海在东莞开的一家甜品店，随后，他的姐姐潘敏峰和姐夫蔡达标各投资了 4 万元，潘宇海也投资了 4 万元，于是甜品店改成了快餐店。此时，他们的股权和权责分配如图 12-1 所示。

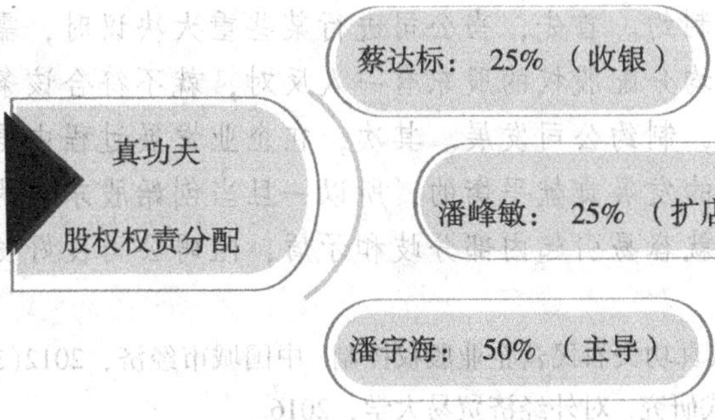

图 12-1　真功夫股权权责分配

经过三年艰难的发展，真功夫开始在全国各地开设连锁店，企业走上了快速发展的道路。在这个阶段，负责门店扩张的蔡达标对企业发挥的作用越来越大，于是从 2003 年开始，企业的主导权从潘宇海的手中转到了蔡达标手中。

2006 年 9 月，潘敏峰和蔡达标离婚，潘敏峰所持有的真功夫 25%的股权归蔡达标所有。2007 年，真功夫获得了今日资本和联动的 1.5 亿元投资，两家 PE 对真功夫的估值达到 50 亿元。此时，真功夫合伙人之间的股权分配如图 12-2 所示。

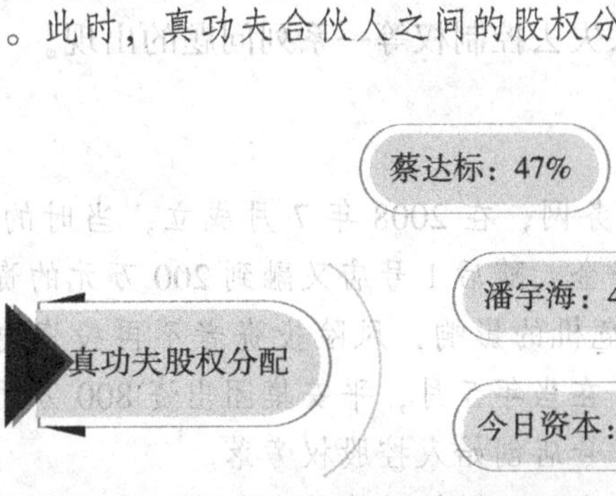

图 12-2　真功夫股权分配

PE作为资本方，追求利益最大化是其最终目的，而PE投资真功夫，最看中的也是蔡达标的能力。于是，在接下来的股东会、董事会上，PE都毫无保留地支持蔡达标。

这样一来，作为创始人的潘宇海便逐渐被边缘化。为了进一步拿到企业的绝对控制权，蔡达标开始辞退一些与潘宇海关系密切的中高层管理人员，企图把潘宇海架空。当然，潘宇海也不是吃"素"的。心有不甘的潘宇海通过翻旧账，控诉蔡达标恶意侵占，并亲手把昔日的姐夫蔡达标送进监狱，蔡达标最终被判刑14年。

导致真功夫从发展巅峰走向衰败的始作俑者，很大程度上是股权的错误分配。在真功夫两位创始人的股权分配上，两人都是占50%的股权，然而合伙人之间平均分配股权，就无法形成制约。首先，当公司进行某些重大决议时，需要有三分之二以上的表决权通过。当平均分配股权的股东有一人反对，就不符合该条件，这样将会降低企业的经营决策效率，制约公司发展。其次，在企业发展过程中是很难保持创始股东们在各阶段对于企业的发展贡献平衡的，所以一旦当创始股东们的贡献与其自身所占股权比例不匹配时，就容易引起内部分歧和矛盾，阻碍公司良好发展。

资料来源：刘洋．从真功夫看民营企业股权控制．中国城市经济，2012(3)：112-113；文君．家族企业基业长青治理模式研究．对外经济贸易大学，2016.

2. 公司的核心创始人股权比例过低

对初创企业而言，核心创始人的角色十分重要，在创业过程中起着领头羊的作用。他的行事作风和经营决策直接影响到初创企业的进一步走向。然而在企业的发展过程中，不可避免地会有新的合伙人加入、实行股权融资、实施股权激励机制等，这些都会对核心创始人的股权比例进行稀释，导致核心创始人的股权比例过低的现象，这又会导致诸如决策效率低下、股权之争、创始人失去控制权等一系列问题的出现。

◎ 小案例

1号店是一家电子商务网，在2008年7月成立，当时的1号店的启动资金是创始团队出资的几百万元资金，随后1号店又融到200万元的资金。

在2010年，受金融危机的影响，风险投资者不再投资电商，1号店为摆脱资金困境而与平安集团接洽。在当年5月，平安集团出资800万元取得了1号店80%的股权，此次融资已经导致1号店创始人控股权旁落。

平安集团在取得1号店80%股权后的整合工作并未达到预期效果，于是平安集团逐渐将手中持有的股权转让给了沃尔玛。在2011年5月，平安以6500万美元的价格转让20%的股权给沃尔玛，同时沃尔玛又购买了1号店管理团队与平安签订的股权激励协议中的股权。

到2011年8月，沃尔玛正式入股1号店，同年12月，沃尔玛共取得1号店50%

的股权。在2012年，沃尔玛增持1号店股权，同年10月，沃尔玛正式控股1号店，取代平安成为1号店最大的股东，持股比例约为51%。

2015年7月14日，1号店创始人确认从1号店离职，1号店最终从创始人手中脱离，成为他人的公司。

从1号店的案例可以看出创始人掌握控制权的重要性，1号店的创始团队在困境中融资，转让了80%的股权，实际上是将公司控制权拱手相让。

资料来源：丁弋弋. 1号店创始人成旁观者平安沃尔玛股权让渡有算计. IT时代周刊，2011（18）：44-45.

3. 股权设计未预留期权池

初创企业应在企业的创立初期、发展期、成熟期均预留部分股权，一方面要以此吸引人才，通过建立高效的股权激励机制，激发企业活力和创造力。另一方面，企业发展扩张需要资金支持，企业必须通过外部融资的方式来获取投资者们的支持。此时预留期权池就能保障创始股东的股权不被稀释，从而保障企业的控制权。若没有事先预留期权池，在企业经营发展中，人才的股权激励、外部股权融资等行为都会不断稀释创始股东的股权比例，又陷入核心创始人股权比例过低的问题当中。其中，万科就是一个典型的案例。

◎ 小案例

万科企业股份有限公司成立于1984年，于1988年进入房地产行业，经过30余年的发展，已经成为全国最大的住宅开发商之一。但是在执行股权激励的过程中，却遇到了致命性的难题。

2016年4月11日，万科董事长王石在参加基石资本年会时发表演讲称："万科今年也面临着更名换姓的结果。"不同于以往强势的发言，在谈及万科的股权之争时，王先生罕见地说了"软"话。

事件的起源还得归于"宝万之争"，宝能于2015年1月开始买入万科股份。但是王石先生认为宝能的信用不够，会毁掉万科最值钱的东西，而且宝能收购万科的资金来源有问题，主要来自短期债务，风险非常大。随后万科策划资产重组，企图挤走万科第一大股东的位置。

为了抵抗宝能的收购，万科继续停牌寻找自己的"骑士"，这位"骑士"就是深圳地铁，尽管二者之间并没有任何的利益互补项目。

2015年9月1日，华润增持万科，持股比例升至15.23%与宝能集团争夺万科的第一大股东。

安邦系也见缝插针，2015年12月7日购入万科股份，占比5%成为万科的第三大股东。

截至2015年12月31日，宝能共持有万科约26.81亿股，占比24.26%成为万科的第一大股东。

万科、宝能、华润和深铁集团，围绕着万科股权，活生生上演了一出“四国争霸”。“宝万之争”事件持续发酵，证监部门不得不出面来“维持秩序”。

但是在“宝万之争”之前，万科也做了许多的工作。例如，2014年万科推出了合伙人持股计划，运用1 320名员工的经济利润奖金，加上杠杆购买公司的股票累计已经达到4.14%，对于上市公司而言，这已经是非常大的比例了。

同时，万科还推出了项目跟投机制。项目所在一线公司管理层和项目负责人亲自掏腰包来投入自己所管理的项目当中去，将项目的盈亏与项目管理者自身的盈亏紧紧地绑定在一起，在最大程度上保证项目的盈利和企业发展。

尽管这些方法在一定程度上抵御了“外敌入侵”，但是效果非常微弱，终究还是没有抵挡住家门口的“蛮夷”，最终可能会导致股权四分五裂，甚至是企业改名易姓。虽然最后管理层的强势介入，维持了万科股权架构稳定，避免了万科被故意收购而恶意拆分的命运。但公司控股权的重要性不言而喻。

从“宝万之争”的案例中可以看出，核心创始人的股权比例尤为重要，一旦被人见缝插针，则会成为企业发展的“绊脚石”，尤其是多方股东的强势“破门而入”，企业的管理权就会被稀释，导致“外人”坐享其成。

资料来源：黄金曦，徐丹．不完全信息下上市公司股权反收购动态博弈——基于万科与宝能系的股权之争．财会通讯，2016(32)：86-88；张子昂，何彦雨．股权结构对公司控制权的影响——基于万科股权之争案例的研究．现代商业，2016(17)：113-114；强国令，刘克富．“野蛮人入侵”、政府干预与双层股权结构——基于万科股权之争的案例研究．金融与经济，2018(7)：53-58.

二、公司伦理与法律基础

(一)公司伦理与社会责任

公司伦理也称企业伦理，是公司在处理其内部员工、企业与社会、企业与顾客之间关系的行为规范的总和。企业伦理不是企业经营的手段，而是企业赖以生存的基石。企业伦理包括劳资伦理、工作伦理、经营伦理。创建新企业应注意这些伦理问题，包括创业者与原雇主之间、创业团队成员之间、创业者和其他利益相关者之间等。

例如在创业者和原雇主之间，在现实社会的创业中，尽管有的创业企业是由学生或者自我雇用者建立，但是大部分的新建企业是由过去从事某一种职业的人们创建的。当有的人辞职创业后，发现自己创业艰难，不堪重负，更有甚者发现自己往往受到前雇主的敌视，创业者或者创业企业可能会遭遇“暗算”。在辞职时，与前雇主应该职业化行事，恰当地表露离职意图，完成在前公司所接受的全部工作任务，同时还要尊重雇佣协议，尤其是保密协议和非竞争协议。

一项研究发现了有道德问题的行为类型，具体见表12-4。

表12-4 有道德问题的行为类型

类型	直接影响	举例
角色分离(非职责行为)	对公司不利	做假账 挪用公款 偷窃
角色失败(失职行为)	对公司不利	敷衍绩效评价 对假账目视而不见 过分表扬业绩不佳者
角色扭曲(职责扭曲行为)	对公司有利	贿赂 价格垄断 操作供应商
角色武断(职责声明行为)	对公司有利	利用核技术开发能源 继续使用不安全产品的生产线

在创立企业时，各方面原因可能会导致对这些伦理道德问题的挑战，创业者在伦理方面缺少明确性和方向性，初创企业应该多给予关注。

在避免出现伦理道德问题的同时，企业也应努力获得更多的社会认同，积极承担社会责任。获得社会认同的企业，第一，可以降低个体交易成本，增加社会福利，达到双赢的目的；第二，可以提高企业的商誉，增加企业的效益；第三，可以增加企业的核心竞争力；第四，可以赢得更多的合作者，拓展自身的发展空间。

企业在承担社会责任时要做到：为社会提供保质达标、货真价实的产品；依法缴纳税款，不逃税，不漏税，不偷税；在谋求利益最大化的同时重视社会公益，要取之于社会用之于社会。现如今，企业的社会责任已经成为企业竞争力的新标准，履行好企业的社会责任有利于给企业带来新的发展机遇、提高企业竞争力，同时也是顺应时代发展，构建和谐社会的必然要求。

(二)有效应对法律问题

创业者在创建和经营企业的过程中，必须了解和遵守有关法律法规，以确保自身和他人的利益不受到非法侵害。

1. 与知识产权有关的法律法规

知识产权是人类智力劳动的产物，是无形的但有市场价值的资产，通过专利、商标、著作权(版权)、商业秘密等形式可以获得保护。传统观念主要看中的是企业的房产、设备等有形资产，而现在知识产权却逐渐成为企业最具价值的无形资产。加强知识产权管理，日益成为企业竞争的制胜法宝。创建新企业常犯的错误有：不能准确识别自己所有的知识产权，没能充分认识到知识产权的价值，没有将知识产权作为整体成功计划的一部分，没能采取法律手段保护知识产权等。表 12-5 提供了企业各部门需要保护的知识产权范畴。

2. 与劳动合同有关的法律法规

劳动法是调整劳动关系以及与劳动关系密切联系的社会关系的法律法规的总称。新企业需要雇用员工，就会涉及劳动关系问题。创业者需要熟悉劳动法，正确处理劳动关系，严格签订劳动合同，避免劳资纠纷问题。合同法是调整平等主体之间的交易关系的法律。它主要规定合同的订立、合同的效力及合同的履行、变更、解除、保全、违约责任等问题。合同可以是书面的也可以是口头的。企业除了涉及劳动合同之外，企业的经济活动还涉及其他合同，如买卖合同、借款合同、租赁合同、运输合同、保管合同等。

表 12-5　**企业知识产权保护范畴**

部门	典型的知识产权保护对象	常用保护方法
营销部门	名称、标语、标识、广告语、广告、手册、非正式出版物、未完成的广告拷贝、顾客名单、潜在顾客商标、版权和商业秘密名单及类似信息	商标、版权和商业秘密
人事部门	招聘手册、员工手册、招聘人员和聘用候选人时使用的表格和清单、书面的培训材料和企业的实时通信	版权和商业秘密
财务部门	各类描述企业财务绩效的合同、幻灯片，财务管理的书面材料，员工薪酬记录	版权和商业秘密
信息部门	网站设计、域名公司特有的 IT 设备和软件手册、版权、商业秘密和注册互联网计算机源代码、Emal 名单	版权、商业秘密和注册互联网域名
研发部门	新的发明和商业流程、现有发明和流程的改进、记录发明日期和项目进展计划的实验备忘录	专利和商业秘密

此外，创业者还需要了解与税务、不正当竞争、消费者权益保护、产品质量、会计等有关的法律法规。

(三) 获得公司执照与许可证

获得公司执照和许可证可以说是创业的第一步。一般来说，企业注册的流程如图 12-3 所示。

图 12-3　企业注册流程图

通过上述流程就可以完成公司注册。想要开始正式经营，还需要办理以下事项(见图12-4)：

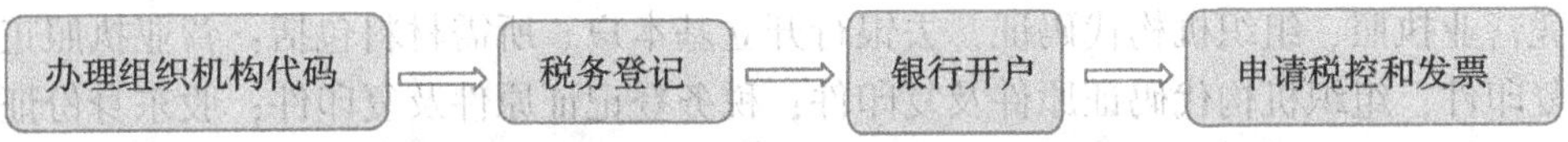

图 12-4 企业办准备经营事项流程图

企业注册流程具体步骤如下：

第一步：公司名称核准。

在当地工商局领取并填写《企业名称预先核准申请书》《投资人授权委托意见》，或者到当地工商局网上申请获得。

递交《企业名称预先核准申请书》、投资人身份证、备用名称若干及相关材料，等待名称核准结果。

领取《企业名称预先核准通知书》。

所需材料包括：全体股东身份证原件及复印件；法人股东提交加盖公章的营业执照复印件；全体股东授权的委托人身份证原件及复印件。

第二步：办理营业执照。

到工商局领取公司设立登记的各种表格。填好后连同核名通知、公司章程、房租合同、房产证复印件一起交给工商局。

所需材料包括：公司设立登记申请表；股东(发起人)名单；董事、经理、监事情况；法人代表登记表；指定代表或委托代理人登记表；核名通知原件；公司章程；房租合同；房产证复印件。

第三步：刻章。

凭营业执照到公安局特行科指定的刻章地点去刻公章财务章、发票专用章、合同专用章。后面步骤中均需要用到公章或财务章。

所需材料包括：营业执照副本原件及复印件；法人身份证原件及复印件；经办人身份证原件及复印件。

第四步：办理组织机构代码证书。

凭营业执照到当地政务中心办理组织机构代码证。政务中心会首先发一个预先受理代码证明文件，凭这个文件就可以办理后面的税务登记证、银行基本户开户手续了。

所需材料包括：营业执照副本原件及复印件；股东身份证原件及复印件；经办人身份证原件和复印件；企业公章。

第五步：办理税务登记证。

领取执照后，30 日内到当地税务局申请领取税务登记证。一般的公司都需要办理 2 种税务登记证，即国税和地税。办理税务登记证时，必须有一个会计，因为税务局要求提交的资料其中有一项是会计资格正和身份证。

所需材料包括：营业执照原件和复印件；组织机构代码证书；房产证复印件；公司章程；房屋租赁合同；股东身份证原件复印。

第六步：开设银行账户(基本户)。

凭营业执照、组织机构代码证，去银行开立基本户。所需材料包括：营业执照正本原件及复印件；组织机构代码证原件及复印件；税务登记证原件及复印件；股东身份证原件及复印件；公章、财务章、法人章；代理人身份证原件和复印件(复印件要盖公司章)；委托书。

第七步：购买发票，开始实际经营。

企业向所在当地税务局申请，领取由国家税务总局和市地方税务局共同监制的发票，企业申领发票时，必须向税务机关出具发票购用印制簿。办税人员本人和公司财务负责人员同去税务部门，第一次领发票需法人签字、即需要法人同去税务部门。所需材料包括：公章、法人章、财务专用章；法人身份证复印件；基本户管理卡；填写纳税专户材料；税务登记证原件。

(四)董事会与股东

董事会是公司的事务执行机构，对股东会负责，行使下列职权：

①召集股东会会议，并向股东汇报工作。

②执行股东会决议。

③制订公司的经营计划和投资方案。

④制订公司的年度财务预算方案、决算方案。

⑤制订公司的利润分配方案和弥补亏损方案。

⑥制订公司增加或减少注册资本及发行公司债券的方案。

⑦制订公司合并、分立、解散或变更公司形式的方案。

⑧决定公司内部管理机构的设置。

⑨决定聘任或者解聘公司经理及其报酬事项，并根据经理的提名决定聘任或者解聘公司的副经理、财务人员及其报酬事项。

⑩制定公司的基本管理制度。

⑪公司章程规定的其他职权。

企业成长到一定程度之后，其规模、业务等方面变得更加复杂多变，单凭创始股东是无法顾及全部的，此时需要专门的高级管理人员来代理股东对公司进行专业科学的运营。此时董事会由股东选出来参与企业的治理。在这里股东和董事是在公司内部均享有较高的管理权限以及地位的人员，股东会和董事会是两个相对独立的机构。股东是指对公司债务负有限或无限责任，并凭持有股票或股份享受股息和红利的个人或单位。董事是指由公司股东大会选举产生的具有实际权力和权威的管理公司事务的人员，是公司内部治理的主要力量，对内管理公司事务，对外代表公司进行经济活动。董事会和股东的关系是判断董事会是否体现股东意志的重要条件。董事会与股东的关系主要体现在股东对董事选举的影响上面，股东大会对内并不直接对公司事务进行管理，对外也不代表公司，而是由股东大会选举和控制董事会，通过董事会间接实现对公司的管理和领导。在公司中，一般都呈现出控制权与经营管理权分离的现象，董事会以及其他机关均隶属于或服从于股东大会。因而，股东大会对于公司的领导和管理是通过“股东拥有公司，但由董事会管理”的方式实现的。

(五)选择企业的组织形式

创业者成立企业时，需要考虑的是确认最符合企业需求的组织形式，并结合创业者自身的偏好、中长期需求、税收环境等来权衡每种组织的利弊。下面我们将以表格形式向大家说明四种企业法律形态，以供大家参考(见表12-6)。

表12-6　**四种企业法律形态**

企业法律形态	业务数量和注册资本	成立条件	经营特征	利润分配和债务责任
个体工商户	1. 业主可以个人经营，也可以家庭经营； 2. 无资本数量限制	1. 有相应的经营资金和经营场所即可； 2. 可以起字号	资产属私人所有，可以雇佣帮手(不超过8人)，业主本人即是所有者，又是劳动者和管理者	1. 利润归个人或家庭所有； 2. 由个人经营的，以其个人资产对企业债务承担无限责任； 3. 由家庭经营的，以家庭财产承担无限责任
合伙企业	1. 业主两个人以上； 2. 无资本数量限制	1. 有两个及以上合伙人，并且都依法承担无限责任； 2. 有书面合伙协议； 3. 有合伙人的实际出资； 4. 有合伙企业的名称； 5. 有经营场所和从事合伙经营的必要条件	依照合伙协议共同出资、合伙经营、共享收益、共担风险	合伙人按照合伙协议分配利润，并共同对企业债务承担无限连带责任
有限责任公司	1. 由2个及以上50个及以下的股东组成； 2. 注册资本3万元以上	1. 股东符合法定人数； 2. 股东出资额达到法定资本最低额； 3. 股东共同制定公司章程； 4. 由公司名称建立符合有限责任公司要求的组织机构； 5. 有固定的生产经营场所和必要的经营条件	公司设立股东大会、董事会、监事会，并由董事会聘请职业经理人管理公司、经营业务	股东按出资比例分配利润，并以出资额为限承担有限责任

续表

企业法律形态	业务数量和注册资本	成立条件	经营特征	利润分配和债务责任
个人独资企业	1. 业主是一个人； 2. 无资本数量限制	1. 投资人是自然人，且只能是中国公民； 2. 有合法的企业名称； 3. 工商部门要验资； 4. 有必要的从业人员； 5. 有固定的生产经营场所和必要的经营条件	财产为投资人个人所拥有，业主既是投资者，又是管理者	1. 利润归个人所有； 2. 投资人以其个人资产对企业债务承担无限责任

三、什么是创业型企业合理的股权结构

(一)股权比例与公司控股权

股东持股比例的多少代表着所能行使的权利的大小，由此衍生出几条关键的生命线，股东需要把控好，有效保护自身权益。

1. 持股100%——完全控股

100%持股，属于一人老板制，创业者一人掌握公司，对公司上下事项拥有绝对的权威，拥有不容置疑的处置权和决定权。

2. 持股66.7%(三分之二以上)——绝对控股

《中华人民共和国公司法》第四十三条规定：股东会会议做出修改公司章程、增加或减少注册资本的决议，以及公司合并、分立、解散或变更公司形式的决议，必须经代表三分之二以上表决权的股东通过。这些事项无不事关企业的生死存亡，66.7%可以说是股权划分的一条关键生命线，其拥有的权利等同于完全控股。

另外需要注意的是，《中华人民共和国公司法》第四十二条有这样的规定："但是，公司章程另有规定除外。"因此，公司章程可以约定按照公司法约定的出资比例行使表决权，也可以自行约定另外比例。

3. 持股51%——相对控股

相对控股权对公司经营的制约主要表现在，可以进行一些简单事项的决策、聘请独立董事，选举董事、董事长、聘请审议机构，聘请会计师事务所、聘请解聘总经理等。

4. 持股34%——超过即拥有一票否决权

前面我们说到，持股在三分之二以上，拥有绝对控股权，可以决定公司的重大事项。那么推导一下，如果有股东持有34%，超过公司三分之一的股份，那么另外的股东就无法实现三分之二以上的持股，进而无法行使决定公司生死存亡的决策。也就是持股34%拥有一票否决权。通常我们认为，这种一票否决权只限于决定公司生死存亡的重大事项，而对于那些仅仅需要半数以上股东同意通过的事项，则无权进行一票否决。

5. 持股10%——可申请解散公司

持股10%以上的股东，有权召集临时股东大会。《中华人民共和国公司法》第一百条规定：股东大会应当每年召开一次年会，但有例外情况，如果“单独或者合计持有公司百分之十以上的股份股东请求时”，应当在两个月内召开临时股东大会。

通过了解资本的股权结构关键比例，我们要意识到合理的股权结构对于公司未来经营发展起着至关重要的作用。股权结构设计，原则上，股东人数不宜太多，一般而言，2~5人比较合适。同时需要一个大家都比较信服的领头羊，控股比例最好在51%以上。资源股东和战略股东这些类型的股东持股最多不超过5%，投资股东不超过10%，实现股权呈现明显梯次的效果，做到股东权责利对等。具体分配情况可参见表12-7、表12-8、表12-9。

表12-7 两位创始人的股权模拟分配情况

类型	股权结构	利弊分析
1	70%；30%	领头人清晰，决策迅速
2	80%；20%	领头人清晰，决策迅速
两个股东的股权分配原则：领头人股权一般要超过67%		

表12-8 三位创始人的股权模拟分配情况

类型	股权结构	利弊分析
1	70%；20%；10%	领头人清晰，决策迅速
2	60%；30%；10%	领头人清晰，决策迅速
三个股东的股权分配原则：领头人股权要超过另外两位之和		

表12-9 四位创始人的股权模拟分配情况

类型	股权结构	利弊分析
1	70%；20%；5%；5%	领头人清晰，决策迅速

续表

类型	股权结构	利弊分析
2	67%(创始人)：18%(合伙人)；15%(期权池)	领头人清晰，决策迅速，并预留了期权池
3	51%(创始人)：34%(合伙人)；15%(期权池)	创始人有控股权，其他合伙人也有否决权，可以相互监督
4	34%(创始人)：51%(合伙人)；15%(期权池)	创始人或其他合伙人也有一票否决权，可以相互监督
四个股东的股权分配原则：领头人股权大于两外两大股东之和，而小于三位其他三位股权之和，在四人及以上的股东人数情况下，最大股东可以小于其他创始人股权之和，这样可以避免一意孤行。		

(二)什么是风投青睐的股权结构

1. 合理的股权结构设计

风投选择投资你的企业，很大原因是因为他们认为你的企业有一个良好的发展前景，他的钱投进去在未来一段时间内是很大可能有所回报的。本章第一节我们探讨了因为企业股权结构设计不合理而导致创业失败的问题，那么一家股权结构设计不合理的企业，风投也不会多理会的。合理的股权结构设计要回答好五个问题(见图 12-5)。

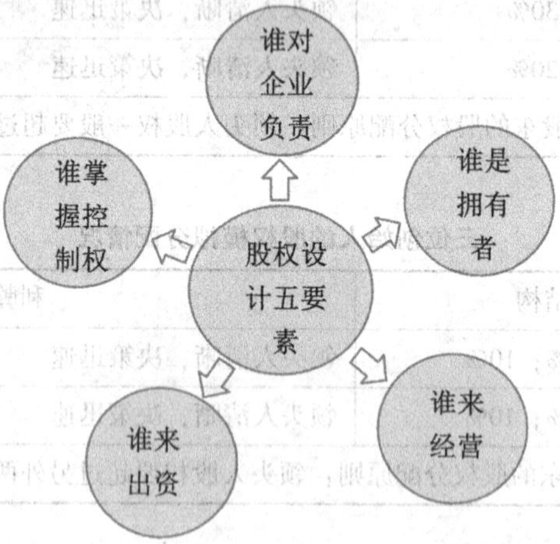

图 12-5 股权设计五要素

回答好谁掌握公司控制权的问题，即避免平均分配股权比例现象。不论是内部合伙人，还是外部投资人，他们之所以愿意合伙干，愿意投资，都是出于欣赏企业领头者，都是在投资掌握公司权的人。

回答好谁来出资的问题。从资金来源看，有内部投资人和外部投资人之分。公司投资是一个双向选择，投资人在筛选公司，同时公司也在筛选投资人，要考察投资人的背景和投资意图，而不是对投资人来者不拒。同时引入外部投资人确实有利于公司发展，但投资人占股过多就有可能导致公司创始人被外部投资人踢出局。风投最开始投的是领头人，没过多久发现企业已不是当时投的领头人的企业，这种局面是风投不想看到的。因此在股权分配时要注意控制外部投资人占比。

回答好谁来经营的问题。企业的经营者是指负责企业日常运营的人员，可以是股东，也可以是聘请的职业经理人。传统型企业往往是老板亲力亲为，一股独大，而这样的话不仅让原始股东劳力伤神，更是起不到对员工对企业的激励作用，不利于企业的发展。

回答好谁是拥有者的问题。我们知道股东是企业的拥有者。但是，企业另外还有事实上的拥有者。我们所说的企业的拥有者就是说企业所有权的拥有者，而企业的所有权(财产控制权)属于经营者，因此企业事实上的拥有者是经营者。当然，经营者本身可能是股东，也可能是聘请的职业经理人。

回答好谁对企业负责的问题。企业日常负责股东权益的有两大机构：董事会和监事会。董事会负责公司经营，对股东负责。监事会负责监督公司管理层行为，也对股东负责。

知道了企业的来龙去脉，风投通过企业的股权结构对企业内部更加了解，同时也坚定了对企业发展的信心。

2. 股权结构清晰

股权结构不清晰情况下，具体而言，就是因人情、特殊利益关系、特殊身份所产生的各类隐名股东、代持股问题。隐名股东与代持股意味着信息不透明、不公开，而诚信是投融资合作的前提基础。第一种情形：企业为引进投资人而隐瞒相应代持、隐名情形，极有可能导致将来为解决相应问题而产生较大成本，更重要的是会触发相应投资协议的违约责任条款而损失惨重。第二种情形：企业向投资人坦白，对于存在股权纠纷风险的企业，私募投资方一般也敬而远之。因此，股权结构清晰是吸引风投的重要条件。

3. 股权激励机制合理利用

风投于其投资的一家企业来说，更是一名利益相关者的存在。企业发展盈利，风投获得回报；企业受挫，发展失败，风投遭受损失。因此风投更看好有利于企业发展的股权设计方案。股权激励机制设计是企业股权设计方案不可或缺的一部分，创业者在设计股权激励时，因企业所处的发展阶段不同，因而每个阶段的战略规划、经营模式和人才需求也各不相同，此时应考虑企业所在的阶段来选择股权激励模式。

初创期是企业技术创新和新产品试销阶段。在这个阶段，企业的目标就是在市场上生存下去。此时的企业可以综合考虑对高层管理人员、核心技术人员的依赖程度，在保持企业控制权的前提下，采用虚拟股票、限制性股票、员工持股计划等激励模式，留住关键人才，稳定企业发展，安全度过生存期。

发展期是企业规模扩大，营收增加的阶段。在这一阶段企业除了要扩大开发新产品，提高产品知名度，进一步扩大市场占有率以外，还要不断完善企业内部管理机制。企业在这一阶段应选择力度较大的股权激励模式，比如业绩股票、员工持股计划、期权激励等。把对企业有重要作用的高管、核心技术人员和业务骨干纳入其中，让他们和公司成为利益共同体，一起实现企业快速持续发展。

处于成熟期的企业，客户群相对稳定，营收稳定。在此情况下企业实施股权激励的目标是稳定骨干人员。在这个阶段，企业可以选择业绩股票、期权、股票增值权、延期支付等激励模式。

处于衰退期的企业，可能面临销售额明显下降，生产能力严重过剩，市场份额不断缩小利润大幅下降的局面。在这种情况下，企业不得不考虑裁员问题，但仍要保留关键岗位的核心人员，此时企业适合实施岗位分红权的股权激励模式。

合理的股权激励机制设计有利于留住人才，聚集人才；有利于维持企业的长期发展战略；有利于提高团队的凝聚力和战斗力；有利于降低成本，提高利润。

对初创企业的管理者而言，只了解上述股权激励的理论知识是远不够的，接下来我们选取了具有典型代表的股权激励案例。

◎ 小案例

乐视融资后员工股权化为泡影

企业管理者不仅需要参考成功的股权激励案例，也需要从失败的案例中吸取教训。企业开展股权激励的出发点是好的，但是运用不当，最终会严重地阻碍企业的正常发展。下面以乐视发展为例加以说明。

2011年10月14日，乐视网董事会同意授予246名激励对象649.3万份股票期权。当时，乐视网的现金流问题已经被关注，关注原因大多在于作为一家上市公司账上只有1亿多元的现金，不足以支撑公司未来的发展。

2016年1月，乐视移动再次抛出千名员工股权激励计划。时任乐视移动总裁冯幸表示，乐视移动全员股权激励是乐视全员股权激励的一部分，也是行业最慷慨的员工激励，不分职级，只要是正式员工，都会获得。

随着2016年底，乐视资金链危机，乐视系的股权激励成为“泡影”。2017年11月20日，乐视致新等乐视系公司的核心员工被通知，其手中的股权全部“清零”，原乐视核心中高层、普通员工手中的股权协议书成为一张“废纸”。

乐视控股为员工提供了一个看似完美的股权激励计划，实则噱头大于实质。一方面，激励计划的推进未能承接公司发展战略与规划，激励计划建立在梦想与泡沫之上，一旦蓝图泡沫破碎则只能随之倾塌。另一方面，激励计划对员工激励目标宽泛不清，员工在激动人心的计划之下没有清晰业绩导向，激励空有激动人心的刺激性，却难以实现对实际业务的撬动，实际上未能做到责任权利相对等，没有对员工起到激励和约束的作用，最终导致了激励计划的失败。

资料来源：罗兆希．企业融资风险分析——以乐视为例．商业经济，2018(12)：92-95；马广奇，张芹，邢战雷．乐视资金链断裂：企业财务危机的案例分析．经济与管理，2017，31(5)：88-92.

4. 股权结构中设置合理的退出机制

股权结构中未设置合理的退出机制是风投们特别苦恼的。随着股权结构设置重要性日益上升到企业战略高度，很多企业也会有针对管理层的股权激励、引进外部初级投资人(很可能就是企业家的朋友)。合伙人获得股权，基于对公司发展前景的信任，愿意共同参与创业。股权的主要价值就是实现合伙人与公司的长期绑定。聚散离合本平常，企业的股权结构也是时刻处于变动之中。如果其中创始人中途退出，带走股权，对其他长期参与创业的合伙人不公平，退出的人提前享受果实，长期参与的还要继续奋斗，所以必须设定科学的退出机制，一方面对于继续在公司里做事的其他合伙人更公平，另一方面也便于公司的持续稳定发展。

(1)提前约定好合伙人在什么情况下才能退出。

由于初创公司发展还不成熟，初期风险承受能力弱，一旦生产经营出现波动，合伙人提出退出并撤资，此次创业就很容易以失败告终。所以初创企业的合伙人一定要约定好退出情况。公司发展前期合伙人退出主要是资金退出和技术退出，于资金退出而言，我们同意合伙人退出，但是资金不能完全撤出，因为一旦资金被撤出，剩下合伙人的现金流压力会特别大。因此退出合伙人撤资需要和其约定一个撤资比例，余下的资金可以以借贷或股份形式具体协商；于技术退出而言，在公司成立初期，技术人员一旦退出，想要快速找到替代人员很难，这种情况也容易使公司陷入困境，因而对于技术性合伙人，创业者需要在找到替代人员并等其稳定后，才能允许退出合伙人退出。

(2)股权转让。合伙人可以退出，但股份需要转让给其他合伙人或重新进行股权分配。若是股东之间转让股权，我国《公司法》第七十二条第一款规定，有限责任公司的股东之间可以相互转让其全部或者部分股权；若是向股东以外的人转让股权，《公司法》第七十二条第二款规定，股东向股东以外的人转让股权，应当经其他股东过半数同意。股东应就其股权转让事项书面通知其他股东征求同意，其他股东自接到书面通知之日起满三十日未答复的，视为同意转让。其他股东半数以上不同意转让的，不同意的股东应当购买该转让的股权；不购买的，视为同意转让。《公司法》第七十二条第四款规定，公司章程对股权转让另有规定的，从其规定。

那么应该以怎样的标准进行转让呢？在这里我们预计出现两种情况：

情况一：公司经营亏损

公司经营亏损，此时公司正处于下行阶段，风险较大，作为曾经的合伙人现在退出应该承担一定风险带来的损失。在这种情况下，可以不支持合伙人退股或者让其持有股份低价处理给其他合伙人。为了防止合伙人退出公司但却不同意股权转让，可以在股东协议中设定高额违约金条款。

情况二：公司经营盈利

公司经营盈利，合伙人退股，其他合伙人可以进行股权溢价式回购。这个价格的确定，建议公司创始人考虑“一个原则”“一个方法”。“一个原则”，是他们通常建议公司创始人，对于退出的合伙人，一方面，可以全部或部分收回股权；另一方面，必须承认合伙人的历史贡献，按照一定溢价或折价回购股权。这个基本原则，不仅仅关系到合伙人的退出，更关系到企业重大长远的文化建设。“一个方法”，即对于如何确定具体的退出价格，建议公司创始人考虑两个因素，一个是退出价格基数，一个是溢价或折价倍数。比如，可以考虑按照合伙人掏钱买股权的购买价格的一定溢价回购、或退出合伙人按照其持股比例可参与分配公司净资产或净利润的一定溢价，也可以按照公司最近一轮融资估值的一定折扣价回购。至于选取哪个退出价格基数，不同商业模式的公司会存在差异。比如，京东上市时虽然估值约300亿美元，但公司资产负债表并不太好。很多互联网新经济企业都有类似情形。因此，一方面，如果按照合伙人退出时可参与分配公司净利润的一定溢价回购；但另一方面，如果按照公司最近一轮融资估值的价格回购，公司又会面临很大的现金流压力。因此，对于具体回购价格的确定，需要根据公司具体的商业模式，既让退出合伙人可以分享企业成长收益，又不让公司有过大现金流压力，还预留一定调整空间和灵活性。

(3)设立退出惩罚机制，赔偿高额违约金。

赔偿高额违约金是合伙人退出机制中必不可少的一项规定，这样能有效地约定合伙人不能轻易退出。且赔偿标准不宜过低，赔付额应该高于其所带来的损失额，一旦出现退股纠纷也有章可依，保证其他合伙人的权益。

初创企业设立合理的退出机制有利于保障各合伙人的权益，促进企业的良性发展。当然，创业者不要单方面只给合伙人设立退出机制，而不对自身有所约束，这会让退出机制有失公平性和合理性，容易引起团队其他成员的抵触心理，容易对以后开诚布公埋下隐患，不利于公司发展。因而退出机制的设立应该适用于整个初创团队的各个成员。

(三)创始人与股权控制

1. 一般情况下的控制权

管理层掌握公司控制权的常见三个方式：

(1)绝对控制权。谁拥有的股权越多，谁掌握的控制权就越牢固，这是每一位商界人士都深谙于心的常识。那么，管理层的股权要把握到什么程度才能带来“安全感”呢？通常，我们把持有67%以上的股权称为“绝对控制权”，因为这代表着管理层拥有了三分之二的表决权。根据我国《公司法》的规定：“股东大会作出决议，必须经出席会议的股东所持表决权过半数通过。但是，股东大会作出修改公司章程、增加或者减少注册资本的决议，以及公司合并、分立、解散或者变更公司形式的决议，必须经出席会议的股东所持表决权的三分之二以上通过。”由此可见，“三分之二”的表决权，是一个极具诱惑力的比例，它代表着管理层难以撼动的决策地位。

(2)表决权带来控制权。进行它的方式有许多种，例如表决权委托、签署一致行动人协议、构建持股实体等。通过构建持股实体，以间接加强管理层的控制力，是三种方式中最为复杂但也更为稳定可靠的方式。常见的操作方式是：管理层设立一家有限责任公司或有限合伙企业作为目标公司的持股实体，同时成为该公司的法定代表人、唯一的董事、唯一的普通合伙人或执行事务合伙人，最后达成掌握目标公司表决权的效果。

一般而言，有限责任公司是可以“同股不同权”的，《中华人民共和国公司法》第四十二条规定：“股东会会议由股东按照出资比例行使表决权；但是，公司章程另有规定的除外。”这里请注意后半句。我们以华为为例，华为投资控股有限公司完全可以规定：“任正非持有1.01%股权，享有98.99%的表决权；工会委员会持有98.99%股权，享有1.01%的表决权”。这样一来，不就实现控制了吗？当然，玩法远远不止这一种，例如：工会委员会与任正非签订协议，委托任正非代为行使表决权。或者干脆把工会委员会的负责人直接就设为任正非。如果要再挖深一点的话，工会委员会本身并不是一个公司，在深圳工商部门也没有登记，内部运行规则到底是怎样，我们外人无从得知。但至少有几个关键信息可以确认，一是华为员工并不享有完整的股东权利，只有获取红利的权利，其他权利都是被阉割的；二是获取分红的资格与员工身份绑定，离职员工的分红权会被剥夺。所以说，通过表决权归集，华为员工并不是法律意义上的华为公司股东，华为的老板，有且只有一个，就是任正非。

同时需要注意的是：若持股实体是有限合伙企业，那么管理层的地位必须是普通合伙人而非有限合伙人，因为根据我国《合伙企业法》的规定，有限合伙企业是由普通合伙人来控制的，有限合伙人并不能参与企业的经营管理和决策。

(3)设定限制性条款。设定限制性条款并不能对管理层的控制权起到“强化”效果，但可以起到防御性作用。限制性条款大多体现在公司章程之中。一方面，限制性条款可以赋予管理层“一票否决权”，例如针对公司的一些重大事项——合并、分立、解散、公司融资、公司上市、公司的年度预算结算、重大人士任免、董事会变更等等。管理层，尤其是企业的创始人可以要求没有他的同意表决不通过。如此一来，即便管理层的股权被稀释得较为严重，也不会导致被“扫地出门”的结局。另一方面，为了拿下董事会的“战略高地”，在公司章程中，还可以直接规定董事会一定数量的董事(一般过半数)由核心管理层委派。需要注意的是，《公司法》对章程的法定、意定事项的范围有所限制，在设立限制性条款时，必须时刻避免触犯法律制度的框架。

2. 一致行动人协议

一致行动人协议常指在公司没有控股股东或实际控制人的情况下，由多个投资者或股东共同签署一致行动人协议，从而扩大共同的表决权数量，形成一定的控制力。就拿永辉超市收购中百一事来说，永辉超市早在2013年就开始举牌中百集团，在2019年12月宣布取消收购。长达近七年的收购时间，永辉都没有能把中百收入囊中，就是因为武汉国资及其一致行动人的存在。中百通过召集一致行动人，签署一致行动人协议而幸免于被收购的结局。更通俗来讲，一致行动人就是说，在公司股东会之外又建立了一个契约型的“小股东会”。但此种人合性极强的举措几乎完全依赖于“伙伴之间”的信任感和忠诚度，一旦小团体土崩瓦解，对企业的控制力也将不复存在。

3. 双重股权结构来实现对公司的控制

同股不同权，又称“双重股权结构”，其不同于单一股权结构，主要是通过分离现金流和控制权而对公司实行有效控制。通俗来讲就是同样的股票份额拥有不一样的表决权，一般股东一票一股，但公司少数高管可以一股数票。双重股权结构中，股份通常被划分为高、低两种投票权。高投票权的股票每股具有 2 至 10 票的投票权，主要由高级管理者所持有。低投票权股票的投票权只占高投票权股票的 10%或 1%，有的甚至没有投票权，由一般股东持有。作为补偿，高投票权的股票其股利低，不准或规定一定年限，一般 3 年后才可转成低投票权股票，因此流通性较差，而且投票权仅限管理者使用。

同股不同权实施的特点主要有：第一，为了在公司重大决策上快速做出反应并做出决策，公司的实际控制人拥有的表决权更多，股东的投票权和收益权分离。一方面有利于维护自身控制权，另一方面也向资本市场传递对排除“野蛮人”并购和未来业务模式及其盈利前景等坚定信心信号。第二，选择双重股权结构模式，究其根本，是可以达到既维系了控制权，又融入了所需资金的目的。这种情况下，即使因为融资需求使得部分普通股被稀释掉，但高投票权的股票仍能维持初创股东对企业的实质控制。这为市场前景良好的企业提供了一个发展机会。第三，在这种模式之下，由于高投票权的存在，会使得创始人或者管理人员权力过于集中，管理层抑或存在机会主义，增加代理成本。

双重股权结构起源于国外，尤其是在欧洲和美国，在国内，有许多互联网企业采用双重股权结构在海外上市，如阿里巴巴、人人网、58 同城、京东等。以京东为例，其在海外上市，表决权股是普通股的 20 倍。在多轮的大规模融资中，尽管京东的估值一路走高，满足了快速发展的资金需求，但刘强东的持股比例被大幅稀释到了 18.4%。若是按照一股一权的投票表决方式，即便刘强东作为公司第一大股东也无法对京东进行绝对控制。正是因为京东实行双重股权结构，刘强东才能维持其控制权。

在现阶段，我国《公司法》规定，有限责任公司股东会会议由股东按照出资比例行使表决权；但是，公司章程另有规定的除外。这就意味着从制度层面来讲，有限责任公司管理层股东可以在公司章程中就其出资对应的表决权进行一个特别的设计，包括引入复数投票权制度，给予管理层股东多被出资额的投票权，进而放大其对公司重大决策的控制权。对于股份公司而言，由于股份种类的法律制度不被我国法律所认可，因此无法进行股份种类分类设计来帮助公司管理层股东实现对公司的控制。然在 2018 年 4 月 24 日中国港交所正式公布可以采取双重控股权制度的企业上市。

在企业初创过程中，创始人于决策至关重要。创始人作为公司初创过程中面临问题、进行决策的拍板人，对初创公司的控制很大程度上决定着企业的发展速度和发展方向，创始人应作为领头羊带领创业团队同舟共济，一同成长。同时，为了公司的进一步发展，引来投资人的支持也同样重要。但是投资人进入公司后，创始人如何平衡和投资人之间的股权分配，如何在引入投资人之后仍然保持对公司的控制权，这些都不仅取决于公司设立之初的股权结构，高管员工的股权激励制度设计也不可忽视。综上而言，只有公司有了一个合理、合适的股权结构，公司的发展才能够更加顺畅。

◎ 本章案例

股权激励之阿里巴巴的受限制股份计划

阿里巴巴想必各位再熟悉不过了，它从一家名不见经传的小公司发展到现在的“电子商务帝国”，其运营和发展战略始终不断地调整，以此来适应企业的发展，那么，阿里是如何来设计股权激励方案的？

受限制股份单位计划是阿里巴巴留住人才的重要手段，员工获得受限制股份单位后，入职满一年方可行权。而每一份受限制股份单位的发放则是分4年，每年授予25%由于每年都会伴随奖金发放新的受限制股份单位奖励，因此员工手中所持受限制股份单位的数量会滚动增加。

这种滚动增加的方式在本质上就是股票期权，使得阿里巴巴集团的员工手上总会有一部分尚未行权的期权，进而帮助阿里巴巴留住核心员工。

当阿里巴巴网络宣布私有化后，新授予的受限制股份单位改为集团股的认购权。从本质上来看，不管是受限制股份单位，还是购股权激励，员工获得的都是股票期权；二者的不同之处在于，受限制股份单位的行权价格更低，仅0.01港元。

例如，阿里巴巴网络在退市前，持有其购股权的员工可能会因市价低于行权价而亏损。但是对于持有受限制股份单位的员工而言，除非股价跌至0.01港元之下才会出现亏损。

员工只有行权的时候才会知道公允价格，所有人都适用同一个价格。阿里巴巴集团内部成立了一个专门负责受限制股份单位授予、行权和转让等交易的部门期权小组，受限制股份单位可以在内部转让，也可以转让给外部第三方，均须向期权小组申请。

对于员工而言，持股本身并不会带来分红收入，而是在行权时带来一次性收益。例如，假设某员工2013年加入阿里集团，获得1万股认购权，每股认购价格5美元，到2016年行权时公允价格15美元/股，那么行权将带来十万美元的收入。

首先，阿里巴巴属于大型企业，企业留住核心人才是股权激励的最终目的，但是又不能让员工分离了管理权，而这种滚动式股权激励成为企业发展的重要手段。其次，阿里巴巴内部成立了期权小组，专门负责受限制股份单位授予、行权和转让，让股权激励的执行之路更加顺利。因此，对于一部分初创企业或者高速成长期的企业而言，滚动式的股权激励是不二选择。

资料来源：应韵. 基于核心竞争力的高新技术企业股权激励研究——以阿里巴巴为例. 财会通讯，2016(35)；胡锋，高明华，陈爱华. 控制权视角的合伙企业与股权架构设计——以蚂蚁集团为例. 财会月刊，2020(17)；祁中喻. 上市公司股权激励研究. 合作经济与科技，2021(6).

◎ 参考文献

[1] Elisabeth Mueller. Benefits of control, capital structure and company growth[J]. Applied Economics, 2008 (21).
[2]吴晓波，周伟华，杜健. 创业管理[M]. 机械工业出版社，2011.
[3]王振山，石大林. 股权结构与公司风险承担间的动态关系——基于动态内生性的经验研究[J]. 金融经济学研究，2014，29(3).
[4]许楠. 中国上市公司股权激励财富效应基于控制权配置视角[M]. 天津科学技术出版社，2015.
[5]王迎春. 新创企业的股权分配[J]. 法制博览，2015(28).
[6]张锐，王楠. 股权激励实战操作全方案[M]. 台海出版社，2017.
[7]王桂英，乌日罕. 上市公司股权结构设计的理性思考——以宝万之争为例[J]. 会计之友，2018(24).
[8]田轩，孟清扬. 股权激励计划能促进企业创新吗[J]. 南开管理评论，2018，21(3).
[9]吴宗明. 基于初创型企业股权结构设计之研究[J]. 交通财会，2018(9).
[10]田轩. 创新的资本逻辑[M]. 北京大学出版社，2018.
[11]徐芳. 股权激励让员工为自己打工[M]. 中国铁道出版社，2018.
[12]王春雷. 初创企业股权激励机制创新模式之思考[J]. 上海商业，2019(8).
[13]刘志勇. 初探创业公司股权激励模式[J]. 法制与社会，2020(13).
[14]汪方军，孙俊勤，陈怡欣. 激励与企业创新：综述与展望[J]. 财会月刊，2021(11).

第六编

制订商业计划
——如何实现从创意到行动方案

第十三章　撰写创业计划书

一、创业计划书的用途

(一)什么是创业计划书

创业计划书是创业者未来创业计划的行动说明，是创业活动的总纲领，也是一份全方位展示公司目前状况和未来发展潜力的书面材料。它分别从企业的战略产品、营销、市场、核心竞争力、团队的组织构成、规章制度、管理等各个方面对即将开展的商业计划项目进行全面阐述，并进行可行性分析。它是企业对自身的现状以及未来的发展战略全面思索和准确定位，是创业者或者企业为了实现未来增长战略所制订的详细计划，同时也是企业向投资者和其他创业公司的利益相关者全面展示公司框架和实力，以期获得融资发展机会的书面材料。

创业计划书产生的主要原因有两个(见图 13-1)：第一，创业者需要通过撰写商业计划书来系统全面地整理创业思路，从而在理论层面保证项目的可行性。理论来源于实践并指导实践，商业计划书不断完善的过程，也是创业者不断将创业过程在脑海中进行实践模拟的过程。在撰写商业计划书前，创业者可能只会关注自身商业项目的创意点以及对未来发展规模的美好预期。但在撰写商业计划书后，创业者将更多地关注于项目如何真正实施并落地，关注场地租用与布置、资金使用、人员安排、生产运营、具体的营销方案宣传方案等一系列更为具体复杂的实际操作，在撰写过程中思考实际中可能出现的问题并为其提出解决方案。更重要的是，创业者将切实计算项目成本和预计收益，考虑未来的盈亏平衡。第二，创业者需要一本质量上乘的商业计划书来获取外部投资，向外部寻求能帮助商业项目立足发展的商业资源。对风险投资人而言，一个商业创意本身是单薄的，很多时候它起源于创业者的“瞬间灵感”，而灵感虽然具有诱人的魅力，风险投资者也能从中发觉商业机会，但它是否是符合实际并切实可行的呢？创意是否能够真正地进入市场，转化为可以落地盈利的商业项目呢？此时，风险投资者急需一份商业计划书来分析并评判这一商业项目是否可靠可信，是否具有进一步投资的价值和意义。

创业计划书的目的并不是孤立地获得静态的书面文本，而是期待通过制作创业计划书的研究活动将创业者放在与潜在顾客、供应商、商业合作伙伴和其他人的相互联系之中，并且创业计划书中也可以载明借助信息反馈来促进创业计划的改变。

商业计划书的起草和创业实践活动本身一样，是一个复杂的系统工程，创业者不仅需

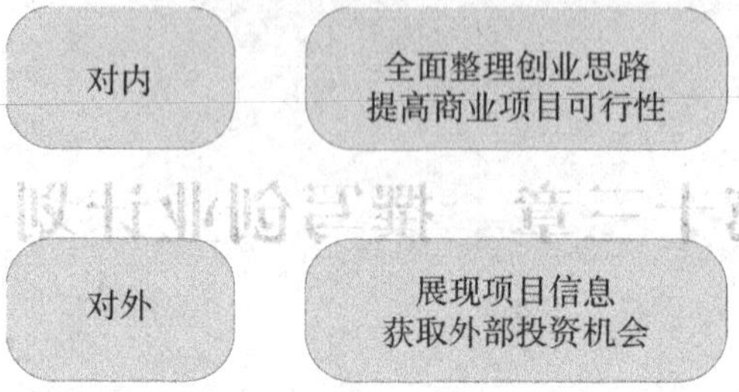

图 13-1　商业计划书产生原因

要对自身创业项目拥有十足的了解，也需要对整个行业和市场进行全面详细的调研，以从理论阶段率先提高其在商业实践中成功的可行性。在本章后半部分的内容中，将着重讲解如何撰写一份合格的商业计划书。

(二)创业计划书的受众及其关注点

1. 创业者

创业者既是商业计划书的撰写者，又是商业计划书的第一读者，如果撰写的商业计划书连自身都无法说服，就更无法说服风险投资者，也就无法获得企业发展所需要的融资。创业者希望能在自己撰写和阅读的过程中，进一步梳理手中的商业项目的框架与细节，并在逐步完善完成的过程中发现问题和解决问题，以此来保证项目在未来实践中能够按照预想的路线和趋势发展并获得成功，包括但不限于行业背景、市场痛点、核心竞争力、竞品比较、营销手段、战略规划等诸多方面的内容。

2. 风险投资者

风险投资者是商业计划书的第二读者，也是商业计划书的核心读者。因为商业计划书是企业发展到一定阶段后，为了寻求外部资源支持，并进一步扩大发展而准备的一份争取机会的商业核心文件，而资源就掌握在风险投资者和风险机构手中。作为投资者，他们最关心是这一个商业项目是否具有实际意义上的可行性，它是否的确具有潜在庞大的商业价值，真实发展并进行投资后，资金或资源的投入与产出是否能成正比，并在未来能够获得达到预想的短、长期回报。

3. 项目其他利益相关者

项目其他利益相关者是商业计划书的第三读者。在保证商业机密和隐私的前提下，商业计划书的部分内容是可以披露给公众的，而关注企业商业计划书的人除了创业者和风险投资者以外，只有公司项目其他利益相关者，如潜在的非专业的个人或团体投资者、竞争对手等。潜在投资者对项目商业计划书的关注思路与风险投资者相同，主要是为了获取有关企业发展潜力和未来回报量的信息；竞争对手则更希望看到公司项目与其本身不同之处，在竞争力上进行公司间的比较以提高自身公司的优势长处并弥补短板。当然，若竞争对手的实力足够强大，它关注项目商业计划书的目的可能是进行企业吞并，以将未来潜在的强大竞争对手纳入麾下，减少被替代风险的同时增强自身企业的实力。

(三)商业计划书的用途

商业计划书的用途包括以下方面(见图13-2)：

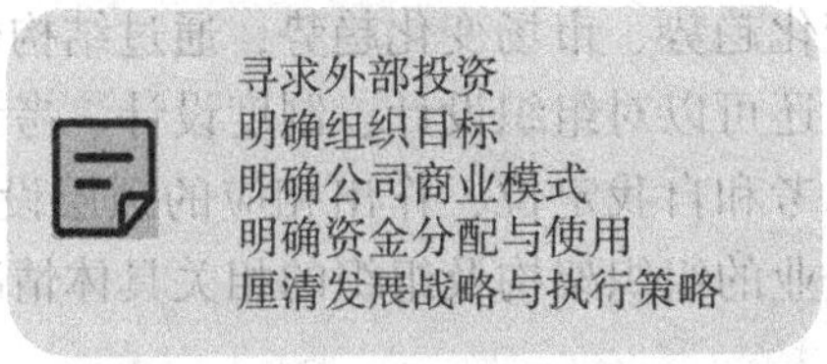

图13-2 商业计划书的用途

1. 寻求外部投资

商业计划书是一份全方位的项目计划，制订商业计划书的目的是整合资源，吸引实体公司提供贷款或者进行融资，这是因为企业的创办通常是少数人开始的，他们创业的基础可能是某一项高新产品或者技术的构想方案，但是通常缺少实现相关生产要素和市场要素的资源配置，更缺少把构思发展成为产品并将其推向市场的资金。因此，商业计划书是风险投资商开始认知企业的媒介，企业利用商业计划书来向他们展示公司的成长史，展示未来成长方向和愿景，还将量化出潜在盈利能力，以寻求外部投资机会，帮助企业实现稳定且长远的发展。

企业寻求外部投资的机会主要有两种：股权投资与债券投资。股权投资是投资者持有被投资单位的股份，成为被投资单位的股东，按所持股份享有股东的权利并承担相应的义务。股权投资的最终目的是为了获得较大的经济利益，这种经济利益可以通过分得利润或股利获利，也可以通过其他方式取得。但是，如果被投资单位经营状况不佳，或者进行破产清算时，投资企业作为股东，也需要承担相应的投资损失；债权投资也叫债券投资，债权投资是投资者购买的企业债券，包括其他的债券、金融债券和国债等。债权投资不是为了获取被投资单位的所有者权益，而是只能获取被投资单位的债权，债券投资的本质是债权人借钱给投资者进行经营，而待创业者企业盈利后获取应得的利润。

债权投资自投资之日起即成为债务单位的债权人，并按约定的利率收取利息，到期收回本金，它可以获取固定的利息收入，也可以获取约定的分红。

2. 明确组织目标

所谓“组织发展”，可以简单解读为“推动组织朝预定的目标发展”，进一步延伸其定义为用一系列主动干预的手段，让组织向既定的战略目标迈进。组织目标为组织与成员的考评提供了主要依据，而这些目标又反过来使各部门、各成员拥有正确的工作方向和工作行为准绳，以此达到对组织和成员发挥激励和鞭策作用，最终实现企业长远的发展规划与战略。

组织目标具有差异性、多元性、层次性和时间性，在企业发展的不同阶段、企业的不同部门都具有因时因地不断实现和再调整的过程。明确组织发展目标，不仅是要明确战略管理的相关内容，更要明确组织战略目标相关的资源要素，主要包括人力、财务、设备设施和知识产权等各个方面。通过制订商业计划书，明确组织发展目标，创业者可以进一步分析行业变化趋势、技术变化趋势、市场变化趋势，通过结构化信息的收集，去正确理解和解读业务下一步的战略，还可以对组织设计、制度设计、考评设计、组织变革、组织文化等相关问题进行进一步思考和自我定位，作出相应的顶层设计，有助于企业良好发展；另外，有助于投资者了解企业的组织架构及组织的相关具体情况，帮助其进一步认识和评估企业。

3. 厘清发展战略与执行策略

企业发展战略是指企业如何实现发展的战略理论，发展战略包括四个部分：愿景、战略目标、业务战略和职能战略(见图 13-3)。愿景为企业指明了发展方向，战略目标明确了企业的发展速度与发展质量，业务战略明确了企业的战略发展点，职能战略确定了企业的发展能力，通过四个上下相互支撑的组成部分，形成了能够解决企业发展问题的发展战略。

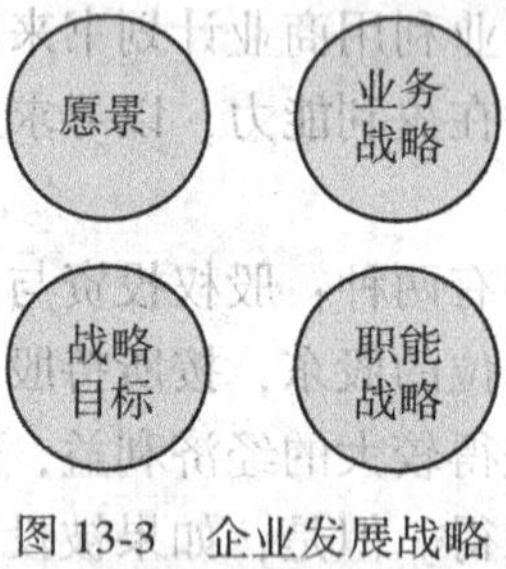

图 13-3 企业发展战略

商业计划书要明确公司的发展战略，首先，对于创业者和企业内部来说，商业计划书最重要的就是用白纸黑字为公司制定一个长期的发展规划，便于他们更好的理解公司的发展方向以及运营情况，理解公司目标，激励他们为共同的目标而奋斗；其次，大多数的商业计划书为筹措资金而撰写，因此检验商业计划书的最终标准就是它能在最短的时间内使商业计划的评审人产生多大的兴趣。因此，商业计划书应该向风险投资者全面展示一个公司，说明公司未来会发展成什么样子，未来会以怎样的速度与质量来实现发展，有哪些发展点可以来保证这种速度与质量，以及企业还需要哪些发展能力来支撑等，让风险投资者全面了解公司的基本目标和方法，吸引他们的注意，从而获取风险投资方的认可和支持。

只有战略规划，没有执行策略的商业计划项目相当于纸上谈兵，不会获得任何的关注与支持，创业者必须在拥有战略理论的基础上，根据实际情况提出切实可行的执行策略。每一步公司发展战略下，需要哪几种执行方式，执行者是谁，具体举措和执行安排是什么……都需要在商业计划书中一一呈现。

4. 明确公司商业模式

在前面三章我们系统学习来商业模式的内涵、重要性以及成功因素等，我们可以充分认识到商业模式是企业为实现其目标所要采用的经营方式，确定的商业模式将在一定时期内指导企业的运营运作，是决定企业是否具有强大的核心竞争力以及未来是否能长期在商业市场中存活的关键因素。它既指明企业如何将手中拥有的各项内外资源整合疏通，形成一个完整高效的、具有不可复制性和竞争力的商业运行系统，也向投资人展示企业如何直击消费者痛点，获得盈利，最终实现多方共赢的解决方案。

对于许多潜在的投资者来说，商业计划书是他们了解商业项目的唯一窗口，而他们所要研究的关键部分就是研究这个企业是否具有能够成功的商业模式。所以在商业计划书中，商业模式是一个焦点问题，创业者应该阐明企业的商业模式，说明企业不是单纯地提供产品或服务，而是通过提供的产品或服务，提高产品效率或者降低产品费用，使其不断增值。投资者通过商业计划书，对企业的计划进行仔细分析，然后对企业是否选择了正确的模式，以及模式是否切实可行做出结论。正确的商业模式能够让企业在不断发展的过程中不断增值，只有让风险投资商充分认识到这一点，能够对企业下出具有无限的增值潜力的结论，他们才会给企业投入资金。

5. 明确资金分配与使用

当企业从风险投资者手中获得发展的基础融资后，它应该被如何合理分配与使用才能达到效率的最大化？这个问题被许多创业者忽视或轻视，但实际上，单纯拥有资金并不能解决企业在发展过程中面临的所有问题，资金只是获取企业发展资源的媒介，只有合理分配资金的使用，提高资源的利用率，企业才能奠定拥有长期盈利能力的基础，而这也是风险投资者关注的重点。

那么当一个企业拥有资金时，资金可用于投入哪些方面呢？它们主要分为四大类（见图 13-4）：

(1)基础设施的建设：企业正常运转必须拥有物质资源，如办公场所、生产/服务场所、娱乐场所、员工办公所需配备物资等，没有基础资源，企业无法将人才、技术、资金等要素结合，生产活动便无法继续。同时，当企业规模需要进一步扩张时，基础设施的建设也应与企业发展规模同步。

(2)产品与服务研发：目前的社会是知识型社会，人工智能、物联网、大数据、云计算等高新技术的出现对我国传统行业造成巨大冲击，而我国的传统产业也正不断地转型升级，这背后都是知识在推动社会经济的发展，掌握知识性资源就相当于发展的先手机会，

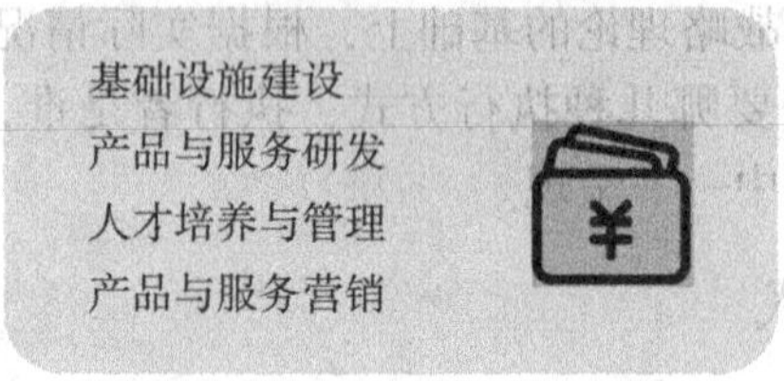

图 13-4 资金分配与使用

相当于掌握未来经济发展趋向，率先占据未来潜在的巨大经济市场。知识资源存在于企业的具体体现就是产品技术的研发成果或新服务的开发与提供，即企业是否能做到在行业内保持技术/服务领先地位，时刻保持其产品或服务能位列行业更新前端？是否具有坚实的产品或服务的技术壁垒？是否具有强大的商标专利体系？是否拥有许多无形资产？而将知识资源转化为物质财富的过程并不简单，它是一个对投入资金的漫长的回收期。

(3)人才培养与管理：没有人的参与，一切商业项目的运行都是空谈。在人工智能崭露头角，显现出具有替代人类劳动力完成生产活动的特点的当下，人力资源开始面临进退两难的局面。一方面需要技能要求较低的低水平的劳动力可以被机器大生产替代，而这部分劳动力在未来将无业可做；另一方面，难以被机器所替代的高水平职业如科技开发、精神文化类产品研发、企业产品创意营销等，却无法找到与职业相匹配的劳动力，并且同时也面临招工成本巨大，不得不考入投入产出比的困境。但实际上，人力资源依旧是目前商业发展最稀缺的资源之一，人工智能不是万能的，它是按照人类为它录入的程序和逻辑来进行人类能够实际上已经能够完成的工作，而无法实现真正意义上的创造。但人作为管理者、营销策划者和商业创意的缔造者的地位是永远无法被撼动的。

(4)产品与服务营销：当今商业市场竞争环境的激烈状况一目了然，当一个行业中有众多竞争者的时候，新产品想要突出重围抢夺市场份额难上加难，这不仅因为消费者对原有企业或品牌有一定的忠诚度，新产品很难在短期内获取消费者的信赖，更因为初创企业对营销力度的选择不正确或营销方案制定的不合理而难以发挥营销效果。作为将商品转化为资本的最核心一环，产品与服务的营销越来越受到创业者与风险投资者的关注。

因此，在商业资源的分配与使用过程中，创业者应当了解同一企业发展的不同阶段、不同部门所需要的商业资源都是不相同的，并且在资源的需求与使用上也各有侧重点，只有把资源利用效率提高到最高，企业发展才拥有保证其能够不断前进进步的基石。因此，商业计划书对商业项目进行系统且细致的分析时，创业者要能够顺势梳理出企业在成长过程中所需要的商业资源，并根据企业目前的实际情况能够向风险投资者或者其他潜在的投资人表明融资及其他重要需求，从而进一步提升商业项目在实际商业活动中的可行性。

二、商业计划书的架构

(一)商业计划书的撰写规范

1. 基于投资者视角

在现实中，我们撰写商业计划书的目的是为了获得风险投资，而一份好的商业计划书就是创业者和投资者之间沟通的桥梁，可以帮助投资者发现项目的投资价值和发展潜力，从投资者的角度构思商业计划才能真正让给你投资者感兴趣，而从投资者的视角构思就是明确对于投资者来说，一个项目真正重要的是什么，一般我们认为是：项目的盈利模式和创业团队。

首先，是否具有良好的盈利模式。“如何盈利”是投资者在进行投资时关注的主要问题，也是投资者决定是否投资的关键因素。因此，在撰写商业计划书时，必须站在投资者的视角清晰阐述项目的盈利模式，什么样的盈利模式才是投资者认为良好的盈利模式呢？

应当关注以下几点，首先关注的是“盈利”二字，直接将重点放在能不能“赚钱”这个问题上，在这一基础上，接下来关注的就是如何盈利，也就是盈利来源，可以通过模式图来表示，简单化流程化，让投资者从模式图中一眼就能看出来，最后还要关注长期性，投资者关注的不仅仅是短期的盈利，更重要的是否能够持续盈利，因此，在撰写商业计划书的盈利模式时，要明确目前的盈利模式，让公司能够获得持续稳定的收入。

其次，是否具有良好的创业团队。人才始终是公司成长发展的关键性资源，投资者“三分项目，七分投入”的说法很好地表明投资者对于人才的重视。一个好的投资项目背后必定有一群好的人也就是团队做支撑。在投资者看来，良好的创业团队首先关注的是创始人，从过去的工作经验、行业背景，到对当前领域的了解和想法以及创始人自身的特点，创始人某一方面突出往往会获得投资人的青睐，因此，在撰写商业计划书中创业团队这一部分时，要关注创始人自身的优势和特点。

创业团队构成的合理性对于投资者而言同样重要，团队的构成是否均衡，核心团队是否已经涵盖技术人员、品牌营销人员、市场推广人员、供应链管理人员等各个方面的人才，如果一个团队核心成员过于单一，比如三个都是技术成员，即使这三个技术成员在技术方面都出类拔萃，投资者仍然很难放心。同样，一个全是市场人员构成的团队，也让人担心项目最终无法落地。

这里需要注意的是，项目团队成员与项目的相关性也十分重要，除了核心的技术人员、营销人员、公关人员等成员都必须与项目有着紧密的关系，可以是有相关的行业经验又或者是对项目十分的了解，总的来说，项目团队既要有分工不同的成员，又要有在工作上的相关性和与项目之间的相关性。

2. 可行性原则

商业计划书的关键特征之一是可行性，不论书中对商业项目的未来发展前景描绘得有多么宏伟，如果无法在现实中操作并在合理预期范围内获得成功，它就是一纸空文。投资者作为身经百战的老手，仅靠绘声绘色的想象中的成功来抓住他的目光是远远不够的，创业者必须通过富有逻辑和真实性的描述，证明现有的创业团队有决心、有能力、有手段、有方法来获得足够的资源，并能将资源运用到极致来推动创业项目的实施，最终达到与其的经营目标才行。

商业计划书的可行性要求创业者能够在商业计划书中做到市场分析准确、融资计划及使用方案合理，并提供市场竞争分析、产品营销计划、企业管理方案、技术研发或服务更新等实际运作方案，结合公司目前的发展情况和实际能力来向风险投资者展示公司未来发展规模的可行性，实际上只需要明确且真实地撰写商业计划书中所需的十三个主要框架内容即可。

3. 真实性原则

为了吸引投资者的注意，在撰写商业计划书时，有些团队可能会虚构某些重要的市场数据和财务指标，这严重违背了撰写项目计划书的真实性原则。真实性原则指的是商业计划书中的内容必须是真实的，不能有虚假的成分。确保真实对于一份商业计划书来说尤其重要。

首先，正如上文所提到的，商业计划书是投资者与创业者沟通的桥梁，而虚假的数据仿佛是注了水的水泥，注定这座沟通的桥梁一定会倒塌，事实上，投资者经验丰富，过于夸张的经济数据投资者一眼就能看出，这些数据无论是从理论上还是从经验上看都是达不到的，因此虚假的数据不仅不能达到预想的效果，只会让投资者更加质疑项目的合理性。

其次，商业计划书的真实性在一定程度上反映的是商业计划书背后项目团队的诚信度，诚信对于企业发展的重要作用不言而喻，投资和绝不会将资本交给一个没有诚信的项目团队的。

最后，只有确保真实性，才能让投资者对项目有真正的了解，就算投资者存疑，也能很好地说服投资者。因此，在撰写商业计划书时，所有的阐述和数据都应当是真实有效的，这样的商业计划书更具有说服力和驱动力。

4. 市场价值分析

市场价值分析是为了向投资者说明“市场空间足够大，该项目有机会占据一定的市场份额”。在进行市场价值分析时，要关注以下几个问题。

首先，要明确产品或服务针对什么市场？痛点背后的商业价值有多大？目标是占有多大的市场份额？要注意根据产品和定价来估算的真实有效收入市场，用一句话来描述市场规模和潜在的远景；其次，有多少用户可能在使用你的产品，百万级、千万级还是亿级？市场预期不仅能看用户数量，一些用户数量少但是单价高的产品或服务也可以被认为有很大的市场预期。

其次，市场竞争情况如何？有几家在做？行业和市场的细节是什么情况？为什么现在切入点的时机正好？此外，说明你如何来行之有效地做市场。在市场价值分析的时候，最忌讳的就是通篇讲产业、讲概念，不务实、不落地。

最后，学会用数据“说话”，事实上，宏观市场数据，投资者们大多数都一清二楚。市场大不代表有需求；要描述在目前的市场背景下，重点在于你的项目抓住来某些用户的痛点，或者你的项目可以为用户带来更高的性价比的产品或服务；因此，数据要说的话是与竞争对手的对比分析，表明当前的商业机会，重要的是与你的产品直接相关的市场数据，即微观市场、力所能及的市场、而这些数据越详细越好。

5. 会融资也要会花钱

如何使用获得的投资是投资者决定是否投资时关注的重点，因为这反映的是项目团队的资金管理能力。现实中，太多项目在拿到融资后开始大手大脚，这样的项目往往是会失败的，投资者期望的是项目团队能按照计划“花钱”，那么，在商业计划书中就应当详细地阐述成功融资后，创业团队资金支出原则是什么？如何体现出资金的运用效率？一般来说，主要体现在两个方面：轻重和缓急。

首先，“轻重”强调资金投入的重点问题，也就是哪些方面多投哪些方面少投。这个问题的答案与目标密切相关。如果近期的目标是提高利润，那么应当将更多的资金投入到拓展市场和增加销售上；如果近期的目标是增加用户数量和扩大市场份额，那么更多的资金将会用于广告上；如果目标是新产品的开发，那么，在研发上将需要更多的资金。

其次是缓急，缓急强调的是资金投入的先后顺序，也就是钱应当先投在哪里，后投入在哪里。在资金有限的情况下，目前最需要投入资金的是哪一个部分，对于初创企业来说，人才的召集、产品和服务的升级、市场推广与销售都尤为重要，但在资金有限的情况下，这些方面可能不能同时展开，那么团队需要决定目前最重要的是哪个方面，就应当把资金先投入这个方面。事实上，对这个问题的答案反映来项目团队对于市场和行业的了解程度，把握好了这两个方面，才能最大程度提高资金的应用效率，展现出项目团队的资金管理能力。

(二) 商业计划书的基本构成要素

1. 封面页

如果说商业计划书是风险投资者了解公司商业项目的第一窗口，那么商业计划书的封面就是公司向投资者展示的第一印象，其重要性不言而喻，一张干净、简介、清晰的封面页会引导投资者进行下一步翻看，通过审美的渠道引起其深入了解企业的欲望，因此一定要做好封面工作。有以下几点需要注意的地方：首先封面应该放置公司或商业计划书名称的字样，并附上公司的标志。字体和公司标志的选用应同样按照简洁大气，装饰不繁杂的原则来选用。其次，商业计划书的封面不仅仅只有封皮这一页，也包括扉页。作为扉页，创业者可以在这一页中心列入公司的精神、信念或者致谢语，向商业计划书的阅读者传递公司精神和坚定的信念，也能够展示公司的未来发展包袱，令人耳目一新。然后，在翻书的第二页可以加入公司管理团队成员名单以及联络方式，如"总裁、副总裁、财务总监、秘书"等，其中选择一两人作为指定联络人，用来提醒阅读者，如果有意向进行深入沟通或者对商业计划书的某处内容有疑惑，可以与其联系，使公司方面有人来接受和解决这份商业计划书中存在的问题。

2. 目录页

商业计划书的目录页作为整本书的索引页，应当明确且完整地列出商业计划书中每一个章节的名称，并附上页码表示，以便阅读者依次阅读，或者满足他的阅读习惯和阅读重点，方便他挑选他想要了解的内容进行阅读，对于某些重点章节，也能方便其反复观看。目录还要能够反映出项目的本质。

3. 正文

正文要注意的方面有两个。在内容方面，应当包括商业计划书的十三个核心内容，在本书接下来的一个章节中，我们会通过充足的描述来向大家展示商业计划书核心内容需要如何撰写以及应该注意的问题。在排版方面，商业计划书的排版可以看作是人的衣冠，见人衣冠，可探人品一二。因此，商业计划书的排版一定要按照标准的格式来，包括页面设置、章节分段、行距、字距字号等各个要求。

4. 封底

封底的内容设置不多，除了应在设计上与封面保持一致以外，在条件允许的情况下，可以在页面底端附上文档编号和条形码等内容，使商业计划书更具专业性。

(三)商业计划书撰写指南

1. 商业计划书何时撰写

商业计划书的撰写时间应该按照创业者的需求来定，包括以下三种情形：一是创业者还未成立企业，但是已经具有成熟的创业想法和方案，需要启动资金进行企业注册与实际建立的情况；二是刚刚建立成功的初创企业，但它需要进一步获得资金以从初创到发展期发展的情况；三是已经粗具规模的企业，准备向成熟期发展，但需要进一步融资以获得更大的发展规模，占据更大的市场份额。当创业者面临上述情景之一时，则需要撰写商业计划书，当然，只要对整个商业项目足够了解，越早开始商业计划书的撰写越好，因为时机很重要，商业机会转瞬即逝，它只留给准备充分的人。

2. 商业计划书由谁撰写

商业计划书原则上应由商业项目负责人或者创业团队共同撰写，但目前市场上也出现许多以靠为他人撰写商业计划书为主要收入来源的公司，质量良莠不齐，若创业者或创业团队确实因由无法撰写商业计划书，在委托第三方撰写时也应当全程参与跟踪，保证商业计划书的质量。

三、商业计划书核心内容

(一) 执行摘要

执行摘要是创业者对商业计划书的浓缩与精炼，它是对创业项目整体框架与思路的精确梳理与表达，这要求创业者对创业项目的每个核心要素都足够了解，能以精简干练的语言高度凝练商业计划书的关键内容。一份合格的执行摘要能够使投资者在最短的时间内熟悉项目内容，并判断项目的优劣程度。因此，在进行项目介绍与融资时，一份好的商业计划书会为项目带来不可限量的发展机遇。

执行摘要主要包括以下几个方面，注意在撰写的过程中需要把握三个度："准确度""精练度"和"可信度"。

1. 核心竞争力

核心竞争力也就是项目本身的创新点，在互联网迅速发展的今天，创意网络以指数爆炸的方式不断扩张延伸，一个好的创意就是成功的一半，因此在介绍投资亮点时，应以富有张力和感染力的积极语言描述项目本身及其未来的成果，但与此同时也要介绍清楚为什么你的创意能够吸引广大消费者，并且对投资人来说是一笔划算的投入，可适当加入肯定产品的证据，如咨询评估公司结果、知名投资者或合作者。

2. 产品与服务

产品与服务作为创意的有形或无形载体，是想法转化成现实的最直观体现。在执行摘要这一部分中，应使用可数的几个通俗易懂的关键词进行串联来描述产品或服务，直截了当地表明它是什么，能够解决当前消费市场中的什么问题，是如何解决的，最好能够引起投资者的共鸣，此时产品或服务的介绍才算到位。

3. 商业模式与盈利手段

对创业团队来说，撰写商业计划书的最终目的是获得投资，而对投资方来说，他们接受商业计划书的最终目的是获得利润，商业模式与盈利手段都是实现投入到产出的核心运营部分：如何赚钱？是提供中间服务收取服务费，还是提供产品直接销售等？是否已经有过运营阶段，取得一定财富？

4. 行业背景与市场现状

同样的产品或服务，处在不同的市场环境下会有不同的发展前景。通常新兴市场的未来发展更被人看好，但值得注意的地方是，在为项目确定市场时应注意市场定位、市场规模和市场细分，在撰写中应突出为什么是在这一时间进入这一市场，合理性在哪里的问题。

5. 组织结构与管理团队

光有好的项目没有好的执行团队，获取投资的目的依然无法达到。由于需要融资的大多是初创期企业或成长期企业，即使项目在发展前期获得一定的成就，如果没有卓越的组织结构与管理团队，在未来发展的不确定性和长期性面前，投资依然存在巨大风险，因此团队的介绍也至关重要，首先要明确团队成员的个人分工，按照因人而异扬长避短的原则组队，这一部分强调个性，而在创业团队中主要有这三种角色：首席执行官(CEO)、首席财务官(CFO)和首席技术官(CTO)，其次要注重团队成员的统一协调性，创业项目的运行需要不同角色的人相互配合、相互协调、相互支持，此处更强调共性，只有共性与个性的统一才算合格的组织结构与管理团队。

6. 财务分析

投资者通常对利润规模和公司如何快速成长感兴趣，银行家则对公司财务成果的可预见性和稳定性以及公司会如何使风险最小化感兴趣。因此，向这些人提供投资决策所需要的财务信息是非常重要的。那么在商业计划书中所需要提供的财务信息主要分为三个部分，包括融资计划、资金使用明细计划以及预计未来公司经营情况的财务报表。

融资计划应包括的主要内容有目前创业团队自有资金投入量及其占股比例、曾有融资经历和还款计划、将要融资的融资金额和愿意出让的股份比例等。资金使用明细计划是针对目前大量商业计划书中存在的财务分析方面"重要钱轻花钱"问题的解决方法，创业者应当在商业计划书中明确说明资金的用途及每一部分用途所占的比例，如技术研发、产品宣传销售、人才招聘与管理等。未来公司经营情况的财务报表主要有三个：预计资产负债表、预计利润表及预计现金流量表。通常情况下，上述三张报表一般按照公司前两年的月度利润表和月度现金流量表编制3~5年的财务报表。

(1)预计资产负债表是对企业在特定时点上的资产、负债及所有者权益的预测，可以为企业管理当局提供会计期末企业预期财务状况的信息，它有助于创业者预测未来期间的经营状况，并采取适当的改进措施。在评估资产负债表时，风险投资者会着重关注企业是否有足够的短期资产清偿其短期负债和企业整体财务状况是否健康这两个问题。而预估企业偿债能力的财务指标是流动比率，即流动资产与流动负债之间的比率，这一比率越大，企业偿债能力越强；预估企业财务整体状况的财务指标是债务比率，即总负债与总资产之间的比率，这一比率越小，企业财务状况越好。

(2)预计利润表是以货币形式综合反映预算期内企业经营活动成果(包括利润总额、净利润)计划水平的一种财务预算，也称为预计损益表。在分析利润表时，通常要计算销售回报率，即净利润与净销售额的比率，这一比率越高，企业的经营成果越乐观。当然预计利润表无法提供企业现金寸头状况，如果企业有良好的销售业绩，但是如果销售额大量累计算入应收账款，那么现金流就不会乐观，因此，在评估企业的财务部分时，应当三张表对照观看。

(3)预计现金流量表是反映企业一定期间现金流入与现金流出情况的一种财务预算。它是从现金的流入和流出两个方面，揭示企业一定期间经营活动、投资活动和筹资活动所产生的现金流量，主要突出企业的资金流转状况和企业经营能力，是评估企业是否可以持续经营的基本保障预算。预计现金流量表的内容被归纳为三部分：经营活动、投资活动和筹资活动。

以上三张报表的内容只是为风险投资者提供的了解公司财务状况的信息，而真正决定风险投资者投资行为的是基于以上报表的内容，所计算出的另外的财务指标，其分为静态指标和动态指标两种。静态指标包括投资利润率，即项目正常生产年利润总额与投资额之比。投资利税率，即项目正常生产期年利税之和与总投资之比。资本金利润率，即项目正常生产期税后年利润与项目资本金之比；动态指标包括财务净现值，即按行业基准收益率 i 将项目经济寿命 n 年内各年净现金流折现到建设初期的现值之和。财务内部收益率，即项目在整个经济寿命期内各年净现值累计为零时的折现率等。

(二)行业现状与前景

行业现状是指行业目前的发展状况，行业前景是指行业未来将出现的景象和情形，是行业未来的发展趋势。“站在风口浪尖上，猪也会飞”这句被无数创业者挂在口中的经典确实有它存在的合理之处。对于一个商业项目来说，要想成功必须符合时代潮流，顺应内外部环境的发展趋势。当一个行业属于朝阳产业，那么这一行业未来将有巨大发展空间，此时抓住行业机遇，投身进行创业，那么相对于在其他行业奋斗而言，会有极大的优势。当创业者对行业进行背景分析时，应该从两个方面来看：

第一个方面是行业发展的现状。未来是建立在现在这一时刻的基础上的，或许某一行业目前发展面临重重困难，不被人看好，但是如果它符合宏观经济发展趋势和变动，只是现行的行业知识与技术、经济规章制度还没有发展到与它同一水平或社会人群接受程度仍不够高，那么在资金、技术、人力等允许的情况下，此时创业仍然有利可图；同样，如果一个行业目前正处于发展上升阶段，无数的风头与创业者趋之若鹜，此时要注意，在短期或长期内行业是否会有大动荡的可能性，因为对大多数创业者来讲，创业可能只有一次，不成功便成仁，因此把握正确时机很重要。

第二个方面是行业未来发展前景。把握行业未来发展前景较难，但可以从三个角度考虑：

(1)分析国家战略规划和政策导向。

所有行业的发展必受国家战略规划和经济政策的影响，有未来发展前景或者对推动社会进步有巨大作用的行业会成为国家优先扶持的对象，那么在这些行业里进行创业将会规避一定的创业失败的风险，同时也能通过国家的扶持政策获得更多的发展资源，有利于增强企业的抗风险能力，延长企业寿命并增加创业成功的几率。了解国家宏观层面的调控趋势和行动可以通过新闻播报、国家产业政策网、国家发改委文件等资料寻找。

(2)分析行业规模和发展阶段。

行业规模越大，意味着行业的扩张性越强，更能容纳多元化的企业发展，那么在这一行业中的发展机会相对于其他企业来说就更大。判断行业规模的方法有许多，首先可以分析消费者量级。这一行业服务的人群是百万级、千万级还是亿级；其次可以分析行业服务的市场区域，是以省市为基础的小范围服务，还是以华中、华东等为基础的大范围服务甚至是为全国提供服务；此外可以参考产业研究机构公布的研究数据以及高校经管学院等对国家产业研究的项目成果或文献资料。

行业发展阶段的分析可以结合行业生命周期理论来判断。行业的生命周期是指行业从出现到完全退出社会经 济活动所经历的时间，其中主要包括四个发展阶段：幼稚期、成长期、成熟期和衰退期。它忽略具体行业内不同企业的不同产品的差异，仅从整个行业角度考虑问题。幼稚期的行业内产品设计尚未成熟，行业利润率低、市场增长率高、需求增长较快、技术波动大，行业主要致力于开发新用户占据市场，但此时市场不确定风险较大，因为无法获取消费者对于产品的全面有效反馈信息，同时企业进入壁垒较低。成长期的行业内部市场增长率提高，需求同样高速增长，行业技术逐步趋于稳定，企业竞争进一步加强，行业壁垒逐步提升；成熟期行业市场增长率不断提高、需求增长率趋于稳定，产品技术逐步成熟，行业盈利能力下降，行业进入壁垒高；衰退期行业出现产能过剩，市场增长率严重下降，需求下降，企业退出量增多，竞争者数目减少。衰退原因主要有四种：资源性衰退、效率型衰退、收入低弹性衰退以及聚集过度型衰退。

(3)分析行业上市公司股票走势及其他相关经济指标。

上市公司的发展经营状况在一定程度上能够代表整个行业的发展现状，股价是行业景气指数的先行指标。因此在判断行业前景时，可以通过分析行业内领头公司的经营发展指标如股票走势等来为自身创业做出抉择。

(三)公司概况

公司概况是对创业者公司的简单的基本介绍，主要包括三部分内容，第一部分是公司的注册时间、公司的注册资本、公司的开办地址、公司的法律性质、所属行业、公司的建筑面积和公司的技术装备条件，这部分的内容据实撰写；第二部分是公司经营战略的简述，主要包括公司的经营理念、公司的发展目标、公司的生产经营范围、公司主要的产品结构、发展战略和已获得的成就如销售网络及年度经营业绩、已经实现的经营利润或者公司在社会中获得的荣誉和公司售后服务简单介绍等。但值得注意的地方是，在公司概况这部分中需要写出的公司的生产经营范围、经营理念和荣誉等内容只需要表达核心观念，有针对性地总结即可。第三部分是公司的联系方式，包括办公地址/联系地址、邮政编码、办公电话、网络网址、电子邮箱等。

在撰写时应当保证客观性、全面性、实用性和誉美性的原则。因为公司概况的主要功能就是让风险投资者及其他阅览商业计划书的人能够清晰明了的快速形成对公司大概的整体印象。因此在介绍公司概况的过程中，首先内容必须符合公司实际现状；其次行文用词应当简练明了、段落分配做到详略得当，在对公司进行全面介绍的同时，也应该突出公司的重点与特色，表明公司不同于市场其他同类企业的竞争优势以及未来拥有巨大成长潜力的可能性；最后对公司的描述应该以积极向上的趋势为主，为风险投资者等所有阅览者留下良好的企业形象，传递良好的企业信念和企业文化。

(四)市场痛点分析

无痛点、无市场、无企业。市场痛点是市场不断发展的原因之一，也是推动企业建立和不断发展的核心驱动因素之一。“痛点”即让消费者感到痛苦的点，当市场现有的产品无法满足消费者的需求或无法解决消费者在使用产品时存在的问题，消费者的痛点出现，而这些也是市场存在的痛点。出现痛点等于出现市场空白，一旦痛点被发觉，企业们将争先恐后地研究痛点的来源并寻找解决痛点的方法，风险投资者的最终目的就是希望从投资的企业中获得回报，而回报的源泉就来源于企业解决消费者的痛点问题，从而获得商业上的成功和经济利益。

寻找市场痛点同样有路可循、有迹可依，应当从消费者入手。

第一，要了解到市场中存在的痛点问题是什么。市场痛点实际上从产品进入消费者手中或者服务经过消费者体验的那一刻就已经存在，痛点的发觉主要来源于消费者对公司产品或服务的反馈。当目前的产品存在缺陷，消费者的消费无法得到满足时，痛点出现。在当前互联网迅速发展的今天，网络逐步成为消费者反馈痛点的重要渠道之一。通常传统企业获取消费者反馈的方式有门店反馈、电话反馈、信息反馈等直接联系企业售后服务部门的方式，这种方式是解决消费者问题的一种方法，但是局限性也较为明显，即信息的封闭性。消费者的问题只能被他们购买产品的企业所接受，单一企业为消费者解决问题的能力是有限的，而企业通常不愿意在行业内进行信息共享，因此消费者的部分问题难以解决。而在当今互联网和信息技术的迅速发展下，消费者们不仅可以直接与购买产品的企业沟通并反馈问题，更能与其他消费者一同交流产品使用体验，而同类型的其他企业，也能从消费者相互交流的信息中寻找对他们企业发展或者产品更新升级有用的信息，比如微博，在每年的 iPhone 发售后，消费者都会在微博中发表关于新手机或新电脑的使用体验，消费者彼此间会就产品的性能和功能相互比照看是否有所不同，而苹果官方也会阅览消费者为他们提供的产品使用反馈，并就出现的问题进行解释或者解决。

第二，哪一部分消费者面临这一同痛点问题，他们有什么共同的特质。划分消费者群体的标准有许多，如按年龄划分、按性别划分、按收入划分、按照社会地位划分、按职业类型划分等等，这需要企业对他们所服务的消费群体进行信息搜集和数据分析，建立客户数据库，结合目前较为火热的大数据技术，分析出现痛点问题的消费者群体有什么共同特质，寻找他们更关注产品的哪方面性质、他们有哪些对产品的共同需求、他们对产品的诉求还有哪些是目前产品没有满足的、他们对产品的未来还有哪些期待等。痛点来源于消费者，只有摸透消费者心里所想，企业才能有所作为，才能获得盈收。

第三，以及他们想要获得的解决方案有什么标准。当我们明确了存在的痛点问题和面临这些痛点问题的消费者群体时，下一步就需要为消费者提供属于公司自己的解决方案。但首先应该明确的是，痛点的存在具有长期性和演变性，它并不是一成不变的。当一个痛点问题被解决，客户会对产品提出新的期待和要求，那么新的需求便成为新的痛点问题，所以产品改进永远在路上。如何为消费者提供解决方案则需要从消费者出发，联系他们使用产品的场景，结合产品本身的功能来寻找。结合目前的信息技术和日益增多的沟通方式，企业可以轻松地与消费者进行直接对话，清晰获取消费者的消费意愿以及他们对公司解决方案的期许和标准。因此，公司更应该研究的，就是如何改进自己的产品，解决消费者的问题。

当创业者能在商业计划书中将消费者存在的痛点问题富有逻辑且具有说服力地说明后，风险投资者自然能看出在这一痛点问题中存在的商机，将愿意进一步深入了解企业为消费者提供的解决方案，如果企业的方案足够打动人心，那么企业离获得风险投资的目的就又前进一步。

(五)公司解决方案

结合上一部分消费者痛点内容的分析，我们可以明确得出，企业为消费者提供的解决方案，就是新的产品或者服务，而这一服务能够满足现有市场无法满足的消费者的需求，并在增加企业收益的同时，扩大其在市场中占据的份额。但是要注意，解决方案核心在于满足消费者的需求，它不等于具体的产品或某种服务形态，后者只是解决方案的载体。

当然，在商业计划书中，创业者确实需要向风险投资者展示企业为消费者提供的具体的解决方案，即有关产品或服务的所有信息。这就需要创业者从创意想法—产品或服务的设计—投入生产或提供服务—产品反馈的所有关节一一详述，产品或服务用来服务的具体对象是谁？能够解决消费者的什么问题？产品具有什么不可复制的独特性？与竞争对手相比自身优势在哪里？生产成本是多少？在未来产品是不是有更好的发展计划？

在产品或服务自身优越性有保障的前提下，投资人对产品的细节了解越多，他的投资意向就越强烈。但是要注意，在目前科技迅速发展，互联网万物联通的情况下，很多公司的产品或服务都包含科技要素，在进行产品或服务的介绍或解释时也难免会加入专业术语与名次，此时就需要注意商业计划书呈现给拥有商业思维的投资人看，而非技术人员或工程师，应尽量避免晦涩的专业解释。因此，公司只需要告诉投资人，产品或服务拥有某种技术，并且根据前期调研和产品研发试用的可靠结果能够证明它确实能够满足消费者的某种需求，解决市场的痛点问题，在同一行业能引领新的潮流，带来经济增长点，未来会有大量利润流入的前景即可。如果产品或服务已经在市场投放，可以将产品的样本提供给投资人让他们更深入了解投资项目，如果是服务也可以邀请对方进行体验，面对看得见、摸得着的项目，投资人往往会更受青睐。

◎小案例

IKEA："ThisAbles"项目

2019年年初，IKEA Israel和非营利组织Milbat and Access Israel合作，发起"ThisAbles"慈善公益设计项目，旨在为残障人士提供更人性化的家具设计。通过这一项目，IKEA 已经推出 13 个家具小组件，包括解决浴帘滑动的窗帘夹、更大的电灯开关、沙发腿的延伸器等，所有的家具组件设计文件都可以通过 IKEA 的专属网站免费下载，因此全球各地的残障人士都能将其与 3D 打印技术相结合，从而获得家具产品，提高生活的便捷水平。

尽管"ThisAbles"项目设立的初衷并非基于盈利导向，但它针对残障人士这一特殊群体，发现市场痛点并提出有效解决方案的商业行为值得所有企业学习。而宜家这一项目也获得戛纳创意节"健康"类别的大奖，以及"品牌体验"等类别的金奖。

资料来源：王灿. 基于营销 3.0 视角的企业整合品牌传播研究——以宜家家居为例. 东南传播，2019(5)：136-138；陈红娟，王戈锐. 探析宜家家居产品设计成功的核心要素. 包装工程，2016，37(2)：117-120；吕萍. 宜家(IKEA)家居国际化市场营销的启示[J]. 商业研究，2003(16)：134-136.

(六)核心竞争力与盈利模式

公司核心竞争力是指公司在长期发展过程中，将企业的文化、人才、技术、知识等各方面的资源进行协调配置和整合后，形成的能推动企业长期发展的核心驱动力。这一竞争力具有领先性、差异性和独特性的特征。公司通过核心竞争力与其他公司进行竞争和区别，避免自己成功的商业模式被复制和模仿，从而扩大公司在该领域内的知名度，满足消费者的特殊需求，有利于提高并巩固企业在市场中所占的份额，占据有效龙头地位。

在科技浪潮席卷商界、互联网至上的今天，没有核心竞争力的公司会迅速被市场淘汰，而核心竞争力的产生需要公司进行长期的经营积累和总结，因此在公司发展前期就应该提前为核心竞争力的产生做好铺垫与准备。

在商业计划书中，关于公司核心竞争力的内容也会引起投资者的额外关注，因为是否拥有核心竞争力以及它的强弱是决定公司未来发展高度的基石，投资者在进行投资时不仅会考虑短期收益，更会考虑长期回报，在目前企业发展的时代阶段中，可以从以下四个方面考虑如何建立公司自身的核心竞争力(见图 13-5)。

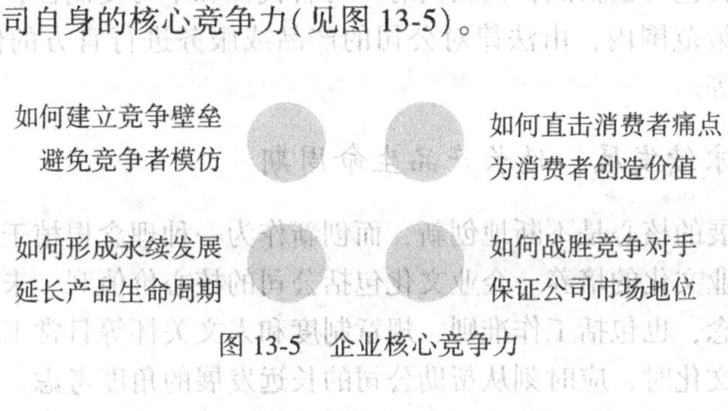

图 13-5　企业核心竞争力

1. 如何直击消费者痛点，为消费者创造价值

消费者的消费行为本质上是为了满足个人需求，当市场能够提供给消费者的产品或服务与消费者认知的理想状态有所偏差的时候，消费者的需求无法得到满足，公司无法卖出产品并获得利润，此时消费者痛点出现。但从公司的角度出发，消费者的痛点问题背后潜藏巨大的消费市场，一旦公司能够解决痛点问题，必然能在为消费者创造价值的同时，为公司本身发展创造价值。针对消费者的痛点问题，一方面公司可以以消费者痛点为核心，细分并选择目标市场，或者降低消费者门槛促成消费。另一方面可以根据痛点理论，结论影响行业发展的新技术和新理论，设计更加丰富多样的市场营销策略，以实现"痛点"问题的解决。

2. 如何战胜竞争对手，保证公司市场地位

消费者在进行消费选择时，永远秉持"货比三家"的理念，因此对公司而言，如何战胜竞争对手至关重要。可提供的竞争思路有技术创新和模式创新。在目前科学技术和信息技术迅速发展的大背景下，大多数企业都通过技术突破，使消费者获得更好的消费体验来击败竞争对手，同时在一定时期内的技术垄断可以提高客户忠诚度，保持企业在现有市场中的领先地位。好的商业模式具有不可复制性和独特性的特点，当公司拥有特色鲜明的商业模式时，消费者会自觉进入公司的服务范围内，且因为没有竞争对手，公司能够获得持久可观的收益。

3. 如何建立竞争壁垒，避免竞争者模仿

进入壁垒通常有三种，第一种是规模经济，第二种是产品差异化，第三种是技术和法律壁垒。规模经济壁垒通常指生产经营规模大的公司能够通过规模化大生产，降低生产成本从而提高理论形成的壁垒，不适用于初创型企业，因此我们着重强调的是产品差异化和技术与法律壁垒。产品差异化是区别本公司与其他公司的一大利器，产品差异化程度和质量的高低直接决定了公司能够控制的市场份额，因此在设计产品与服务时，应鲜明突出本公司产品与服务的特色与创新点，使其具有不可替代性和不可复制性，实现差异化。技术和法律壁垒指在政策范围内，由法律对公司的产品或服务进行官方的保护政策，如专利权、版权、商标权等。

4. 如何形成永续发展，延长产品生命周期

公司能永续发展的核心是不断地创新，而创新作为一种理念根植于企业文化，因此要创新，就要做好企业文化的培养。企业文化包括公司的核心价值观、未来愿景和经营理念等共同发展核心理念，也包括工作准则、规章制度和人文关怀等日常工作环境建设。在确定上述的大小企业文化时，应时刻从帮助公司的长远发展的角度考虑，并根据企业发展的不同时期，对文化建设的方方面面进行与时俱进的调整，以推动企业形成永续发展机制。

盈利手段是在商业模式的基础上，寻找公司生产经营过程中的盈利机会，在电子信息

技术和互联网迅速发展的今天，如基于大数据的云计算和共享经济成为新式经济发展趋势。云计算将使存储、内存、数据等资源联系在一起，根据用户消耗的资源进行相应的收费，云计算极大地降级了电子商务公司的运营成本，从而推动公司市场营销的发展，与之类似还有云教育、云储存、云游戏等。其次是共享经济，根据2016年《中国共享经济发展报告》的定义，共享经济是利用互联网等现代技术整合、分享海量的分散化闲置资源，满足多样化需求的经济活动总和，关键在于实现供需双方的最优匹配，实现零边际成本。如目前发展的共享单车、共享充电宝等都属于共享经济。

当然，商业发展是逐步渐进的，过去商业模式和盈利手段通常为一体，但在当今科技发展和"互联网+"的推动下，两者也有逐渐分离的趋势。撰写核心还是要明确自己的公司究竟是通过自己的产品或服务以何种方式赚钱。

(七)竞争对手分析

"知己知彼，百战不殆"，只有了解自己的竞争对手，企业才能为自身的发展创造出其不意、出奇制胜的机会。面对市场上那么多的同类企业，风险投资者为什么要青睐于你？你的公司与其他公司相比有什么独特的优势？这种优势可以在长期保持下去吗？是否有获得长期盈利的能力？因此，做好竞争对手的分析是争取风险投资人投资意愿的又一重要工具。

通常企业做竞争对手分析的原因有三个方面：一是为了找准企业在市场中的定位，寻找与领先企业的差距，调整企业内部资源配置；二是寻找企业产品的不足之处，对产品或服务更新换代提升市场竞争力；三是与竞争企业的竞争目标和竞争策略相比较，制定最优的发展战略。市场本身就是厂商与消费者结合的有机整体，一个企业的改变不仅会影响消费者的选择，也会影响其他企业的生产定价，最终导致整个市场的变动，因此，企业想要为消费者提供解决方案，不仅需要考虑产品对消费者的影响，也需要考虑消费者对其他企业的态度改变以及竞争企业在面临新的竞争的情况下可能做出的反应。只有了解竞争对手，企业才可以弥补自己的短板，发扬自己的长处，而核心就在于分析自身企业与其他企业的不同之处，得出有利于自己的优势结论，吸引风险投资者的目光。

分析竞争对手，可以从以下几个问题入手：竞争者有哪些？他们提供的解决方案是什么？与他们相比，本公司参与竞争的优弱势是什么？他们的竞争策略和发展策略是什么？

寻找竞争对手可以从行业角度和市场角度两个方面来看。从行业角度，竞争者包括现有厂商，即目前本行业现有的与企业生产同样产品的其他企业，这些企业是本企业的直接竞争者；潜在加入者，即由于某行业前景良好时，想要加入市场分一杯羹的新企业，这里的新企业不止包括从零开始的企业，也包括多元化经营的大企业，它们有足够的资金和资源支撑其进入一个新行业，并从中获取利益；替代品厂商，即与公司生产产品具有相同功能，能够满足同一需求的不同性质的产品，随着科学技术的发展，所有行业的企业都将面临与生产替代品的其他行业的企业进行竞争。从市场角度，竞争者包括品牌竞争者，即同一行业中以相似的价格向同一消费群体提供类似的产品或服务的其他品牌，如文具厂商晨光、得力之间的关系，由于品牌竞争者之间的产品相互替代性高，竞争十分激烈，此时培养顾客忠诚度就成为企业间争夺消费者的重要手段；行业竞争者，即提供同种或同类产品，但规格、型号、款式差别较大的其他企业；需要竞争者，即提供不同种类产品，但是能够满足和实现消费者同种需要的企业；最终竞争者，即提供不同产品、能够满足消费者的不同愿望，但是目标消费群体相同的企业，这些企业相互争夺消费者的购买力，而消费者消费支出结构的变化也会影响企业的最终收益。

其他企业提供的解决方案即其他公司为消费者提供的产品或服务，从其产品或服务中创业者可以分析到他们能够满足的消费者的需求是什么，哪些是自身不能满足的。

判断本企业与其他竞争企业相比，存在的优劣势，可以采用SWOT分析法(见图13-6)。通过基于内外部竞争环境和竞争条件下的态势分析，将与企业密切联系的内部优劣势和外部的机会威胁通过数据调查进行列举，按照矩阵排列，通过进一步的分析得出最后相应的结论，而结论通常具有一定的决策性。但在使用SWOT分析法时，也应注意，首先创业者必须按照实际情况对本企业与其他企业进行客观评价，任何带有主观色彩的臆断或隐瞒欺骗都会为企业之后的覆灭埋下祸根；其次，在对优劣势分析要考虑全面的同时，应当简介化、避免复杂化与过度分析。

图13-6 SWOT分析法

公司之间的竞争战略在通常情况下分为三种：一是总成本领先战略，通过最大努力降低成本，从而降低产品价格，在抢夺消费者的同时，对成本未能降低的提供同类型产品的企业造成冲击；二是差异化战略，即提供与同类型产业不同的产品，通过独特的产品特点吸引消费者并增强消费者的品牌忠诚度，从而提高公司的竞争力；三是集中化战略，即将产品的消费群体聚焦到某一区域或某一市场，通过小范围的卓越成就在更大范围内超过竞争对手。根据企业的不同类型、不同的发展阶段，都具有不同的战略，同时也并不是非黑即白，战略的使用是可以相互组合与搭配的。

(八)发展战略

顾名思义，企业发展战略的本质就是实现企业发展的规划与蓝图，是对一定时期内企业发展方向、发展速度与质量、发展点与发展能力的重大选择、规划即策略。正确合理的发展战略在一定程度上就决定了企业发展的下限，上限则要综合其他因素进一步考虑。风险投资者清楚地了解，任何一项投资都需要较长的周期才能获取回报，在较长的时期里，企业的发展规划将影响企业的成长和在商业上的盈收，因此，创业者必须向风险投资者呈现符合实际的、合理的未来发展战略，从而为风险投资者提供一颗定心丸。

企业的发展战略具有四个特性，即整体性、长期性、基本性和谋略性。在这四个特性的基础下，创业者需要回答问题包括：(1)发展方向：企业未来要向哪个方向发展？发展到哪种规模？(2)发展速度与质量：企业未来以什么样的质量和速度完成发展？(3)发展点：企业要从哪些发展点来保证这种速度与质量？(4)发展能力：企业未来需要哪些发展能力作为支撑？

想要解决上述问题，可以参考目前的现有理论研究，即发展战略框架。它着重要求创业者从愿景、战略目标、业务战略和职能战略这四个部分加深其对自身企业的认识，从而制定合理的发展战略。从愿景角度：企业未来要成为一个什么样的企业？从战略目标角度：企业未来要达到一个什么样的发展目标？从业务战略角度：企业未来需要哪些发展点？渴望在哪些产业、哪些区域、哪些客户、哪些产品发展？怎样发展？从职能战略角度：企业未来需要什么样的发展能力？需要在市场营销、技术研发、生产制造、人力资源、财务投资等方面采取什么样的策略和措施以支持企业愿景、战略目标和业务战略的实现？

企业发展战略的重要性不言而喻，它从企业发展的多个维度激发创业者对创立企业的深入思考，从短期到长期、从企业内部到外部影响因素、从整体到局部、从理论到实际，在引导创业者对企业未来发展制定清晰规划的同时，风险投资者也将从创业者的答案中获取企业未来发展潜力的所有信息，明确合理且实际的发展战略将成为吸引风险投资者关注的一大动力。

(九)企业运营

企业经营是帮助企业整合内外资源、实现公司产品与服务生产、并最终销售获得利润的实际运作系统，是真正意义上对公司实践内容的描述，那么从结构上来看主要分为五个部分：资金、技术、生产、销售和行政管理五个部分。

没有资金就没有企业，只有获取资金并提高资金的利用效率，公司才能进行后续的运营，获得最后的收入。因此资金应当是支持企业运营的第一要素。在资金运营中，部门主要应当负责常规性的财务工作、资金的管理/监督/指导/考核/预警、公司的融资与引资计划以及生产成本的计量与考核。财务部门是企业的核心部门之一，资金流的状态决定企业的运营状态，也表现着公司的经营状态，对风险投资人而言，公司财务部门所展现的所有资料都直接向他们反馈公司目前或未来的经营收入状况，因此，创业者在这部分内容中应当据实描述，向风险投资者展现良好的财务预期。

技术是企业运营的第二因素。不论是生产型企业还是服务型企业，在当今科学技术迅速发展的今天，企业的生存与发展都需要有技术作为支撑。前期需要进行消费者消费意愿信息的搜集、整理、分析与总结，中期生产与服务过程需要技术的参与、支持以及监督，后期需要追踪消费者体验与反馈，并就出现的问题进行解决。科学技术是第一生产力，这句话同样适用于微观个体企业。这部分内容中，商业计划书的撰写应当围绕企业拥有的技术的独特性展开，因为一个企业的发展创新离不开商业模式和产品或服务的创新，背后必然有技术因素的推动，那么将推动企业发展的科技因素展开阐述即能增加风险投资者进一步投资的意愿。

生产过程是企业的核心环节，对生产型企业而言，公司应该说明产品的制造情况和技术设备情况，包括生产地点、厂房数量、员工数量、机械设备数量、原材料来源、生产线规划、生产工序、生产周期和单件产品的平均生产成本，以及未来的生产规划生产规模等。在后期经营管理中，有形实物产品要说明它的质量管理、质量控制、库存管理、销售后勤管理和后期持续发展所需的研发人员、生产人员、团队管理等问题。服务型企业与生产型企业不同，它指以客户需求为中心，以提供无形服务为主要业务和收入来源的具有全程服务化的企业。在商业计划书中，应首要说明公司的服务理念，之后应提供服务种类、服务具体措施、服务管理与考核流程等内容。目前新兴现代服务业兴起，它指由信息技术推动成长的服务类企业，业务内容有电子商务、互联网通信等，此类企业应增加说明服务产品技术和隐私保护等相关内容。

销售是产品或服务变现的过程，是从商品到货币的惊险一跃，一旦产品或服务没有销售成功，企业将成为最大的受害者，轻则亏损，重则破产。做好销售工作需要多方面的努力，如市场调研、消费者意愿收集、营销方案制定、企业形象的树立、售后服务等内容。不同产品、不同消费群体、不同时间的销售方式都有所不同，需要根据实际情况因时因地，为企业的产品或服务制定合适的营销方案，推动销售业绩的增长。结合目前信息技术的发展，传统的销售渠道也在不断发生改变，同时又出现许多新的销售方式比如电子商务等，那么企业想要成功，必须顺应时代的潮流，更新销售渠道。

行政管理是企业运营的“后勤部门”，虽然它没有直接参与产品的生产与销售，但是它是企业运营中，所有计划的制定部门和负责沟通交流协作的部门，发挥着上传下达的神经中枢的作用，没有行政管理，所有部门的活动将无法做到协调一致，企业运营将会出现混乱和无序，从内部原因导致企业的失败。因此在这部分的撰写中，创业者应当明确指出行政管理部门在企业中扮演什么角色？负责哪些具体任务？任务完成的衡量指标有哪些？以及其他的相关内容。

(十)市场营销

公司的营销策略直接关系到产品或服务在市场中的销量和占比，影响公司的收入和利润，因此，制定合理详尽的营销策略是吸引投资方的关键因素。在决定公司市场营销战略时，应当分下面四个步骤进行：

第一步应当对相应市场作深入调研，得到有关市场容量、市场发展走势、市场环境等一手数据和资料，其次要对现有及未来竞争对手进行分析，将其长处和短板一一列举，并研究对方的营销策略，为公司自身的营销计划做准备，在这一部分的撰写中，应尽量使用图表和数据，具体清楚地展示目前公司需要面对的市场和竞争对手的发展情况。一切用数据说话，真实且直观。

第二步是在分析整体市场得到结论后，进一步在细分市场中，根据每个细分市场的特点、需求和竞争状况，结合本公司的产品或服务的特征，选择最优市场进入。

第三步是确定市场的营销策略，也是市场营销中最关键的环节。过去公司在制定营销战略时，通常会采用4P组合策略，即Price(价格)、Place(渠道)、Promotion(宣传)和Strategy(战略)，核心思想为注重开发产品不可替代的独特功能，为产品确定合适的市场定位来制定不同的价格策略，然后在前期做好品牌宣传、公关活动和促销活动，最终通过销售网络以分销的方式进行出售。之后营销战略趋势变为4CS，即Customer(顾客)、Cost(成本)、Convenience(便利)和Communication(沟通)，4CS更注重从消费者角度，通过公司与消费者的双向沟通降低消费者购物成本、提升消费者购物体验，最终达到增加公司销量，扩大市场份额的目的。但在目前互联网信息技术的迅速发展下，4Ps与4CS显然已经不能够满足企业制定营销策略的需要，它们在更深意义上成为了制定知识经济时代市场营销战略的一个总原则、总战略。现代市场营销战略受时代特征的影响，在原有4Ps和4CS战略的基础上，分别在其每个环节进行又一轮的细分和专业化，从创新、人才、文化和形象等不同角度开始进一步更多样更具体的演变。如从创新角度来看，知识经济时代中的高新技术企业成为行业内最热门的发展方向，而这些企业的产品往往比拼的是技术水平的高低，而产品本身更新换代速度快、市场寿命周期短，因此基于产品特征的营销战略也随之改变，既要符合市场需求，又要符合现代消费者的消费观念，还要符合信息时代先进技术的潮流。此外，营销手段的创新也进一步为营销手段的演变增添动力，如电子商务、VR技术等；从文化角度来看，近些年人们的物质生活水平是呈上升趋势，在满足物质需求后，现代消费者更关注精神和文化上的需求，那么蕴藏在营销战略中有关企业的经营观念、使命愿景、品牌形象等软文化内容在影响消费者消费的因素中的影响力进一步提升，那么针对这一转变，企业在制定营销策略时，更要时刻关注消费者的偏好，以结合公司产品/服务来向消费者进行营销。

第四步是对市场营销活动进行管理，在商业项目中，只有良好的管理才能支持企业运营达到最高效率，营销活动也包括在内。当企业进行市场营销时，也需要通过制定营销计划—执行营销计划—反思执行效果的流程，从而不断改进和提升企业的营销战略。

◎ 小案例

汉堡王："为了皇堡绕路"(The Whopper Detour)

一直以来，汉堡王和麦当劳是众人皆知的快餐界"死对头"，但麦当劳与汉堡王相比，拥有更忠实的顾客群体与庞大的流量，因此如何与麦当劳竞争成为汉堡王的重要战略问题之一。在这一背景下，2018年12月4日，汉堡王发起"为皇堡让路"的反客为主的营销策略，利用麦当劳的巨大优势为自身的营销服务。为完成这一营销活动，汉堡王共做了三件事：

首先，汉堡王公开宣布，在12月4日到12日之内，用户只要下载汉堡王最新App、且在全美14000家的任意一家麦当劳的200米(六百英尺)内，订购价值4.5刀的皇堡，就可以只花费1美分在其附近的汉堡王店面领取先前预定的皇堡；其次，汉堡王拍摄了一支宣传片，内容即为在上述活动的背景下，消费者纷纷涌入麦当劳，并向店员询问附近汉堡王门店的位置。尽管麦当劳和汉堡王是竞争关系，但店员仍不得不微笑回答消费者问题，帮汉堡王进行“宣传”；最后，汉堡王在Waze地图中购买广告植入，若使用地图的汽车驶入麦当劳附近地区，软件会自动提示车主附近的汉堡王门店地址。

图 13-7

在这一整套营销策略下，皇堡“反客为主”，利用麦当劳在知名度和影响力上的巨大优势为自身的宣传服务，不仅皇堡销量猛增，而且汉堡王App在当时的苹果应用商店内成为下载量最高的应用，下载量增长近150万。而汉堡王也通过这次营销活动获得19年戛纳创意节大奖。

紧接着，2019年，德国汉堡王如法炮制，通过使用AR技术在麦当劳门店中植入《小丑回魂》中的红气球，宣布消费者只要成功逃离红气球，即小丑所在地(麦当劳)，就能获得一分钱购买汉堡王皇堡的优惠券。这一营销活动同样获得巨大成功。

资料来源：李喻. 汉堡王：借对手地盘卖皇堡. 销售与市场(管理版)，2019(2)：101；杨宝珍. 企业市场营销战略创新. 企业经济，2011，30(5)：76-78；庄水鹿. 汉堡王在新媒体背景下的营销策略分析. 营销界，2020(51)：15-16.

(十一)公司架构与管理团队

公司架构是公司为了实现经营目标，按照公司自身资源条件和发展需求，通过横向分工和纵向分工来协调组织内部各要素之间有效运转的结构框架。横向分工指在同等级的职能部门或子公司之间进行不同的职能分配；纵向分工指在上下部门和总(子)公司之间进行合理资源要素分配和任务安排。一个完善成熟的组织结构能够将公司内部所有资源以高效率的方式组织运转起来，使所有信息能够在公司内部流畅传递，激发知识、人才、技术等要素的生产力，推动业务完成运转，最终得以实现公司的经营目标。当然，组织结构不是固定不变的，它应顺应行业发展潮流，适应公司不同时期成长情况进行调整变化。

在确定公司架构时，应注意以下三点内容：(1)集权与分权相结合，由于公司上下级职能之间不同的分工，各级的管理者应该有相应的权力开展工作，在权限设置方面应根据不同的部门进行不同分配，高层权限最大，底层权限较小，完全的集权或者分权都不利于公司运转效率的提升，甚至有可能导致混乱。(2)规范性：公司的组织结构涉及方方面面，包括部门设置、职能划分、员工分配、协作关系和管理流程等一系列内容。因此，提升组织的标准化程度至关重要。可以通过制定规章制度和管理条文来规范组织结构。(3)灵活度：一方面公司的组织结构要能配合公司经营战略的变化而变化，及时调整部门职能、岗位设置等结构，其次在突发情况和任务变动下，组织结构能够自行做出相应改变，可以体现为一些职能部门作为机动部门，具有能随时辅助其他部门或立行裁撤的能力。

一流的管理团队是招得投资人青睐的一大法宝，当前时代的竞争也是知识型人才的竞争，因此商业计划书中对管理团队的介绍应该明确详细。首先需要说明的就是成员的职位分配，公司核心领导层包括首席执行官、首席财务官、首席技术官，在发展后期还可能包括首席运营官、首席营销官、首席人事官等；其次就是对管理团队成员的个人简介与能力介绍、工作经历以及团队的协作能力等；最后还应突出团队的独特性，即与同类公司相比，本公司管理团队的独特性和优势在哪里，说清楚最后一点内容至关重要。

(十二)财务计划与融资

商业计划书中的公司财务分析应分为两个部分撰写，一是公司目前的财务状况，二是公司获得融资后的财务计划。目前公司的财务状况可以向投资者展示公司的发展实力和盈利能力，吸引投资者的投资意愿，未来的财务计划便更侧重于向投资者展示公司未来的发展潜力，一份好的财务规划可以降低公司经营风险，提高投资人的投资信心。公司的财务规划应与商业计划书保持一致，不能夸大其词，要保证其真实性和合理性。

目前公司的财务分析要包括创业团队自有资金投入量及其占股比例，其次要说明在过去是否有过其他融资经历，如果有，是何种融资方式，其利息或者股息是多少，明确的还款计划是什么。同时也应明确说明公司的融资计划：需要的资金总量是多少？预计需要到账的时间是什么时候？愿意为风险投资者出让的股份比例是多少？

未来的财务计划需要说明资金的来源及用途，根据企业目前的发展状况，预测未来3~5年公司的收入及成本曲线，明确给出大致的销售收入、经营利润等。在这一部分的撰写中也可采用专业的财会图表如未来的资产负债表、现金流量表、预计的损益表展现未来公司的经营预期，或者采用其他财务指标如毛利净利、投资利润率、内部收益率等，并在最后说明偿还计划。

(十三)风险因素与退出机制

完整的商业计划书还应该包括风险分析与退出机制，因为对于投资人而言，投资的最终目的就是在保证投入本金安全的同时，获得高回报，而高收益意味着高风险，当投资人选择投资对象时，必然会对公司未来面临的风险进行分析，并且提前为可能出现的失败投资选择做出退出准备。

公司在进一步的发展过程中可能面临的风险有(见图 13-8)：(1)技术风险：技术壁垒通常会随着时间的推移逐步减少，同类企业会跟风学习，那么技术无法垄断，企业就无法保证长期回报。同时也面临未来新技术的竞争和原技术的不断老化。(2)市场风险：市场一直在不断变化发展，面对公司提供的产品和服务，市场中的消费者必然会有未知的接受时间和接受程度，在这段时间内，公司时刻面临进入市场失败的风险。(3)财务风险：虽然已经制定了财务预算，但在后期企业的不断发展过程中，财务情况是动态变化的，规模扩大、异常成本上升或投资的退出都会使公司面临巨大风险。(4)管理风险：由于领导层并非永远正确，一旦公司在管理决策的关键点中做出错误的选择，那么公司未来走势就会遭到毁灭性打击。

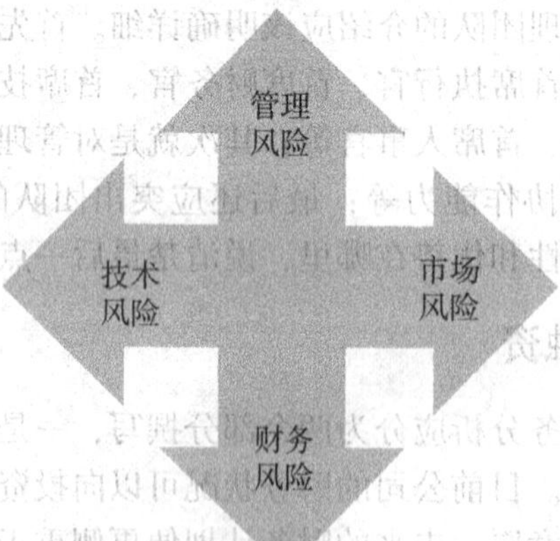

图 13-8 企业经营面临的风险

在目前我国的风险投资退出机制包括三大类：首次公开发行退出、收购与兼并和清算

首次公开发行退出(initial public offering)，指投资人通过 IPO 的方式向社会公众投资者公开出售其持有的部分或全部股份从而从原有投资中退出，可分为全部退出和部分退出，但是部分退出是 IPO 最通用的退出方式，全部退出有政策和法律上的约束，不是常见选择。

收购与兼并(acquisition manager)是风险投资退出最常见的方式，分为战略收购、二次出售和股权回购。战略收购指投资人将投资公司整体出售给第三方收购者。二次出售指投资人将其持有的全部股份出售给第三方，与战略收购有所不同。股权回购公司发展到一定阶段后，若公司的创始人希望自行控制整个公司，投资人将持有股份全部卖给创始人，以此实现退出。

清算(write off)指在公司即将或已经破产后，投资人不再投资而从公司中回收资金的退出方式，是全部退出的一种类型。这种类型的退出方式通常是在公司经营状况差，未来没有恢复的可能下，投资人最常用的一种退出方式。

由于不同的退出机制有不同的特点，在退出时机和退出难易程度上也有所不同，公司在撰写商业计划书时，应在科学合理的分析方法下，根据公司的实际情况对未来发展趋势作清晰正确的预判，预先分析未来可能出现的风险，并向投资人展现可行的退出机制。

以上即为商业计划书的核心内容，文书框架由这十三部分构成，在实际撰写中应根据公司创业项目的具体情况进行适当的删改整理，但是每个部分的内容都应明确回答，模棱两可的内容只会为商业计划书减分。

◎ 本章案例

字节跳动——互联网时代的后起之秀

2020年6月和12月相继发布的《2020中国新经济独角兽企业排行榜》和《2020全球独角兽企业500强》两份榜单使得字节跳动再次进入公众视野，并引起商界的广泛讨论。据两份榜单可知，这家创立仅仅八年的互联网企业，在2020年以5200亿元的估值名列中国独角兽企业第一位，而在全球范围内则位列第二，仅次于第一名的谷歌Wagmo。这不禁令人好奇，字节跳动是如何从阿里巴巴、腾讯、网易等众多互联网企业中杀出重围，并获得如今耀眼的成绩。

北京字节跳动科技有限公司最早成立于2012年3月，以建设"全球创作与交流平台"为愿景，旗下产品众多，包括今日头条、西瓜视频、抖音、火山小视频、轻颜相机、Gogokid、悟空问答、懂车帝等，涉及新闻资讯、短视频、在线教育、汽车咨询等多个行业。其中，今日头条作为字节的首款上线产品，也是字节的发家起点。2014年今日头条上线各大应用商平台，短短90天内就获得1000万人次的订阅量，而在几年后这一数据达到7000万人次。今日头条订阅人数的激增，是字节跳动核心竞争力初次展现，也是其利用互联网技术重新定义互联网行业的开端。

以今日头条为例，在"你关心的，才是头条"的slogan下，它利用电子信息技术，改变了用户接收信息的方式。传统新闻媒体在互联网时代主要发生三次演变，首先是用户需要主动登录新闻网站获取新闻报道信息的资讯1.0时代，其次是用户可以被动接受来自微博、腾讯新闻、百度新闻等平台推送的新闻信息的资讯2.0时代，最后是以今日头条为代表的采用"算法编辑+智能分发"的先进技术方式，分析App中每位用户的个人画像并为其推送符合个性化偏好的新闻的资讯3.0时代。今日头条通过分析用户的兴趣和偏好，为其智能推送新闻的方式帮助其迅速吸引大量用户并增加了用户黏性，与竞争对手相比，速度快、信息准确、用户更关注。而能够做到这一点的核心竞争力就是在互联网技术上的创新，凭借"绝门算法"和初级人工智能技术，今日头条将每条资讯与每一个用户都进行相关的属性连接，而系统会对用户浏览的每条信息进行自动判断与智能分析，根据客户端的信息反馈与后台技术处理来进行推送，之后再次得到反馈，从而形成一个完整的闭环。因此，今日头条凭借技术创新这一核心竞争力，迅速侵占新闻媒体资讯产品市场，成长为顶流App之一，为字节跳动之后的互联网发展版图布局打下基础。

今日头条获得成功只是一个阶段性成果，停滞不前只会使字节被其余互联网巨头迅速赶超，因此，字节跳动一方面凭借算法编辑和智能分发的技术壁垒不断增加今日头条的用户储量，另一方面以今日头条的用户流量为基础，推出第二个互联网短视频产品——抖音。2016年上线的抖音从最初就加入算法推荐模型来保证短视频的推送效率，借助今日头条的成功经验，抖音用短短不到3年时间，就获得用户超2.5亿的成果。2017年，在国内抖音版的基础上，字节开拓海外版图，上线TikTok，到2020年，TiKTok全球月活跃人数突破8亿。达到这一量级，YouTube花费六年时间，Facebook花费十二年时间，但TikTok仅用三年时间。

字节在新闻资讯和短视频业务上取得的成果为其带来进一步发展所需的积累和商业资源，因此它开始扩张业务范围，发掘其他赛道，如直播电商、在线教育、游戏、公益、人工智能等。作为使用技术突出重围获取成果的公司，字节人工智能赛道重点发力，投资了包括语音智能交互平台"灵犀科技"、智能制造机器人研发商"崧智智能"在内的多个公司；在直播电商领域，字节在今日头条和抖音内部加入电商运营板块；在内容社区领域上线"懂车帝"；在教育领域上线"gogokid"；在移动阅读领域收购"掌阅科技"；在游戏领域收购东南亚最大MOBA游戏公司沐曈科技等。因此从发展战略这一角度来看，字节从未为自己设限，长期拘于一个市场之中，而是通过其核心的技术力量，改变一个又一个不同领域业务的游戏规则，这是一场革命、一次持久性的创新而非单纯的企业竞争。

当然，大多互联网公司的本质都为流量广告公司，Tech星球在2020年的报告显示，字节跳动2020年全年营收近2400亿，而广告营收约占73%，为1750亿元，与互联网巨头阿里、腾讯的差距进一步缩小，而电商业务营收为60亿元，直播流水约450亿元左右，游戏和教育板块营收共计约70亿元左右。未来几年，字节将进一步在不同赛道加大投资发展力度，在保证自身核心技术优势的同时，逐步扩大投资范围，增加更多的不同业务子公司。这侧面说明，字节将以技术为力量，在进一步深耕全网业务，改变中国互联网行业的游戏规则的主要目标下，向更多行业领域扩张，扩张商业版图，与阿里、腾讯的老牌互联网巨头一争高下。

资料来源：金立刚. 字节跳动：八年投资路，天下谁人不识君. 中国商界，2021(5)：92-99；柯基. 让"自由奔放"的思想蓬勃跳动——记字节跳动创始人张一鸣. 商业文化，2021(1)：5-7，4；刘益. 2020年短视频飞速崛起 从十大动向了解抖音电商. 计算机与网络，2020，46(24)：6-7；张一. 抖音营销打破传统思维模式. 中国新闻出版广电报，2021-03-08(008).

◎ 参考文献

[1]谢锶泓. 关于创业计划书撰写要点的探究[J]. 课程教育研究，2019(18)：236.

[2]徐本亮. 成功创业的基石——商业计划书[J]. 成才与就业，2008(23)：18.

[3]贺尊. 创业计划书的撰写价值及基本准则[J]. 创新与创业教育，2012，3(5)：77-79.

[4]张世新，刘婷婷. 顾客满意视角下消费者"痛点"研究[J]. 经济研究导刊，2016(32)：99-100.

[5]周绍朋. 企业管理与核心竞争力[J]. 经济管理，2003(3)：6-9.

[6]沈西林. 企业竞争力的层次分析[J]. 工业技术经济，2002(3)：64-66.

[7]孔蕾蕾，邵希娟. 商业计划书财务分析中的常见问题及对策[J]. 财会月刊，2008(36)：42-43.
[8]王晓明，龚焱，梁涛. 今日头条：重新定义互联网行业，颠覆巨头的力量源自何处[J]. 财富时代，2020(9)：21-23.
[9]廖卫红. 移动互联网环境下互动营销策略对消费者行为影响实证研究[J]. 企业经济，2013，32(3)：69-73.
[10]王建军. 论企业运营管理现代化[J]. 企业管理，2008(3)：93-95.
[11]祖似杰，庄卫民. 企业项目管理中的企业文化[J]. 管理工程学报，2005(S1)：270-272.
[12]张敬伟，王迎军. 商业模式与战略关系辨析——兼论商业模式研究的意义[J]. 外国经济与管理，2011，33(4)：10-18.
[13]宋海燕，李光金. 基于价值网的盈利模式要素分析[J]. 理论探讨，2012(6)：102-105.
[14]白洁. 财务计划与商业计划书[J]. 理论学习，2004(3)：36-37.
[15][美]Bruce R. Barringer. 创业计划书——从创意到方案[M]. 陈忠卫，等，译. 机械工业出版社，2016：171.

第十四章　沟通与谈判

一、了解风险投资人的需求

(一)什么是风险投资人

风险投资人是风险资本的运作者，是风险资产管理公司(VC firm)中的合伙人或助理，也是风险资产管理公司的雇员，主要任务是为拥有雄厚资金的基金投资公司管理资金，通过辨认发现存在的商机，接着筛选项目，决定投资，促进风险企业的迅速成长，之后在风险企业获得收益后，获得投资回报然后退出。从风险投资人或者投资企业角度来看，他们投资并不以经营被投资企业为主，而是通过提供资金和专业上的知识与经验，以协助被投资公司获得更大的利润作为目的，因此是追求长期利润的高风险高报酬职业。但风险投资人并不全部相同，他们分为四类：

第一类是风险资本家，指通过向其他企业家或者企业投资以获得利润的企业家，他们所使用的资金归其自身所有，而非受托管理的资本，同时，他们通过参与所投资公司的管理、组织市场战略和制定业务计划来培育公司的成长。

第二类是风险投资公司，即把所受托管的资金有效地投入富有盈利潜力的企业中，通过后者的上市或被并购从而获取资本报酬的企业，风险投资公司分为五类，包括上市公司、私有制公司、银行附属公司、风险投资股份公司以及企业联合组织(又称辛迪加组织)。

第三类是产业附属投资公司。这类公司以非金融性实业公司的下属独立风险投资机构为主，代表母公司进行投资，通常他们投资的行业都是一些特定的行业。

第四类是天使投资人。指拥有一定净财富的个人或者机构，对具有发展潜力的初创企业进行早期直接投资，早于公司的产品或业务成型之前，属于自发而分散的民间投资。天使资本的来源主要包括曾经的创业者、传统意义上的富翁以及大型高科技公司和跨国公司的高级管理者。

(二)风险投资人的兴趣在哪里

1. 创业团队

美国风险投资之父 General Doriot 曾提出一项他的投资原则：可以考虑对有二流想法

的一流企业家投资，但不能考虑对有一流想法的二流企业家投资。因为项目最终都是通过人来执行，一个项目本身的优越性再强，如果没有一个好的管理团队去执行，它必然无法得到最充分的发展，更不要说最终获得在商业上的巨大成功。相反，拥有十全十美基础条件的商业项目通常是少数，大多数的商业项目必然在市场、产品、技术等某一方面存在弱势和短板，但如果这一项目拥有强力的管理团队，就能帮助商业项目扬长避短，从众多市场竞争者中突出重围，成为行业领头羊。

通常风险投资者们最喜欢的团队有两种，一种是“唐僧团队”，另一种是“刘备团队”。

唐僧团队的名称来源于我国四大名著中的《西游记》，这一团队最大的优势在于成员间的互补性。这种团队的成员通常分为四类，第一类是领导者，即德者。他具有明确的目标、坚定的毅力和足够的权威，能够指导团队成员按照预定的计划进行商业行动，并时刻关注团队成员的心理及行动状况，为其提供实现目标所需的帮助，同时也起到一定的监督和鞭策作用，从而凝聚队伍的团结力，形成坚实可靠的管理团体。第二类是能者，即拥有出色的企业家才能，仍在成长中的未来成功商业人士。这一类成员通常拥有较强的管理能力和执行能力，能够独立或协助完成绝大多数的公司任务，但他们也存在一定的不足之处，需要领导者进行引导和教授。第三类是智者，这一成员通常在团队内部充当智囊的角色，是军师，在商业活动中，清晰的思维能力和准确的判断能力十分重要。他们为领导者和能者的行动出谋划策，时刻准备解决创业团队面临的问题。第四类是劳者，团队中不仅需要能出点子的人和能担当大局的人，更需要能踏踏实实完成公司基础事物的“普通人”，他们是企业的后勤人员，像钟表内的齿轮，虽然毫不起眼但缺一不可。

刘备管理团队的名称来源于在我国东汉末年迅速崛起，以刘备为核心，关羽、张飞、诸葛亮三位作为辅助者组成的“管理团队”。刘备团队核心特质有两点：明确的战略目标和以人为本的人才战略。刘备是管理团队的灵魂人物，他始终把握着团队的前进方向，保持与初心一致，其次他慧眼识珠、知人善用并赋予对团队成员绝对的信任与权力。因为在刘备的意识中，只有建设出一个良好的团队，才可以实现大业，因此他招揽来关羽张飞作为武智，诸葛亮作为文智，如此才能成就光复汉室的大业。刘备开创事业的这种情况与现在不少中小型企业面临的困难十分契合，如激烈的竞争环境、人才的匮乏等，因此刘备的成功也具备对现代企业管理上的借鉴意义。

2. 商业项目

一个好的商业项目是成功的一半。对风险投资人而言，最好的项目永远都是相比较而言风险最小化、利益最大化的那一项。因此风险投资者会根据这一总的基本原则对商业项目的具体内容进行细致分析与评估，从而为项目的可投资程度打分，最终敲定投资项目。商业项目的挑选类别随创业者所选取的行业和风险投资者的投资定位不同而不同，但对风险投资人而言，筛选最终投资项目的核心标准大同小异，主要包括以下几个部分：

第一，企业的创新点是什么，它是否解决了市场痛点问题？有需求才有供给，商业项目的出现必然是为了满足消费者产生的新的需求或者解决现有市场中的产品或服务不能满足消费者需求而产生的痛点问题。因此在此基础上产生的新的商业项目与行业内其他企业项目相比，必然存在新的创新点，它可以是产品技术上的创新、可以是服务内容的创新，也可以是商业模式的创新或者营销方式的创新，而创新的最终结果必然有利于提高消费者的消费体验，从而提高企业的竞争力。

第二，企业解决痛点问题的背后是否存在市场价值，如果存在，企业能占据其中多少份额？商业项目能够赚钱是投资的基础标准，能够赚多少钱则是决定风险投资者是否愿意投资的决定因素之一。风险投资者的最终目的是为了通过投资获得回报，当一个商业项目能够解决痛点问题从而赚钱时，他更想要了解这个项目未来长期的收益规模，了解项目发展的空间与上限，空间越大、上限越高，风险投资人越感兴趣。并且通常情况下市场中不止一家企业，那么与竞争对手相比，寻求融资的企业的商业项目的优势点能够为消费者带来多大的效用提升，能够进一步占据多少市场份额，能够在市场中提高多大的地位也十分重要。

第三，企业是否有强劲的核心竞争力来保持优势地位？当商业项目满足"能赚钱""未来有充足的增利空间"这两个标准后，下一个标准则是它如何"保证长期持续盈利能力"。而影响企业建立核心竞争力的因素在第十三章的讲解中有详细阐述。核心竞争力是企业能够长存的关键因素，也是决定企业未来发展上限空间的决定因素。

(三)风险投资人的工作范式

风险投资人的的工作通常分为四个部分：融资、投资、管理、退出(见图 14-1)。

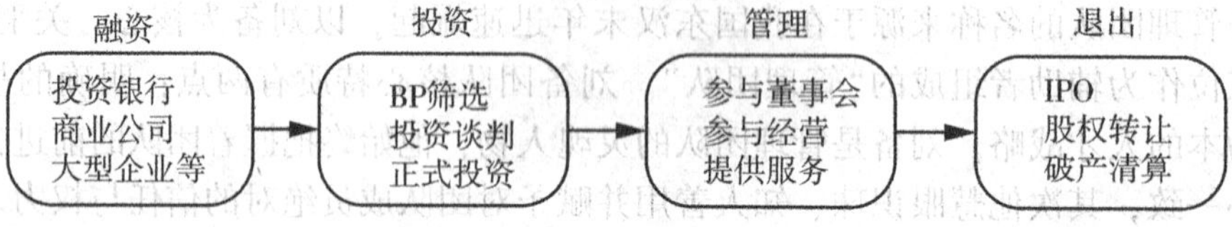

图 14-1 风险投资人工作范式

融资及风险投资人进行资金筹集，它的资金也并不是凭空产生的，它来自于风险资本家的自有资金和受委托人托付所管理的财产，因此，风险投资人与需要资金的企业相同，也需要融资，通常资金来源于大型公司、投资银行、商业银行、保险公司、富有的个人、保险公司等，风险投资人需要与上述的资本拥有者进行接触、沟通及商业合作，从而为风险投资人自身提供资金。

投资部分即向创业公司投资，解决融来的资金要使用在哪里才能获得最大收益的问题。专业的风险投资人或者投资机构都会对渴望获得融资的商业团队或者企业的项目进行筛选，而筛选的第一步就是查验项目商业计划书，即 BP。步骤包括 BP 初步筛选、深入接触沟通与调查、估值、谈判、条款设计、投资结构安排等一系列程序，从而将风险资本投向未来具有巨大增值潜力的高新技术企业与公司。

管理部分是解决"价值增值"的问题，由于风险投资人会为企业带入巨大的资金，投资人为了保证资金的安全性和在企业中的正常运作，会通过监管和服务的方式来推动企业的成长与发展，来确保未来能够收回本金并获得更大的收益。监管活动主要包括参与被投资企业的董事会、在被投资企业业绩不达标的预期目标时更换管理团队成员等手段来调整企业的生产经营活动，促使其向良好的预期发展；服务主要包括帮助被投资企业完善商业计划、公司组织架构与管理以及为他们后续的融资提供支持等手段。价值增值型的管理是风险投资区别于其他投资的重要方面。

退出阶段是指资本如何退出，风险投资人最终获得收益的过程。风险投资的退出方式主要有三种，即在十三章中提及的内容：IPO、股权转让和破产清算三种方式。风险投资人退出投资企业后，将实现收益，并将投资所获的收益分配给提供风险资本的投资者。

(四)看中技术还是市场价值

对风险投资人而，价值投资和技术投资是考虑的另一大因素。因为在现在经济高速发展的时代，无论是信息技术如大数据、人工智能、云计算，还是新能源、新材料或者新生物技术，科技成果都呈井喷式出现，而其中不少成果都具有广泛的市场前景，并能够进行商业化应用，但是值得注意的是，技术不等于财富。技术必须通过商业转化或者产业化才能形成经济利润。因此，创业者首先应当了解自身的商业项目应归类于价值投资还是技术投资，其次应当搞清楚公司要如何创造价值以回报风险投资者。

当风险投资者考虑进行技术投资时，他要考虑以下几个问题：寻求融资的技术必然在技术市场中面临激烈竞争的环境或者处于技术开拓者的地位，那么在这种情况下，如何判断正在寻求融资的这项技术真实地处于行业顶尖？这项技术是否容易被复制？是否有极高的进入门槛或者难以突破的壁垒？如果这项技术在专业领域没有问题，那它是否具有商业价值？它能够拥有商业化应用吗？它的商业价值有多大？它有充足的市场吗？如果有市场，最终能为企业乃至风险投资者带来多大的回报呢？

价值投资是风险投资者更常见的投资选项，因为相对于具有极大不确定性和风险性的技术投资来说，当风险投资者选择价值投资时，他们可以根据现有市场的数据，通过测算寻求融资的企业获得盈收情况的经济指标来判断其在市场中的表现来进行价值投资，也可以通过商业项目的商业计划书、管理团队和企业经营状况来择优而投。价值投资影响经济回报的因素更为易控，而技术投资则更像对技术商业化应用的一场赌博。

二、沟通的途径

(一)创投咖啡

在信息技术发展和互联网+产业迅速扩张的背景下，创业不再仅仅依靠于基础的硬件服务，更多的是看不见的软件服务，场地、资金的硬门槛越来越低，技术和服务的软门槛越来越高，创投咖啡就是在这样的时代背景下产生的用于整合资源要素，为早期创业者提供一个具有共享办公、人才交流、技术分享、市场拓展和项目对接等一站式服务的创新型企业孵化平台，而这一平台通常是以咖啡馆的形式出现，主要开设地区是较为繁华的街区。2012年中央电视台在《创业服务业务：新业态迸发新活力》的专题片中，第一次将咖啡馆作为一个创业服务机构，并授予“创业孵化器”的名称。

创投咖啡的主要服务人群有三种，即创业者、投资人和“朝圣者”。创业者在咖啡店里寻找合适的投资人，投资人在咖啡馆里寻找合适的投资项目，“朝圣者”在创业者与投资人之外，慕名前来观察和学习最新的与创业有关的前沿动态。因此创业咖啡馆可以作为一个寻求风险投资者的良好的沟通平台。

由于创投咖啡店的兴起和良好的反响，国内创业咖啡馆于2012年5月18日成立了中国创业咖啡联盟，一方面是为了增强咖啡馆创业服务的功能，完善创业服务配套服务，另一方面也是为了提高创业咖啡馆自身的生存能力。

(二)双创竞赛

“双创竞赛”即中国创新创业大赛，是为落实党中央、国务院提出的大众创业、万众创新的重大战略部署，并进一步落实创新驱动发展战略、整合社会创业资源从而推动我国经济发展和人民生活水平提高的创新举措。由科技部、教育部、国家网信办和中华全国工商业联合会共同指导举办的一项以“科技创新、成就大业”为主题的全国性创业比赛。

大赛主要运作模式采用“政府主导、公益支持、市场机制”的方法，旨在搭建为创新创业服务的公共平台，营造良好创新创业分为，支持中微小企业发展，推进大众创业万众创新。一共分为两个阶段，第一阶段是地方赛，由各省级科技管理部门组织举办；第二阶段为总决赛，按照新材料、新能源及节能环保、生物医药、电子信息、先进制造、互联网及移动互联网6个行业组织比赛。企业可直接登录大赛官方网站进行报名。而双创竞赛的指导委员会和大赛评委都来自创投行著名人士、知名创业企业家、金融机构及行业著名专家等。也就是最顶尖的一批风险投资人。同时，由于双创竞赛由国家指导，因此参赛队伍会得到多项支持政策，包括获得创新创业扶持资金、获得创业导师创业辅导、优先推荐给大赛投资资金基金和创业投资机构进行支持、获得创业政策、创业融资、商业模式等方面的免费创业培训等。

创业者通过参加双创竞赛，不仅能进一步加深对项目的了解，弥补与改善项目存在的不足之处，进一步梳理商业项目的框架，还能获得国家给予的创业扶持与补贴政策，并获得与风险投资人面对面直接沟通的重要机会。

(三)路演

路演是指通过现场展示的方法，引起目标人群如风险投资人的关注，从而达成获取融资机会的方式。路演的一般选择公共场所，通过演说、演示产品、推介理念，达到向他人推广自己的公司、产品、管理团队等方面的内容。

路演通常会在大型推介会上出现，包括大型商业推广大会和其他商业活动，场所一般安排在LOFT会所、礼堂、大型酒店等，通过创业者介绍自身的项目、团队、理念，与风险投资者或企业进行一问一答式沟通，从而推动创业者和投资人之间的良性互动，实现商业合作的目标。

(四)准备好精彩的演讲

精彩的演讲是打动风险投资人的重要因素之一，机会往往留给准备充分的人，在商业环境中，创业者随时都可能遇到拥有资金并正在寻找合适项目进行投资的风险投资人，那么无论在何时何地，无论是否有专业的演讲场所和演讲工具，只要创业者时刻做好两手准备，一种情况可以完全依赖口头的解说阐述和BP书来与投资人沟通；另一方面也能准备好PPT、视频等进行更加规范的商业展示。那么或许在未来某一天，创业者将遇到意想之外的惊喜。

演讲主要也围绕商业计划书的内容来进行：包括项目成立背景、市场痛点、解决方案、市场规模、竞品比较、核心竞争力、项目壁垒、营销方案、股权结构等。语言以简洁明了为主，重点突出、详略得当。

(五)创业计划书

呈递创业计划书是创业者与风险投资者沟通的最有效方式之一。创业计划书作为呈现给投资人的战略蓝图，其核心功能与最终目的，就是通过全面展示企业的核心竞争力和不可复制商业模式下的运营全过程，建立企业未来可持续盈利发展的良好预期，最终从众多的商业项目中脱颖而出，博得投资人青睐，获取风险投资。创业计划书中，必须明确为风险投资者展示以下三方面内容：第一，直击社会痛点。一份商业计划书背后代表一个新的商业创意或一个新企业，而它们出现的原因往往是解决目前市场还无法解决的消费者痛点问题。只有直击社会痛点，为痛点问题提出行之有效的解决方案，创业计划书才能发挥作用，帮助风投肯定创业者的创意。第二，充分展示创新。当创业者提出新的创意，如何保证创意的时效性和不可复制性是风险投资人关注的第二大关键内容，这直接影响企业未来的发展潜力，决定风投者是否合作；第三进行可行性论证。无论创业计划书中内容有多翔实，如果无法在现实中操作，它就是一纸空文，因此必须通过富有逻辑和真实性的论述，证明现有团队有决心、有能力、有方法获得足够的资源来推动创业项目的实施，并最终达到预期的经营目标。

三、沟通的技巧

(一)沟通的目的是什么

沟通是双向行为，对创业者来说沟通的目的是向风险投资者全面展示商业项目，通过富有逻辑的论述和有力的证据来证明商业项目的发展潜力，从而获得风险投资人的认可及投资。对风险投资人而言，沟通的目的是从众多的商业项目中，通过分析创业者所给予的有关商业项目、管理团队、股权结构、市场价值等信息，从中筛选合格的投资项目，进行评估后投资，最终获得收益及回报。

明确了创业者和风险投资人进行沟通的目的，就能按照合适的沟通方式和沟通内容进行沟通。创业者在与风险投资人沟通时，切记不说假话、大话、空话和与所谈商业项目无关的话，风险投资人的时间是十分宝贵的，创业者必须保证在有限的时间内，最大限度地展现商业计划书中包括的核心内容，并通过精彩的演讲和展示为风险投资者留下深刻的印象，提高获取投资的机会。当然在沟通后一定需要记住附上联系方式，避免风险投资人有沟通意愿时却无法联系到创业者的尴尬局面。

1. 债权还是股权

在确定双方投资合作后，接下来的重要问题就是风险投资人选取哪种投资方式，是债权投资还是股权投资，不同投资的投资方式和回报方式都有所不同，因此在双方沟通时，应明确解决这一问题。

债权投资是指通过获取被投资企业的债权，按照约定的利率收取利息，到期收回本金的投资方式，投资时限一年以下为短期投资，一年以上为长期投资。它以契约形式明确规定风险投资者与被投资企业的权利与义务，无论被投资企业是否获得利润，风险投资者均享有定期回收本金、获取利息的权利。一般来说，风险投资者进行债权性投资，是为了获取高于应行存款利息率的利息，并按期收回本息。同时，融资者应当为风险投资者提供担保措施，包括提供保证人、抵押、质押等。

股权投资是指通过获取被投资企业的股权来获得分红，并通过转让股权获取收益的投资方式，投资时常一般为一年以上，且投资期间投资人不得随意撤资，期满之后应按照约定的管理层回购、股权转让等方式退出。股权投资属于权益性投资，包括普通股、优先股、认购股与参与股等。一般来说，股东参与公司经营管理及重大决策，没有担保措施。

2. 会要钱还要会花钱

在创业者与风险投资者进行沟通时，应当明确为风险投资者列明资金使用计划。对风险投资人而言，他们投入资金后最想了解的就是资金如何使用，以及资金使用后如何获得收益。但现实情况往往是由于创业者更关注获得资金的第一环，只不断地向风险投资者提供项目信息并强调需要多少资金。因此，创业者应注意向风险投资者阐述如何“花钱”。

花钱主要从两个方面考虑：第一，孰先孰后？即哪些业务需要先投入资金，哪些项目可以暂缓后投资金。先后问题的答案要根据企业发展阶段来确定，即目前企业的工作重心是在开拓市场还是在提升产品或服务，依次确定资金使用时的分配计划。第二，孰轻孰重？即钱要发在刀刃上，投入资金的重点在哪一环节。对于不同类型的企业，不同部门要求投入资金的量也是不同的。资金使用计划实际上反映的是商业团队对商业实践是否在行，是否能够满足实际商业需求。

(二)盈利模式、核心竞争力与股权结构

对风险投资人而言，创业者展示的盈利模式解决“如何赚钱”的问题，核心竞争力解

决“如何保证持续赚钱”的问题，股权结构解决“我如何从公司的收入中获得应有的回报？回报有多少？”的问题。这三部分整体阐述资金从流入到回流到风险投资者手中的过程，是风险投资者关注的最终目的。

关于盈利模式和核心竞争力，创业者需要告诉风险投资者以下内容：(1)价值主张：产品服务的对象与解决的问题。(2)目标市场：细分产品服务销售的市场，确定公司目标客户群体。(3)营销：公司运用哪种营销手段开拓市场满足消费者，达到销售产品的目的。(4)战略生态关系：公司如何管理消费者、相关合作公司和内部员工等所有利益攸关者之间的关系。(5)资源配置：公司如何高效率配置资源并使用。(6)核心能力：公司执行商业模式必备的能力和资格。(7)商业联盟及竞争关系：公司如何处理上下游企业之间以及与竞争对手之间的关系。(8)成本结构：公司产品与服务从设计到生产到销售乃至售后的整个过程的资金流动描述。

股权结构是股份公司总股本中，不同性质的股份所占的比例及相互关系。而企业具有什么样的股权结构对企业的经营、发展以及组织结构均产生至关重要的影响，而股权结构的动态变化也会导致企业组织结构、经营管理方式的变化。随着互联网及信息技术的进一步发展，技术和知识在企业股权结构中所占的比重越来越大。因此创业团队应该明确告知风险投资者他们制定的股权结构。

(三)投项目还是投团队

在前文中我们提到，相对于项目而言，风险投资者更注重的是管理团队，成也在人败也在人，因此在与风险投资人的沟通过程中，创业者应当充分展示管理团队的优越性，在对管理团队介绍充分的情况下，增加商业计划书的内容。

创业者或创业团队在商业计划书中对“人”进行描述时，要关注三个核心。

首先是创业团队与项目的相关性。与项目性质大相径庭的管理团队绝对无法被风险投资者所接受和信任，在目前经济发展迅速，社会化分工进一步加细、加深的情况下，每一个市场中现存的企业都是经历过竞争后淘洗下的“精英”，它们对所从事的行业了解足够深刻，它们的管理团队也必然是行业中的老手，摸得清市场、消费者以及他们的竞争对手的大量信息，此时如创业者不能明确向风险投资者展示本项目管理团队在发展本项目时所具备的专业素养和对项目的了解程度，那必然会被一票否决。

其次是对项目团队成员的互补性，如果一个团队只有技术成员或者只有商业成员，都绝对无法为风险投资人所信服。商业项目本身就是技术与商业的集合，一方面技术成员要不断追踪行业前沿最新的咨询和产品，并进行自身新产品的研发和更新。另一方面要就竞争对手采取的营销策略和发展战略等内容制定有利于公司的政策。因此在企业项目的沟通中，管理团队的互补性必须明确强调。其次在商业团队中，也应当有负责不同领域的成员安排，如人力资源管理、财务管理、营销方案设计等。

最后是团队成员的团结性。众人拾柴火焰高，只有团队稳固，拥有相同的目标和同甘共苦的决心，商业项目的发展才有保障，如果团队结构不够稳定，人员替换频繁，那商业项目必然存在显性或隐性问题。

四、商业谈判

(一)谈判的目的

商务谈判是买卖双方为了促成交易或解决买卖双方的争端而进行的活动，也是取得各自经济利益的一种方法和手段。它是在商品经济条件下产生和发展起来的，已经成为现代社会经济生活中必不可少的组成部分。没有商务谈判，经济活动便无法进行，小到生活中的讨价还价，大到企业法人之间的合作、国家与国家之间的经济技术交流，都离不开谈判。对谈判双方而言，谈判的最终目的是将自身的经济因素和非经济因素作为谈判筹码，从降低成本、提高效率和效益的角度出发，与谈判另一方进行经济层面的博弈，从而获得经济利益。同时在谈判过程中，也更要求彼此兼顾双方利益实现共赢，而非变成"你死我活"僵局。

(二)传统商务谈判与创业谈判

传统商务谈判是指企业与企业或其他经济主体之间，为达成某一商业目的和满足某些商务需求，通过协商和对话的形式来争取实现商业合作交易的行为。传统商务谈判主要内容包括企业谋取发展所需商业资源、企业间的商业业务合作、企业间的并购重组等多种类型，涵盖企业发展全过程、多层面，谈判的内容范围广、涉及领域多，是一切商务谈判的笼统概括。

创业谈判较传统商务谈判相比谈判内容和谈判对象更狭窄，是指创业者为获得企业初创所需的资金等商业资源的支持进行的与风险投资者之间的谈判。对创业者而言，能够争取到的资金和其他商业资源越多，那么企业的发展越有最基础的保障，商业项目的运营越有更多的机会，企业成长也能有更高的容错率，因此，创业者更希望能从风险投资者手中获得更多的资源。而对风险投资者而言，他们在前期的投资行为是为在未来获得经济回报。而这两者间的谈判更谋求双赢，因为当风险投资人向创业者投资后，他们之间实际上就形成了利益共同体，在商业环境中一荣俱荣一损俱损。具体而言，风险投资者在评估商业项目背后存在的市场价值量、能够带来的经济回报以及潜在的商业风险后，会为创业者提供一个预期的投资量，而这一投资量具有上下波动的空间，风险投资者当然希望通过投入最少量的资金能够获得最多的收益。因此，当利益共同体还未能形成的时候，解决是否能达成合作的融资问题就成为风险投资和创业者共同面临的首要问题，此时就需要通过商业谈判的手段来使双方进行沟通和交流，从而在不断地较量与协商中达成一致观点，最终推动合作的形成。

(三)谈判的技巧

当明确了谈判的目的和内容后，风险投资者和创业者的下一个目标即通过实际谈判来争取获得能令自己最满意的合作结果，而此时实现谈判胜利的关键因素——谈判的策略与技巧就成为风险投资者和创业者必须纳入考虑范围的重要内容。完成一场成功的谈判，应当从谈判前、谈判中和谈判后三个阶段考虑。

谈判前，风险投资人和创业者应当在两个方面进行准备。第一，充分收集双方的商业信息。知己知彼，百战不殆。在互联网和信息技术迅速发展的今天，创业者和风险投资人的发展情况都以数据信息或者文字信息在商业环境中隐秘保存，而这些数据和文字信息一旦被应用于专业的商业分析，那么分析者就可以从中获得如创业者目前企业发展情况、未来发展前景的可能性或者风险投资者过往投资成功率等大量的信息，有助于风险投资者和创业者进行谈判中的博弈和决策。谈判双方中，掌握信息越多的一方越能掌握谈判过程中的主导地位，手中掌握的有力砝码越多，对其达成预想的谈判结果越有利。第二，提前制订谈判计划。计划作为对未来将要执行的工作的整体布局和细节安排，对实现目标具有重要意义。谈判计划应包括的主要内容有谈判的时间与地点安排、谈判的主要内容、谈判的步骤以及谈判最终想要达到的预期目标等。对风险投资者和创业者双方而言，谈判步骤与谈判内容是影响谈判结果的决定性因素，因此，根据立场的不同，双方分别可以将谈判的内容依照重要性进行分类和分点，并进行等级排序，以次保证谈判过程重点突出，优先解决主要矛盾。此外，双方不仅应考虑自身重视的谈判利益点，也应当对对方可能重视的谈判内容进行预判，并制定预期的应对方案和计划，尽量保证能够同时满足双方需求和利益要求，推动谈判的成功。

谈判中，风险投资人和创业者应当关注的核心是谈判技巧。谈判过程通常包括两个情景：

第一，双方就谈判的相关内容进行陈述。创业者应当陈述的内容包括介绍企业或者商业项目的基本情况、公司想要进一步发展面临的资源上的需求以及对风险投资者未来投入的期愿。风险投资者则可能会围绕自身拥有的商业资源的实力以及过去的投资经历进行阐述。阐述环节通常以创业者为主，是离开商业计划书后风险投资人直接面对面与创业者进行深入沟通的环节。因此在这一环节中，建议创业者提前准备一份完整的陈述稿，并在谈判前对谈判稿进行反复的修改与打磨，从而保证从谈判最初就给风险投资者留下一个良好的印象，提高谈判成功的可能性。而谈判稿的修改也应遵循三个原则：(1)简单明了，突出重点。投资人与创业者的谈判时间都是宝贵且有限的，那么在有限时间内创业者必须整理最合理最简洁的陈述框架，在保证内容完整的情况下，突出重点从而为风险投资者留下深刻影响；(2)实事求是，从实际出发。创业者陈述内容的真实性是风险投资者的重要关注点之一，作为无数项目的筛选者，风险投资者其实在看过商业计划书后就对企业的成长情况有一个大致的合理预估，那么创业者如果为了获取风险投资者的支持而夸大事实、隐瞒事实或欺骗风险投资者都是十分危险且错误的行为，不仅会影响此次的谈判结果，更会给风险投资者留下不好的影响，未来难以再次寻找投资机会；(3)语言组织规范，具有一定专业性。到最终谈判决定投资的环节是比较正式的环节，良好的语言组织和表达会无形中提升创业者在风险投资者心中的可靠性和可信性，有利于谈判的顺利进行。

第二，双方就谈判的内容进行相互问答。问答环节是创业者和风险投资者进一步加深对彼此的了解的环节，也是双方能够获得更想了解的和更有价值的信息的环节。问答内容依照商业项目的不同而不同，但是在问答方式、语气和原则上都具有一些共通之处。

比如在问答方式上，针对不同的内容双方可能会提出不同类型的问题，如开放式的问题或者深究谈判内容中一个环节的问题。而回答则根据问题来进行相应回复；在问答语气上，由于双方都在不断进行语言上的沟通和思想上的交流，难免遇到情绪激动或者其他情况，因此要时刻保持自己的仪表仪态以及说话的语气方式，能够做到喜怒不形于色，发言不卑不亢、语气温和；在问答原则上则应注意问答分寸，注意保护双方的商业秘密与隐私，关注对方的发言状态，如果气氛有向尴尬或者冷场的方向变化也应随机应变暖场，保证谈判的顺利进行。

谈判后，创业者与风险投资者应当对整个谈判过程进行复盘和总结，因为每一次的谈判经历都难能可贵，可以为未来的投资谈判提供借鉴经验。而谈判双方应当明确了解，创业者与风险投资者之间的谈判也是博弈的一种，双方根据自己的选择和对方的选择，从不同的选择搭配中寻找最优解。在保证双方谈判内容的正确导向下，最终的谈判结果其实就是谈判双方在谈判技巧、谈判策略、思维逻辑和口头表达等方面交流的最终结果。

小结

沟通与谈判是创业者实现创业目标的重要环节之一，直接影响创业者是否能够获得企业初创所需要的资金等众多商业资源，而创业者通过参与能与风险投资人接触的多种途径的创业活动，在把握风险投资人需求和偏好的基础之上，辅以合理的沟通与谈判技巧，重点突出地向风险投资人展示企业的管理团队和商业项目所拥有的创新之处、核心竞争力和不可复制性，从而能够获得投资人的青睐，最终必然能够有效推动创业进度的变化，实现创业者的创业目标。

◎ 本章案例

薄荷健康——让人们变得更健康

2020 年 4 月 26 日，互联网体重与健康管理服务提供商薄荷健康成功获得复星集团亿元级 C 轮融资，具体金额尚未披露。此前，薄荷健康在 2014 年引入 SIG、DCM 和高通三家美元基金，完成千万级美金 B 轮融资；在 2011 年引入晨兴创投，完成百万级美金的 A 轮融资。实际上，在互联网体重与健康管理公司中，相较于其他健康领域的 App 如后来居上的 Keep，薄荷健康在过去十年中表现并不突出，但它一直保持稳定的增长态势，拥有自己的成长曲线。但它能在健康领域的红海中不断成长并获得风险投资人青睐的原因，一是其商业项目具有前瞻性和长期成长潜力，二是其创业团队拥有持续创业经验，并具有稳定性和超强执行力，薄荷健康提供的商业蓝图恰恰符合风险投资人的偏好和需求。

从商业项目角度来看，注重健康管理和健康消费是当代年轻家庭关注的热点之一。第一，由于工作压力的增大和生活节奏的加快，年轻人更加追求健康的生活方式，而饮食作为生活基础需求，是最容易被改变与塑造的方向之一，但当时市场中对食物进行健康数据分析的同类 App 数量寥寥可数，因此成为显著的市场痛点，这直接决定了薄荷健康定位明晰，竞争对手少且拥有庞大的潜在市场。对薄荷健康而言，它希望解决都市人健康问题的核心——焦虑，因此它坚守"让人们变得更健康"的企业使命，为更多年轻家庭提供高阶配方的食品和专业的个性化营养管理服务；第二，薄荷从 2008 年起就建立自有食物数据库，记录收录食物的营养、热量及其他参数，累计至今已有几十万种食物的收录，这是目前国内所有互联网健康管理公司无法匹及的量级数据，也是薄荷的核心竞争优势；第三，针对年轻家庭除监测食品数据之外的更多健康需求，薄荷健康推出多元解决方案，如"NICE 减重方案"、上线以"超模 25"为代表的自主品牌食品并于同年实现盈利、上市薄荷智能体重秤实现硬软件互联、推出美味零食 Easy Fun 和年轻人健康解决方案系列 Easy Ace 等；第四，薄荷健康使用人数逐年上升且增速快，自 2007 年薄荷健康前身薄荷网站成立以来，2013 年注册人数达到 2000 万，薄荷健康 App 用户量突破 200 万，2019 年注册人数超过 8000 万，且用户数量仍呈递增趋势，这说明潜在消费用户量充足；第五，从未来发展规划来看，基于较好的用户粘性和食物数据库研发基础，薄荷能够从健康管理转向健康食品消费，更能通过不断的市场调研与产品研发，满足家庭多场景的健康消费需求。此外对薄荷健康进行 C 轮投资的复星集团属于家庭消费产业集团，薄荷健康与复星集团的合作能够共同推动双方企业在年轻人健康食品消费领域的合作和流量共享，实现企业双方的共同发展。

从创业团队角度来看，首先薄荷健康实际成立已有十余年，创业团队成员组成较为稳定且一直处于引入人才的状态，起码为薄荷健康的持续运营打下坚实的团队基础；其次，薄荷团队核心成员皆为持续性创业的创新管理人员，拥有丰富的创业经验和抗压能力，在企业的重大发展战略与规划上能够帮助企业规避相应风险，适应不断变化的创业环境和市场环境；最后，无论是建设薄荷食物库、上市薄荷体重硬件、发布薄荷自研健康食品还是提出崭新品牌理念"营养专家"，薄荷健康的创业团队都已以高度的执行力完成各个阶段的发展任务，展现出团队成员的专业性和互补性。

资料来源：肖艳萍，张春梅，漆敏，王艳华．"薄荷健康"联合"Keep"APP 在个性化体重管理中的应用价值．中国医学创新，2020，17(26)：92-96；芦雯．用户体验视角下薄荷健康 APP 对用户健身减肥行为的影响．新闻研究导刊，2020，11(2)：53-54；陈思，何文龙，张然．风险投资与企业创新：影响和潜在机制．管理世界，2017(1)：158-169.

◎ 参考文献

[1]柴希. 风险投资中的财务风险分析及规避[D]. 对外经济贸易大学，2015.
[2]郑渝川. 创业融资，从了解风险投资人开始[J]. 理财，2016(11)：80-81.
[3]梁国胜. 风险投资人关心的三大问题[N]. 证券日报，2004-09-12(T00).
[4]黄漫宇. 商务沟通[M]. 清华大学出版社，2016.
[5]吴新龙. 风险投资项目管理团队与项目的关系研究[D]. 上海交通大学，2009.
[6]时悦. 众人拾柴 创造奇迹——访凯立达创投咖啡创始人吕鹏辉[J]. 信息系统工程，2016(7)：6-7.
[7]张建民. 对企业核心竞争力的再认识[J]. 技术经济与管理研究，2011(1)：55-59.
[8]刘光明. 企业文化与核心竞争力[J]. 经济管理，2002(17)：6-9，2.
[9]王军旗. 商务谈判——理论、技巧与案例[M]. 中国人民大学出版社，2014.
[10]李晓霞. 浅谈商务沟通中的障碍与禁忌[J]. 中国市场，2013(30)：133-134.
[11]王爽. 商务沟通障碍及对策研究[J]. 长春教育学院学报，2012，28(6)：42-43.
[12]李晓霞. 论商务沟通中的非语言沟通技巧运用[J]. 中国外资，2013(12)：137-138.
[13]董伟. 企业商务谈判作用及谈判策略分析[J]. 中国市场，2017(29)：138-139.
[14]谭红霞. 商务谈判的语言技巧[J]. 中国商贸，2010(14)：216-217.
[15]杨浩. 当代企业市场营销的重大价值与策略[J]. 中国商贸，2011(24)：26-27.